职业院校财经商贸类专业"十四五"规划教材

主 审 陈以东 李建红

财经应用文写作
（第2版）

主 编 李 彦
副主编 范小容 周 密 江 婧
　　　 朱艳华 罗厚朝
参 编 成玉祥 王惠惠 杭冬梅
　　　 孙 燕 周丽萍 费 蕾
　　　 高月玲 潘朝中

图书在版编目(CIP)数据

财经应用文写作／李彦主编. —2 版. —苏州：
苏州大学出版社，2022.1（2024.1重印）
职业院校财经商贸类专业规划教材
ISBN 978-7-5672-3782-7

Ⅰ.①财… Ⅱ.①李… Ⅲ.①经济-应用文-写作-
高等职业教育-教材　Ⅳ.①F

中国版本图书馆 CIP 数据核字(2021)第 268604 号

财经应用文写作（第 2 版）

李　彦　主编

责任编辑　施小占

苏 州 大 学 出 版 社 出 版 发 行
(地址：苏州市十梓街 1 号　邮编：215006)
苏州工业园区美柯乐制版印务有限责任公司印装
(地址：苏州工业园区双马街 97 号　邮编：215121)

开本 787×1092　1/16　印张 15.25　字数 372 千
2022 年 1 月第 2 版　2024 年 1 月第 2 次印刷
ISBN 978-7-5672-3782-7　定价:45.00 元

苏州大学版图书若有印装错误，本社负责调换
苏州大学出版社营销部　电话:0512-67481020
苏州大学出版社网址　http://www.sudapress.com
苏州大学出版社邮箱　sdcbs@suda.edu.cn

职业院校财经商贸类专业规划教材

参加编写学校名单 （排序不分先后）

盐城生物工程高等职业技术学校

苏州旅游与财经高等职业技术学校

江苏省大丰中等专业学校

江苏省东台中等专业学校

江苏省吴中中等专业学校

苏州工业园区工业技术学校

江苏省张家港中等专业学校

江苏省相城中等专业学校

江苏省苏州丝绸中等专业学校

江苏省阜宁中等专业学校

盐城交通技师学院

前言 Preface

　　财经应用文是经济工作中处理公务、沟通信息、解决问题、科学管理不可缺少的重要工具。

　　本教材以写作技能为主线,以强化写作职业素养与工作环境的渗透为教学基本特色,紧紧围绕财经及管理工作岗位的基本要求来编写,着力提高学生的应用文写作能力。本教材融合了编者的应用文写作教学经验以及长期在各级政府部门、企事业单位从事应用文写作培训工作的实践经验,较为全面地体现了编者的教学理念和教学思路。

　　本教材具有以下特点:

　　(1) 文书类型齐全。教材共设计七个学习项目,分别为:项目一,财经应用文写作概述;项目二,财经常用公务文书;项目三,财经事务文书;项目四,财经专用文书;项目五,财经礼仪文书;项目六,财经调研及策划文书;项目七,财经理论文书。

　　(2) 体例新颖。教材采用写作任务引领的方法,按照案例导入－理论知识学习－写作实训的体系进行编排。在明确写作任务的基础上,精讲写作理论,注重写法指导,探讨写作思路,最后进行写作实训,切实培养学生的财经应用文写作能力。

　　(3) 教学案例典型。本教材的案例大部分由作者深入各企事业单位搜集并加工整理而来,并结合各职业岗位实际写作要求来设计,贴近社会和企事业单位实际情况。

　　本教材由江苏联合职业技术学院苏州旅游与财经分院李彦担任主编,在编写过程中,编者参考了相关教材和部分网站的资料,在此表示感谢!

　　由于时间仓促以及编者能力所限,本教材难免存在不足之处,敬请各位同仁和广大读者批评指正。

目录 Contents

项目一　财经应用文写作概述
　任务一　财经应用文概述　/ 1
　任务二　财经应用文写作基础　/ 5
　任务三　财经应用文的语体风格　/ 12
　思考与练习　/ 14

项目二　财经常用公务文书
　任务一　公务文书概述　/ 16
　任务二　公告、通告　/ 28
　任务三　通知、通报　/ 33
　任务四　报告、请示、批复　/ 46
　任务五　函、纪要　/ 60
　思考与练习　/ 69

项目三　财经事务文书
　任务一　工作计划　/ 76
　任务二　工作总结　/ 81
　任务三　工作简报　/ 85
　任务四　述职报告　/ 92
　任务五　企业简介　/ 97
　思考与练习　/ 100

项目四　财经专用文书
　任务一　财经消息　/ 102
　任务二　经济合同　/ 108
　任务三　产品说明书　/ 115
　任务四　商务信函写作　/ 122
　任务五　招标书和投标书　/ 131
　任务六　商业贷款申请书　/ 138

任务七　企业所得税减免申请书　/ 140
　　思考与练习　/ 143

项目五　财经礼仪文书
　　任务一　欢迎词、欢送词、答谢词　/ 146
　　任务二　感谢信、慰问信　/ 153
　　任务三　邀请函、聘书　/ 158
　　任务四　条据、自荐信　/ 161
　　思考与练习　/ 169

项目六　财经调研及策划文书
　　任务一　财经调研及调查报告　/ 171
　　任务二　市场预测报告及可行性研究报告　/ 179
　　任务三　广告策划文案　/ 189
　　任务四　营销策划文案　/ 197
　　思考与练习　/ 204

项目七　财经理论文书
　　任务一　财经评论　/ 207
　　任务二　毕业论文　/ 211
　　思考与练习　/ 225

附录　党政机关公文处理工作条例　/ 227
参考文献　/ 233

项目一
财经应用文写作概述

◎ 了解财经应用文的基本知识。

◎ 掌握财经应用文写作基础理论知识中的观点、材料、结构、表达方式、语体风格的特点和要求。

◎ 熟悉财经应用写作的一般特点和作用,认识财经应用文写作的意义。

◎ 能够掌握财经应用文的基础写作理论和方法。

◎ 能够把握财经应用文和文学作品的区别。

任务一 财经应用文概述

▶▶ 一、财经应用文的概念和特点

（一）概念

财经应用文是指在财经活动中形成和发展起来的,以财经活动为主要内容的应用文。它记载和反映了国家、企业、个人的经济信息,既是经济活动中的重要凭证,也是沟通经济信息、分析经济活动状况、促进经济效益提高的管理工具。

（二）特点

财经应用文具有一般应用文的基本特征：

1. 直接的功用性

所有的文章都是现实的反映,一切写作活动都是为现实服务的。从这个意义上讲,所有文章都具有功用性,但应用文具有更强烈、更鲜明、更直接的功用性。它主要用来办理实

务,解决工作中的实际问题。如写一篇财务报告,目的是为了向上级报告财务状况。这种办理实务的直接的功用性,是应用文的主要特点。

2. **内容的真实性**

应用文的真实性完全排斥虚构,要求所依据的材料真实、准确,内容实事求是。如写会议纪要,就要如实反映会议情况,传达会议精神。同时,真实性还表现在应用文的表述上,语言要求准确、无歧义。

3. **思维的逻辑性**

应用文写作在思维方法上更侧重逻辑思维,多数文体要求以具体的事件为中心,需要把观点阐述清楚,把前因后果、现象和本质分析清楚。在文章结构上,要求条理清楚,段落之间具有明显的逻辑关系;陈述的事项界限清楚,不交叉;材料能够证明观点。

4. **格式的稳定性**

格式是在长期写作实践中形成的,约定俗成,就称为惯用格式;如果格式被法定化,就称为规范格式。应用文多具有惯用格式,行政公文具有规范格式。应用文的格式具有使用的稳定性,所以写作时应根据应用文的具体类型,遵守各自的惯用格式或法定规范格式。

此外,财经应用文还具有鲜明的个性特征:

1. **专业性**

财经应用文是围绕财经活动进行的,主要表现在:一方面,撰写财经应用文必须以国家经济政策、法律法规和经济科学理论为指导,在掌握客观实际情况的基础上,总结或分析经济业务活动规律或发展趋势,作者必须具备一定的专业知识;另一方面,从表达形式来看,财经应用文的写作,除了使用一些财经专业术语外,还必须特别重视数据的运用,需要通过数据来定量分析,从数据中发现问题,并运用数据来分析问题,从而解决问题。

2. **准确性**

财经应用文必须有高度的准确性,它要为经济管理服务,必须真实、准确地反映客观经济情况,所使用的材料切忌主观臆断或夸张,更不能伪造。对于某些经济调查或分析类文章来说,不仅所使用的数据、资料要真实可靠,而且要以科学的态度分析数据,尽可能地反映经济活动的本质规律。

3. **时效性**

一切应用文都有一定的时限要求,而财经应用文的时效性显得更加突出。财经应用文写作目的之一就是为决策层提供经济信息和决策依据,市场经济瞬息万变,要求经济信息必须及时、有效地反馈给决策部门,以便决策层做出快速反应。

4. **针对性**

财经应用文涉及国家经济政策、企业管理、生产计划、销售服务等,因此撰写财经应用文要讲究针对性,即针对经济活动或管理的特定对象而撰写。要明确写作目的,选择相应的文种。

二、财经应用文的种类和作用

（一）种类

财经应用文在经济领域中的应用非常广泛，本书按照其内容和写作特点，主要归纳为以下几类：

1. 财经公务文书

公文是指《党政机关公文处理工作条例》（中办发〔2012〕14号）规定的15种公务文书，它具有法定效力和规范体式。

2. 财经事务文书

财经事务文书是指在处理财经事务过程中形成的文书。如财经工作计划、财经工作总结、财经工作简报等。

3. 财经专用文书

财经专用文书是指记录、加工和传播经济现象、经济工作的文书。如财经消息、经济合同、招投标书等。

4. 财经礼仪文书

财经礼仪文书是指应用于财经工作中的社交公关礼仪场合的文书。如欢迎词、欢送词、邀请函等。

5. 财经策划文书

财经策划文书是指对某个未来活动或事件进行策划，是目标规划的文书。如市场调查、营销策划、广告策划等。

6. 财经理论文书

财经理论文书是指对财经领域中有关问题进行探讨、研究，表述研究成果的文书。如财经评论、财经论文等。

（二）作用

1. 指导管理作用

现代财经管理的主要内容包括制订经济计划、进行经济控制、开展经济分析、反馈经济信息，这些都需要通过制作财经应用文来反映管理的过程和结果。如为了销售某种产品，首先就要对市场进行深入调查，写出市场调查报告；接着还要制发广告，进行宣传，要与相关单位签订销售合同；最后，还要及时总结工作得失，以便改进工作。财经应用文作为一种管理工具，可以提高管理效率。

2. 联系沟通作用

无论是国家、地区，还是单位和个人之间，只要有经济活动，就需要有沟通和交流。而财经应用文就是这样一座桥梁，它把从事经济活动的各个方面连接起来，从中协调关系，寻求对策，寻求问题的解决，推动工作的开展。

3. 录入凭证作用

财经应用文可以跨越时间和空间的限制，反映国家机关、企事业单位、社会团体和个人的种种经济活动,记载、实录各时期经济活动方面的情况。它既可以作为开展公务活动的依据,日后检查和考核的依据,也可以为人们提供有关的资料,存档备查,作为参考,这就是财经应用文的录存凭证作用。例如,合同、契约、协议等明显地具有凭证作用;纪要、记录、大事记、备忘录等明显地具有录存作用。

三、财经应用文写作的学习方法

财经应用文是财经干部的一种管理工具,财经应用文写作能力是财经工作者应该具备的一项基本技能。广大财经工作者在加强财经理论与业务学习的同时,应该掌握各类财经应用文的写作方法。财经应用文是一种政策性、专业性很强的文体,要提高财经应用文写作水平,应以专业知识为基础,以写作理论为指导,以典型文例为借鉴,以写作训练为中心,有针对性地进行学习和训练。

（一）领会经济政策,熟悉财经业务

为指导经济工作,推动经济建设,国家常常需要制定一些新的经济政策。正确的经济政策是对经济规律深刻认识的产物,代表着广大人民群众的愿望和需要,预示着经济活动发展的方向。财经应用文要有效地服务于经济工作,就应符合国家的经济政策,有利于经济政策的贯彻和落实。因此,领会政策精神是写好财经应用文的前提。

财经应用文的内容是财经工作内容的反映,财经应用文的写作同财经业务工作密不可分。如果对业务不够熟悉,会极大地影响文章的写作。所以,每个财经工作者既要了解政策,认真钻研专业知识,又要了解实际工作情况,熟悉业务,这是从根本上培养财经应用文写作能力的途径。

（二）培养思维能力,加强语言修养

文章是客观事物的反映,是人脑对客观事物进行深入思考的结果,是作者思维同外界事物相互作用的产物。思维能力对于文章的写作是至关重要的,从材料的搜集到选取,从观点的形成到表达,每个环节都离不开作者的思维活动。如果作者的思维水平低下,就很难形成一篇好的文章。因此,提高写作水平,最终应着眼于思维水平的提高。

文章是内容与形式的统一,这包括两方面的内涵:一是内容决定形式;二是形式影响内容的表达。文章如果不注意形式的完美,就会影响表达效果。文章要表达好,就必须加强语言修养。加强语言修养也包括很多方面的内容,如驾驭语言文字和谋篇布局的能力;掌握语法、修辞、逻辑等知识;还要有一定的文体知识,能根据不同的文体,运用不同的表达方式。语言修养是写作高质量财经应用文的重要条件。

写作能力是由多方面、多层次要素构成的,思维能力和语言能力是其中最为重要的两个要素,只要有意识地加以正确的训练,这两方面的能力就都能提高。

（三）善于借鉴例文,勤于写作实践

阅读是写作文章的先导和基础,多读范文,是获得对文章的感性认知,并有所借鉴、有所提高的重要途径。仅多读、不实践还是等于纸上谈兵。要勤写多练,在写作实践中掌握写作技巧,这是有效的训练方法。写作是一种能力,而能力的获得仅靠读几本讲授知识的书籍是不够的。知识向能力的转化,必须凭借实践的环节。只有通过写作实践,人们才能把自己所掌握的写作知识转化为写作能力,形成良好的写作习惯,熟练掌握写作技巧。

任务二　财经应用文写作基础

一、财经应用文的观点和材料

（一）财经应用文的观点

1. 观点的含义

财经应用文的观点是作者在文中所表达的态度或意见。这种态度和意见,是作者站在一定的立场上,对客观事物所做的分析和判断。

财经应用文的观点,相当于一般记叙文、文学作品的主题或论说文的中心思想、中心论点,但又与之有所区别。记叙文或文学作品的主题是作者对所论述的人物和事件的基本看法,它不直接表现出来,而是通过艺术形象或具体事件因事缘情,借题发挥,或者托物言志,一般来说比较含蓄。论说文的中心思想、中心论点是作者对所论述问题的基本主张,它强调摆事实、讲道理,即事论理,以理服人。它和财经应用文观点的区别在于它主要论述、论证某种道理、事实,而不强调解决实际问题。财经应用文既要讲道理,更要解决实际问题,在行文中明确地表明自己的目的和主张。

财经应用文的观点往往不止一个,有主从、大小之分。主要的、大的观点是全文的基本观点,是全文的中心、统帅和灵魂。从属的、小的观点,是用来说明基本观点的,需服从于和服务于基本观点。而从属观点之间,既相互联系,又相对独立,不能相互矛盾、排斥,也不能互相交叉、代替。

2. 观点的作用

（1）观点是财经应用文的"灵魂",在文章中处于主要的地位。一篇财经应用文质量的高低、价值的大小,要看观点、材料、结构和语言等方面是否精良,其中最主要是看观点是否正确。观点错了,就如同人没有了灵魂;观点模糊,行文的内容就会杂乱无章,文章的意图就不明确。

（2）观点是财经应用文的"统帅",在文章中处于支配的地位。文章材料的取舍、结构的安排、语言的运用、表达方面的选择,乃至标题的确定,都要由观点来决定,这样行文的意图才能表达清楚。

3. 观点的要求

财经应用文不同于一般说理或叙事的文章,它主要代表国家财经机关和企事业单位对财经工作表示的看法和意见,不仅具有很强的专业性、政策性,而且又有被执行上的严肃性,因此财经应用文的观点必须符合以下几点要求:

(1) 正确集中。所谓"正确",是指正确地反映客观经济规律,正确地反映国家的经济政策,正确地反映客观实际情况,符合国家和人民的利益。所谓"集中",即一文一旨,正确的观点,是正确思想集中的表现。因此,作者必须努力学习国家的方针政策,不断提高思想政治水平,深入实践,反复分析研究,以获得正确的观点。

(2) 切合实际。这是指财经应用文的观点必须符合实际情况,要实事求是。只有切合实际的观点,才能解决实际问题。市场经济千变万化,新情况、新事物、新问题不断出现,因此,财经应用文撰写者不能墨守成规,要根据实际情况写作。只有这样,才能正确地反映事物的本来面貌,掌握事情发展变化的规律,使文章切合实际,起到指导经济的作用。

(3) 全面客观。任何事物和问题都不是孤立存在的。人的认识过程是主观对客观的能动反映过程。客观事物复杂多样,认识过程也是一个复杂多样的过程。因此,我们在确立观点、解决问题、提出意见、办法的时候,决不能把问题孤立开来,割断它与周围事物的联系。强调全面,并不是要求面面俱到,而是要求我们的观点是在全面研究事物和问题后提出的,不片面、极端。只有全面地研究问题,才能弄清问题的症结,找到解决问题的办法。只有经过全面地了解、研究,才能深入事物的内部,把握住事物的本质特点,确立的观点才能做到全面客观。

4. 观点和标题的关系

财经应用文的观点和文章的标题关系较为密切。财经应用文的标题直接体现主题,但两者又有区别。

首先,财经应用文标题不管长短,都只能有一个集中的、突出的观点。如《上海市人民政府关于禁止各大商场、市场发售代币券的决定》,可以直接写成《上海市人民政府决定》或《决定》。但不管标题如何变化,观点只有一个,就是禁止各大商场、市场发售代币券。

其次,从经济应用文的撰写过程来看,必须先有观点。没有观点,财经应用文就无法写作。观点一旦确定,一般不能任意改动。而标题则可以在动笔前拟定,拟定后如果觉得有不妥,还可进行改动,直到妥当为止。

再次,写财经应用文时,必须紧紧围绕观点来选择材料,组织安排材料,确定表达方式和语言的运用。

标题和观点虽然有不同之处,但标题毕竟是一篇应用文的"窗户",是它的重要组成部分。所以,拟好标题是财经应用文写作的重要一环。

(二) 财经应用文的材料

1. 财经应用文材料的含义和作用

财经应用文的材料,就是作者为确立和表现文章观点所搜集、整理的事实、情况、数据、引语等。

材料是财经应用文的基础。没有材料作者形成不了观点、意见。如果观点是灵魂,那么材料就是财经应用文的血肉。

(1) 材料是财经应用文观点确立的基础。写作一篇财经应用文,必须先占有材料,只有掌握了这些材料,才能有针对性地提出主张,形成一个初步的观点。但这种观点尚带有假设性,必须进一步占有材料,加以认真检验和证明。否则,这种假设观点就很难确立。例如,要写一份空调的产品说明书,就必须了解它的工作原理、电路设置、最大功率以及相关的零部件结构,如果没有这些基本材料,那就不可能产生这份产品说明书的正确观点,甚至有可能误导消费者,造成严重的后果。

(2) 财经应用文的观点需要通过材料表现和证明。落笔之前,财经应用文的观点靠材料确立;落笔的时候,财经应用文的观点要靠材料表现和证明。为了说明自己的行文目的的正确性和所提主张的可行性,往往还要应用其他有关文件的精神和一些具体的数据。这也是在运用材料来表现和证明自己的观点。

2. 财经应用文材料的搜集和选择

(1) 材料的搜集。要写出有指导性、内容真实、有社会价值的财经应用文,就要扎扎实实地做好材料搜集工作。搜集材料要广泛全面,不厌其详,尽可能多地占有第一手材料,进行筛选,从中得出正确的观点。

既要掌握直接材料,又要掌握间接材料。直接材料又叫第一手材料,是写作者亲自实践所获得的材料,它最切实、具体、生动、可信,也最有说服力。间接材料又叫第二手材料,是别人提供的,或是写作者从现成材料中取得的材料。由于客观条件限制和人的认知能力有限,不可能所有的事都亲身体验。所以,在搜集材料的过程中,可以借鉴他人的成果,总结经验和教训以增长自己的见识,弥补自身不足。

既要了解现实材料,又要了解历史材料。任何事物都有一个发展变化的过程,要了解事物,就得了解其发展变化的全过程。反映事物过去情况的材料,就是历史材料,反映事物现状和结果的材料就是现实材料。现实材料,能体现新情况、新经验和新问题,我们要首先予以重视。但历史是现状的前身,现状是历史的继续。要深刻认识事物,就应该把现实材料和历史材料结合起来,只有全面了解事物的发展变化的全过程,对历史和现状进行全面分析、比较,才能得出中肯的结论。

既要搜集综合材料,又要搜集个别材料。个别材料又叫"点"的材料,是反映具体事实的单个材料,但它又不是孤立的、只反映个别情况的材料,而是具有代表性的、能反映事物本质的材料。把这些同类的个别材料加以集中、归纳,从而反映出事物整体概况的材料叫做综合材料,又叫"面"的材料。通常用综合材料来反映事物的广度,用个别材料来反映事物的深度。两种材料结合,使文章既有广度,又有深度。

既要重视正面材料,又要重视反面材料。事物是辩证统一的,我们在搜集正面材料的同时,也要搜集反面材料。总结经验和教训,在肯定成绩的同时,也要借鉴反面的、失败的例子。如果运用恰当,对工作也能起到很好的促进作用。

财经应用文的写作还必须重视数字材料和文件材料。财经应用文是反映经济问题的,适当运用数字材料往往能把问题讲得更具体、更清楚、更有说服力;同时,财经应用文是处理公务的,相关文件材料的引用也是必不可少的。

(2) 材料的选择。材料搜集后,还要经过一个"去粗取精、去伪存真、由此及彼、由表及里"的选材加工过程,然后才能将这些材料用到文章中去。选择材料的时候,要恰如其分,力求典型,不能不加取舍地罗列、堆砌材料。选材要遵循的原则大体有以下几个方面:

① 要围绕观点选择材料。凡是能充分说明观点的材料,均可选取,凡是与观点无关或关系不大的材料,一定要舍弃。

② 要选择真实、准确的材料。所谓真实、准确,必须是真人真事,包括时间、地点、人物姓名、企业名称、数字,以及事件起因、经过、结果等,每一个小细节都要真实,不能有半点虚假,既不能夸大,也不能缩小。

③ 要选择典型的材料。典型材料是指能够表现和说明同类事物的实质及发展规律的个别事物,它具有广泛的代表性和强大的说服力。

④ 要选择新颖的材料。新颖的材料是指那些反映新事物、新情况、新问题、新矛盾、新经验的材料。

3. 财经应用文材料的使用

有了好的材料,如果不好好使用,也难以形成一篇好的财经应用文。因此,在材料搜集和选择之后,还要重视材料的使用。材料的使用要注意以下几点:

(1) 材料与观点统一。财经应用文的观点是全文的灵魂,材料是全文的血肉。观点是从对材料的分析、归纳中形成和确立的。观点确立后,又需要用材料来加以说明、证实。因此,财经应用文的观点与材料必须吻合。

(2) 大胆取舍。为了使文章达到更好的效果,更具说服力,对选出的材料还要进一步筛选,进行适当的剪裁,这就是取舍。材料取舍的最根本标准就是服从观点的需要,能充分说明观点的就取,不能充分说明观点的就舍。取舍是否得当,将直接影响到文章的成败。

(3) 详略得当。应用文贵在简洁,简洁不是简单,该详则用墨如泼;该略则惜墨如金。作为主要论据的材料应当详细地写,辅助材料要简略地写,这才能突出重点。说明现实问题、新观点的材料应详写,反之则略写。

▶▶ 二、财经应用文的结构

(一) 结构的含义

观点和材料是构成财经应用文内容的两个要素。但一篇好的财经应用文光有内容是不够的,还需要解决结构和表达的问题。结构和表达是构成财经应用文形式的两个要素。内容决定形式,形式表现内容,在写作时一定要做到内容和形式的统一。

所谓结构,是指财经应用文的内部组织形式和构造,即文章的谋篇布局。它是作者的思路在文中的反映。如果把观点看作是灵魂,材料看作是血肉,那么结构则是整篇文章的骨架。具体来说,观点解决了文章"言之有理"的问题,材料解决了文章"言之有物"的问题,而结构则是解决文章"言之有序"的问题。

(二) 结构的基本要求

1. 完整性

财经应用文安排结构的目的,是要把全部内容组织成为有机整体,自然就要求文章的结构具有完整性。各个部分既不能各自孤立,又不能相互矛盾,而要密切地联系在一起,共同为阐明一个基本观点服务。应有的结构环节要相对完备,不能无故残缺。

2. 条理性

财经应用文是以解决实际问题为目的的,应该有明晰的条理,观点材料要泾渭分明。为了更切实地解决问题,财经应用文不能如文学作品那样曲折含蓄,而是必须让读者明白哪是观点,哪是材料。为此,财经应用文多有其固定格式:观点—材料—结论。首先交代写作的依据和原因,明确地摆出基本观点;接着在主体部分,运用相关的材料说明或论证观点;最后总结全文。

3. 严密性

为了保证财经应用文各个部分之间的紧密联系,使全篇文书构成一个有机的整体,就必须要求各部分之间有严密的逻辑性。首先,要求材料和观点统一,各个小观点也要互相配合,共同为阐明、论证基本观点服务,不能相互抵触、矛盾。其次,要找到各个部分之间逻辑上的必然联系,这种联系往往表现为一种因果关系。只有认真总结,找到这种因果联系,才能使文章的内容真正统一起来,才能真正解决实际问题。最后,要全面地考虑问题,不能顾此失彼,思考严谨周密,表现在结构上就不会破绽百出,经不起推敲。

(三) 结构的基本类型

财经应用文有各种不同的文体,都形成了各自定型化的模式,各具特色,不能雷同。

财经应用文的结构形式从思维形式看,是逻辑结构;从语言形式看,是篇章结构。财经应用文的撰写者一般先形成逻辑结构,再形成篇章结构。而阅读者则先了解篇章结构,再了解逻辑结构。

1. 逻辑结构

逻辑结构一般分为以下几种形式:

(1) 篇段合一式。所谓篇段合一式,是指一篇文章的正文部分仅有一个自然段。

(2) 总分式。总分式包括总分式、分总式、总分总式三种类型。这三种形式在财经应用文写作中很常用。

总分式:用演绎法处理结构,就成为了先总后分式。即把全文的内容集中概括成为一个总的或基本的观点,放在全文的开头,然后再分成几项或几部分依次加以说明或论述。财经应用文往往先提出总方针、总政策或基本原则作为依据或指导,然后再推论或引申出具体方案、意见、措施等。这种结构方式,多用在贯彻执行有关方针、政策、法令、制度等文书中。

分总式:用归纳法处理结构,就成为先分后总式。即把全文的内容分成若干部分或条款,首先按顺序依次摆出情况,然后加以归纳,得出一个结论。财经应用文往往是先分述一系列具体材料,然后根据这些材料总括出结论。这种结构方式,多用在需要一些材料来证明、阐述一个观点的文书中,如调查报告、总结等。

总分总式:即先总述后分述,最后再总结。在解决复杂问题的时候,财经应用文的结构也往往比较复杂,常常把先总后分、先分后总两种情况结合起来。

(3) 分条列项式。即把众多、复杂的内容,按其性质分成若干条项表述,每一条项前用数字表明顺序。规章制度常用这种结构形式。

（4）事理层进式，又称递进式。它是指以事物或某种经济现象为脉络，阐明一定的道理或观点的结构形式。这种结构形式，常常包含在总分结构中。在分论的时候，各分论点之间不是平行的，而是纵向展开、逐层深入。因此，各部分的先后次序不能随便改变，他们的先后位置要按照事物、事理的内部逻辑联系来安排。

（5）图表式。把内容表格化，即根据内容的性质，分设若干项来逐项填写。这不仅节省了文字，而且醒目、直观，不易产生歧义。经济合同和一些经济报表常用这种结构方式，但单独使用的不太多，通常结合其他的结构形式使用。

上述几种结构形式在使用中，常常相互交叉、相互结合，各种结构方式都是根据写作目的和内容的需要来确定的。

2. 篇章结构

文章的篇章结构主要包括：

（1）开头。开头是文章的重要组成部分，它应为表达观点服务。

（2）结尾。财经应用文的结尾，既要符合文种要求，又要做到语言简洁，意尽言止。

（3）段落。段落是在表达文章主旨时，由于转换、强调、间歇等所造成的文章停顿。

（4）层次。所谓层次，是指文章内容的表现次序。

（5）过渡。过渡是指文章层次与层次、段落与段落之间衔接转换的方式。

（6）照应。照应是指文章之间的呼应。

财经应用文的篇章结构要注意以下几个问题：

（1）定型性。财经应用文种类较多，各种文体有它自己的模式，因此有一定的定型性。如财经应用文中的公文、经济活动分析报告、经济合同等，都有各自的模式，不能混淆。这种定型性，是从它们的实用性出发的，为了写和读的方便，为了提高工作效率。

（2）单一性。表现为一文一个基本观点，各层次段落中的从属观点紧扣基本观点，从属观点所取的材料既直接证明从属观点，也间接证明基本观点。

（3）条理性。构思过程是一个有规律、有条理的完整的思维过程，反映在篇章结构的段落层次上也必须是有条有理，起承转接都为表现文章观点服务。

3. 结构与构思的关系

构思是指构建未来文章的雏形，形成正确的思路。这个思路就是作者通过观察、调查、阅读、感受等活动之后，对事物认识、理解及思考的综合反映。因此，文章结构的好坏，主要取决于作者思路是否清晰、严密。只有思路清晰，结构才能严谨。只有思路充分揭示事物发展的必然逻辑和内在联系，才能把这种事物顺理成章地表现出来。

撰写者在平时就要多注意锻炼自己的思维方式，理清思路。例如，思考问题时注意理出思路，构思文章时拟写提纲，平时注意分析别人口头表述时的思路和文章的结构安排，通过修改文章发现思路上的问题等。总之，方法因人而异，目的只有一个，即通过长期不懈的努力，反复锻炼自己的思维能力。

三、财经应用文的表达

有了观点和材料，在安排行文结构之后，就要考虑语言表达的问题。财经应用文具有非常鲜明的语体特性。

（一）财经应用文的主要表达方式

财经应用文的表达方式有叙述、说明、议论、描写和抒情五种，但常用的是前三种，后两种只偶尔在消息、广告和调查报告等文种中出现。财经应用文使用叙述、说明、议论时也与其他文章有明显区别。

1. 叙述

叙述是指对人、物、事件和社会背景的交代和陈述，是对客观事实的反映。财经应用文反映的客观事实不同于一般记叙文，财经应用文多以记事为主，如记叙经济活动的情况，介绍生产经营的过程，反映市场信息，交代事件原委，叙述典型材料等。财经应用文的记事，要求清楚明白，准确无误。因此，在叙事的时候，常常是平铺直叙，而不像文学作品那样追求曲折有致，含蓄委婉。同时，要把握事件的主要方面，常用概括叙述，而不作描述，也不展开情节。

2. 说明

任何事物都包含了各种各样的信息，如形态构造特征、性能、作用、价值等。财经应用文运用说明的表达方式，对这些信息加以解释或介绍，使人们对这一事物获得一定的系统知识，从而准确地认识这一事物。凡反映问题、陈述情况、通知事项、介绍产品、总结经验、提出建议等，都需要运用说明的方法。

财经应用文以解决实际问题为目的，而解决问题要有科学的态度，因此，在解释或介绍事物的有关信息时，一定要实事求是，不能有半点夸张和虚构。其次，运用说明的表达方式，必须注意表述一定要清晰。这不单单是指语言的表述，还包含着作者对说明对象要有较为全面、深刻的了解。最后，必须以科学的态度对待事物，站在客观、冷静的立场上如实地解释，绝不能以主观的兴趣爱好和感情的喜恶作为评判的标准。

3. 议论

所谓议论，就是议事论理，通过概念、判断、推理等逻辑思维方式，对事实、事理进行分析、议论，以明辨是非，阐发道理，从而表明作者的态度和见解。不仅财经论文是用议论的方法写成的，就连市场预测报告、调查报告、工作报告等，也常常使用议论的方法。

财经应用文的议论，同一般议论文的要求不同。一般议论文为了充分阐明事理，说服对方，要求完整地具备论点、论据、论证三要素，并要求有严密的逻辑推理的过程，分析不仅力求深透，而且要求全面周到。财经应用文侧重实际问题的解决，要求以确凿的事实为基础，以切实的政策、法规为依据，论证力求简明，议论要抓住要点，不能滔滔不绝地发表长篇大论。

（二）财经应用文的表达特点

1. 表达方式运用的综合性

财经应用文的叙述、说明和议论常常是综合运用的。如讲背景、经过、情况时用叙述，解释原因时用说明，分析性质、下结论时用议论。在实际的写作过程中，这三种表达方式往往是互相交织、互相融合的，不可截然分开。叙述中往往包含说明、议论，说明中往往包含叙述和议论。特别是在解决一些比较复杂的问题的财经应用文中,必然要运用多种表达方式,只有这些表达方式的综合应用,才能充分、完整地将问题表述清楚。

2. 表达方式运用的直观性

由于财经应用文是以实用为目的的,运用表达方式时要使读者一目了然,与文学作品中运用表达方式有很大的差别。如叙述,要求朴素、简洁、恰当;议论,体现简明性,其笔调往往是论断式、评论式和总结式。这几种表达方式的运用,都体现了直观性的特点。

任务三　财经应用文的语体风格

一、财经应用文语体的种类

所谓"语体",是指各类文章由于体裁样式的不同,形成各种具体的语言运用特点的体式。即由词汇、语法、修辞手法以及章法等语言材料、表现方法等共同构成的体系,统称语体。

财经应用文的语体以实用为目的,大致可以分成三种,即事务语体、科技语体和宣传鼓动语体。财经应用文中的大部分属于事务语体,财经论文属于科技语体,财经新闻类文章属于宣传鼓动类语体。

(一)事务语体

事务语体主要用于事务文书和行政公文。它按不同的文体以及其应用场合形成了若干固定的格式。这类语体措词准确、庄重,句法完整、严谨,避免使用夸张、拟人等形象描写手法,叙述有条理,论理有逻辑,书写有格式。事务语体的特点如下:

1. 具有准确性、简明性、程式化等特点

事务语体具有实用性,而且要求及时、针对性强,因此其语言必须准确,内容必须简明扼要,行文必须严格按照一定格式。财经应用文的开头、结尾、过渡等结构中,常有一些习惯用语。开头用语如:"兹因""为了""根据""关于""遵照"等,它们作为导语或引语,在文中的开头提出根据或理由;结尾用语如:"为要""为盼""为荷""此复""此致敬礼"等,这些词语具有不同的功用,含有不同的语气,使用时要根据需要加以选择;过渡用语如:"为此""对此""据此"等,这是用于陈述情况、事实和理由之后,引出办法、措施和意见的过渡词语,具有照应的作用。

2. 用词简洁

财经应用文经常使用一些专用词汇和一些习惯用语,并保留了一些古词语。如"特此函达""当否""请批示""值此……之际""此致""为荷""欣悉""欣连"等。

3. 句法要求严格

句式周密严谨,句子结构完整。在措辞上,一般不用比喻、夸张、拟人等修辞格。

4. 篇章结构规范

事务语体有严格的要求,如公文包括文头、行文、文尾三个部分,运用全文格式。又如书信和简报都具有约定俗成的格式。

(二) 科技语体

科技语体主要用于财经专业文书。科技语体的特点是大量运用术语、符号、公式和图表;句式平整、变化少;一般不用修辞格;语言平实,多采用客观性描述方式。

掌握科技语体是从事财经应用文写作的前提之一。财经行业的范围比较大,其专业用语也较多,如财政方面,有预算、决算、税收、赤字等;财经方面有固定资产、流动资金、发票、收据、凭证等。这些术语对于写作财经应用文是非常重要的,如果对财经工作的术语一无所知,那么我们根本无从下手。科技语体要求概念准确,判断严密,推理周密,即有明确的论题,运用充足的论据,进行科学的论证。表达方式以议论为主。

二、财经应用文语体的要求

财经应用文不论属于哪种语体,都属于实用语言的范畴,其共同的语体要求是:

(一) 准确

财经应用文遣词造句一定要掌握分寸,对客观事物的反映和评价必须恰如其分。

1. 语言要准确

语言既不能含糊不清、模棱两可,也不能走向极端,过于绝对。如"大约""也许""可能""差不多""百分之百真实、可靠"……这类过犹不及的词语,财经应用文中应尽量避免。一些影响语言精确度的修饰性词语,如"非常""十分"之类,最好换成数字来说明。如某个国有企业 2004 年的人均产值已经从 2003 年的一万元上升到了五万元。这样的表述要比说某个国有企业已经大大地扭亏为盈准确得多,也具体得多。要做到语言的准确更应该注意每一个经济概念的确切含义,特别是相近概念的区别,如"翻番"和"倍数","速度"和"效益","增加了"和"增加到"等,要严格加以区别。

2. 逻辑要严密

逻辑上的错误,也常常造成语言的混乱。如说"该市中国银行各个分行都超额完成了信贷任务,只有个别分理处未达到原定的指标",这句话的语病为分行和分理处一个是属概念,一个是种概念,不能并列。

3. 语法要准确

语法上的错误,同样也影响语言的准确性。如"通过这次财会培训班的学习,使我的业务能力得到提高",这句话的语病在于缺少主语。

当然,还有些小的细节问题,如标点符号错误或写错别字,同样也会损害财经应用文语言的准确性。有时候一点之差、一字之差,就会引起法律纠纷。因此,对于这些问题也应给予高度重视。

(二) 简练

简练就是所谓的"言简意赅"。简练包含两层含义,一是简洁,二是精炼。

1. 简洁

简洁是基本要求。写得简洁,能节省时间,提高办事效率。财经应用文以实用为目的,凡是不能说明观点或与观点关系不大的材料都应删去,尽量少讲套话。

2. 精练

精练就是力求用较少的语言表达较丰富的内容。财经应用文要求语言精练,正是考虑到时间、精力对于财经工作者的宝贵,精炼是追求高效率的一种表现。

(三) 平实

平实就是平易、朴实。财经应用文的价值在于实用,而不是欣赏。语言平实就是要反对假、大、空、浮。应尽量不用或少用修饰语,争取做到用语朴素实在。语言平实就笔法而言,尽量做到平直,叙述问题采用直陈的方式,不要在语言上哗众取宠。

(四) 规范

财经应用文的结构有一定的定型性,不同文体有其固定的格式,因此,在行文过程中,我们要注意其规范性,即注意标准性、规定性和统一性。也就是说要按国家规定的统一标准写作,如格式、用纸、撰拟程序、立卷存档乃至数字、简称、修改符号、计量单位等的使用,都应符合国家统一规定的标准。

要培养财经应用文的语言表达能力,除了多听、多看、多记之外,还要多写、多练,从习作训练中把握财经应用文的语体风格,掌握财经应用文的习惯用语。

小 结

本章主要讲述了财经应用文的概念、作用、特点、学习方法以及财经应用文的基础知识,如财经应用文的观点、材料、结构、表达和它的语体特征等。要求学生把握财经应用文和文学作品的区别,仔细体会财经应用文的基础知识部分,并掌握财经应用文的基础写作理论和方法,为下面章节的学习打下良好的基础。

思考与练习

一、名词解释

1. 财经应用文
2. 观点
3. 材料
4. 构思
5. 语体风格

二、论述题

1. 简要回答财经应用文与一般应用文的联系与区别。
2. 简要回答财经应用文观点、材料、结构和表达之间的关系。
3. 怎样提高语言表达能力?

三、指出下列各句在语言表达上的语病,并改正。

1. 那个公司每天的营业额大约五万元左右。

2. 贵公司×月×日10号文关于要买汽车的请示已经收到了,内容完全晓得了。

3. ××公司关于开展春季运动会的决定的通知。

4. 加强素质教育是深化教育体制改革的关键,不能否认这是培养新世纪人才的重要举措。

5. ××公司关于完全彻底地开展增收节支活动的决定。

6. 对王所长说的话,开会代表发出如雷似潮的掌声。

7. 公司总裁、各分公司经理、来宾的随行人员先后走进会场。

8. 由于银行贷款利率下调,所以我厂产品的生产成本下降了一倍。

四、实训题

1. 根据财经应用文的语言特点,请评改下文:

时间如白驹过隙,一转眼20××年将要过去了。在过去的一年中,我公司的经济效益犹如穿云燕子,飞向百尺竿头,比去年大幅度上升。公司上下兴高采烈,喜笑颜开。在新的一年到来之际,我们对去年的工作总结如下……

2. 请分别用叙述、说明、议论、描写、抒情五种表达方式为你所喜欢的一样产品写一段广告词。

3. 以"怎样学好《财经应用文写作》为主题",课堂分小组讨论,然后将各组的讨论结果汇总,形成书面文稿,每组派一名代表做总结发言,最终形成班级共识。

项目二
财经常用公务文书

知识目标

◎ 掌握公文的性质和特点,了解公文的行文规则。
◎ 掌握各类公文的适用范围,熟知公文的格式。
◎ 了解公文的用纸、排版和装订要求。

能力目标

◎ 能够分析各类公文的区别,正确选择公文文种进行写作。
◎ 能够按照公文的写作内容和写作要求写作常用公文。
◎ 能根据行业企业具体案例熟练写作通知、请示、报告、纪要、函等文种。

任务一 公务文书概述

▶▶ 一、文书的性质和作用

《党政机关公文处理工作条例》(以下简称《条例》)明确公文是党政机关实施领导、履行职能、处理公务的具有特定效力和规范体式的文书,是传达贯彻党和国家方针政策,公布法规和规章,指导、布置和商洽工作,请示和答复问题,报告、通报和交流情况等的重要工具。

《条例》自 2012 年 7 月 1 日起施行。

公文具有以下作用:

(1) 公文具有指导宣传作用。上级机关通过发布公文布置工作,宣传和贯彻党和国家的路线、方针和政策,统一人们的思想认识,指导下级机关开展各项工作。

(2) 公文具有行为规范作用。国家制定的一些重要的法律、法规一经发布,便成为全社会的行为规范,任何单位和个人不得违反,否则便会受到法律的制裁、行政处分或经济处罚。

(3) 公文具有协调联系作用。公文具有联系公务、解决问题、交流情况、商洽工作、协调关系的作用。

（4）公文具有依据凭证作用。公文体现了发文机关的意图，是受文机关开展工作、处理问题的依据和凭证。公文在完成了现行的作用之后，将立卷、归档，归档后的公文是历史活动的真实记载，起着记载、凭证和备查考的作用。

二、公文的特点

1. 政策性
公文具有传达贯彻党和国家的方针政策，处理党政机关公务的重要职能，它体现国家政权机关的指挥意图、行政意向。公文的内容具有鲜明的政治性和政策性，不能由个人意志决定，必须代表国家和人民的根本利益。

2. 权威性
公文由法定作者制发，代表一定机关的法定职能，每一份公文都有特定的约束力，受文机关必须严肃对待，认真理解，严格遵照执行。

3. 规范性
为了充分发挥公文效用，《条例》从公文文种名称到行文关系、从制发程序到文体格式都做了严格规定。所有发文机关必须严格按照规定的程序制发和处理公文，以保证工作的规范化、管理的科学化、提高工作效率。

4. 时效性
公文是为解决现实问题而制发，要求限期传达执行。公文总是在规定的空间范围内和时间效力范围内生效，一旦工作完成，问题解决，或新的有关公文制发出来，原公文的效用也终止。

5. 庄重性
公文要维护其政治性和权威性，就必须保持准确、严肃、庄重的文体特点。反映事物要客观实际，表达意见要态度明朗，选词用语要严谨准确。

三、公文的种类

（一）按公文的适用范围分

1. 决议
适用于会议讨论通过的重大决策事项。

2. 决定
适用于对重要事项做出决策和部署、奖惩有关单位和人员、变更或者撤销下级机关不适当的决定事项。

3. 命令(令)
适用于公布行政法规和规章、宣布施行重大强制性措施、批准授予和晋升衔级、嘉奖有关单位和人员。

4. 公报
适用于公布重要决定或者重大事项。

5. 公告

适用于向国内外宣布重要事项或者法定事项。

6. 通告

适用于在一定范围内公布应当遵守或者周知的事项。

7. 意见

适用于对重要问题提出见解和处理办法。

8. 通知

适用于发布、传达要求下级机关执行和有关单位周知或者执行的事项,批转、转发公文。

9. 通报

适用于表彰先进、批评错误、传达重要精神和告知重要情况。

10. 报告

适用于向上级机关汇报工作、反映情况,回复上级机关的询问。

11. 请示

适用于向上级机关请求指示、批准。

12. 批复

适用于答复下级机关请示事项。

13. 议案

适用于各级人民政府按照法律程序向同级人民代表大会或者人民代表大会常务委员会提请审议事项。

14. 函

适用于不相隶属机关之间商洽工作、询问和答复问题、请求批准和答复审批事项。

15. 纪要

适用于记载会议主要情况和议定事项。

(二)按行文关系分

1. 上行文

下级机关向它所属上级机关的行文,即自下而上的行文。如报告、请示等。

2. 下行文

上级机关对其所属下级机关的行文,即自上而下的行文。如命令、决定、批复等。

3. 平行文

同级机关或者不相隶属机关之间的行文。函是最常用的平行文。

公文的上行、平行、下行,有时有交叉现象,如"意见"用于向上级机关提出见解时,为上行文;用于向下级机关提出处理办法时,为下行文。

(三)按公文的来源划分

1. 收文

从外单位发送来,由本单位收进的公文。

2. 发文

本单位发送给外单位的公文。

3. 内部公文

本单位内部使用的公文。

(四) 按公文的秘密性质和阅读范围分

公文可分为公开文、内部文、秘密文三类。

1. 公开文是指向人民群众和国内外公开发布的公文。这类公文大多数是领导人的讲话、党和国家重要的政策和法规等,通过广播、电视、报刊等大众传媒发布。

2. 内部文是指供本机关内部的员工阅读的公文,一般不对外公布。

3. 秘密文是指内容涉及党和国家的秘密,需要标明密级和保密期限,控制知密范围和对象的文件。公文的保密程度一般用秘密等级来标志,分为秘密、机密、绝密三等,主要是对知密对象的规定和控制,密级越高,控制越严。秘密程度要求在公文首页注明,其中,"绝密""机密"级公文还应当标明份数序号。

(五) 按公文办理时限划分

根据公文送达时限的要求,可分为紧急公文和常规公文。

1. 紧急公文是指须迅速传递办理的公文。按送达时限的要求,分为特急和急件两类。特急是要求立即着手办理的公文,急件是要求抓紧办理的公文,具体时间要求由各地党政机关主管自行确定。

2. 常规公文是指按正常的要求运转和处理的公文。虽然不是紧急公文,但这类公文也应迅速及时地处理。

四、公文的格式

《条例》明确规定了公文的构成要素:"公文一般由份号、密级和保密期限、紧急程度、发文机关标志、发文字号、签发人、标题、主送机关、正文、附件说明、发文机关署名、成文日期、印章、附注、附件、抄送机关、印发机关和印发日期、页码等组成。"

公文各要素划分为版头、主体、版记三部分。公文首页红色分隔线以上的部分称为版头;公文首页红色分隔线(不含)以下、公文末页首条分隔线(不含)以上的部分称为主体;公文末页首条分隔线以下、末条分隔线以上的部分称为版记。

(一) 版头部分

版头部分由份号、密级和保密期限、紧急程度、发文机关标志、发文字号、签发人、间隔线等项目组成。

1. 份号

公文印制份数的顺序号。涉密公文应当标注份号。

公文份数序号是指将同一文稿印制若干份时每份公文的顺序编号。编制份数序号的目的是准确掌握公文的印制份数、分发范围和对象,便于发文机关根据份数序号掌握公文的去向。当文件需要收回保管或销毁时,可以对照份数序号检查是否有遗漏或丢失。

如需标注份号,一般用6位3号阿拉伯数字,顶格编排在版心左上角第一行。

2. 密级和保密期限

公文的秘密等级和保密的期限。

涉密公文应当根据涉密程度分别标注"绝密""机密""秘密"和保密期限。

一般用3号黑体字,顶格编排在版心左上角第二行;如需同时标注保密期限,则秘密等级与保密期限之间用"★"隔开,保密期限中的数字用阿拉伯数字标注。

3. 紧急程度

公文送达和办理的时限要求。根据紧急程度,紧急公文应当分别标注"特急""加急",电报应当分别标注"特提""特急""加急""平急"。

如需标注紧急程度,一般用3号黑体字,顶格编排在版心左上角;如需同时标注份号、密级和保密期限、紧急程度,按照份号、密级和保密期限、紧急程度的顺序自上而下分行排列。

4. 发文机关标志

由发文机关全称或者规范化简称加"文件"二字组成,也可以使用发文机关全称或者规范化简称。联合行文时,发文机关标志可以并用联合发文机关名称,也可以单独使用主办机关名称。

发文机关标志居中排布,上边缘至版心上边缘为35mm,一般使用小标宋体字,颜色为红色,以醒目、美观、庄重为原则。

联合行文时,如需同时标注联合发文机关名称,一般应当将主办机关名称排列在前;如有"文件"二字,应当置于发文机关名称右侧,以联合发文机关名称为准,上下居中排布。

5. 发文字号

由发文机关代字、年份、发文顺序号组成。联合行文时,使用主办机关的发文字号。

发文机关代字一般由两个层次组成。第一个层次是发文机关的代字,第二个层次是发文机关主办文件的部门的代字。

年份、序号用阿拉伯数字。年份要用全称,用六角括号"〔〕"括入;序号不编虚位(即1不编001),不加"第",在阿拉伯数字后加"号"字。

如《国务院办公厅关于印发贯彻实施质量发展纲要2014年行动计划的通知》的发文字号是"国办发〔2014〕18号","国办发"这一发文机关代字表示这份文件来自国务院,承办部门是办公厅,说明这份通知是由国务院办公厅在2014年发布的18号公文。

发文字号置于发文机关标志之下、间隔线之上。在发文机关标志下空2行,用3号仿宋体字,居中排列。发文字号之下4mm处印一条与版心同宽的红色间隔线。

上行文的发文字号居左空一字编排,与最后一个签发人姓名处在同一行。

6. 签发人

上行文应当标注签发人姓名。

签发人是指签发该公文领导人的姓名。签发人平行排列于发文字号右侧,发文字号居左空1字,签发人姓名居右空1字。签发人用3号仿宋体字,签发人后标全角冒号,冒号后用3号楷体字标注签发人姓名。

如有多个签发人,签发人姓名按照发文机关的排列顺序从左到右、自上而下依次均匀编排,一般每行排两个姓名,回行时与上一行第一个签发人姓名对齐。

7. 分隔线

发文字号之下 4 mm 处居中印一条与版心等宽的红色分隔线,其作用是将版头部分与主体部分分开。

(二)主体部分

主体部分由标题、主送机关、正文、附件说明、发文机关署名、成文日期、印章、附注和附件组成。

1. 标题

标题由发文机关名称、事由和文种组成。

标题是对公文内容的概括与提炼,发文机关名称之后用介词"关于"引出公文的事由,用助词"的"与文种相连接。如"国务院关于进一步加强企业安全生产工作的通知"。

并不是所有公文的标题中都出现"关于"。如公告、通告、纪要的标题,往往不用"关于"。如"××省财政厅公告"。

批转和转发式通知的标题,往往也省略"关于"。如"国务院批转交通运输部等部门重大节假日免收小型客车通行费实施方案的通知"。

标题文字应力求扼要简短,标题中除法规、规章名称要加书名号外,一般不用标点符号,如"国务院关于修改《全国年节及纪念日放假办法》的决定"。

标题一般用 2 号小标宋体字,编排于红色分隔线下空二行位置,分一行或多行居中排布;回行时,要做到词意完整,排列对称,长短适宜,间距恰当,标题排列应当使用梯形或菱形。

公文标题大致可分为以下四种形式。

(1)三要素齐全,即发文机关+事由+文种。这是公文标题的一种典型的形式。如"国务院办公厅关于切实做好春季防火工作的紧急通知"。

(2)省略发文机关,即事由+文种。省略发文机关的原因有两点:其一,公文文头上已印有发文机关,很醒目,故无需在标题中再次标出发文机关;其二,为了突出标题中的"事由"。如"关于加强农产品质量安全监管工作的通知"。

(3)省略事由,即发文机关+文种。省略事由的原因有两点:其一,公文的正文很短,一看便知,无需在标题中对"事由"再作提示;其二,为了缩短标题,使之更醒目。这种形式的标题,常常用于公布性、周知性的公文,比如命令(令)、公告、通告等。如"中华人民共和国人民代表大会公告"。

2. 主送机关

主送机关是公文的主要受理机关,应当使用机关全称、规范化简称或者同类型机关统称。同类型机关的统称如"各省、自治区、直辖市人民政府"等。

主送机关用 3 号仿宋体字,位于标题之下空 1 行,左侧顶格书写,末尾标全角冒号。如主送机关名称过多,回行时仍需顶格。

3. 正文

正文是公文的主体,用来表述公文的内容。

一般由开头、主体和结尾三部分组成。公文的正文由于文种和内容不同,写法不尽相同,将在下面部分做具体分析。

正文在主送机关名称或标题之下第 1 行开始,每自然段左空 2 字,回行顶格。

正文用 3 号仿宋体字,一般每面排 22 行,每行 28 个字。当公文排版后所剩空白不能容纳印章位置时,应采取调整行距、字距的措施加以解决,务使印章与正文同处一页,不得采用标注"此页无正文"的方法。

文中结构层次序数依次可以用"一、""(一)""1.""(1)"标注;一般第一层用黑体字、第二层用楷体字、第三层和第四层用仿宋体字标注。

4. 附件说明

指公文附件的顺序号和名称。

如有附件,在正文下空 1 行左空 2 字,用 3 号仿宋体编排"附件"二字,后标全角冒号和附件名称。

如有多个附件,使用阿拉伯数字标注附件顺序号(如"附件:1. ××");附件名称后不加标点符号。附件名称较长需回行时,应当与上一行附件名称的首字对齐。

5. 发文机关署名和成文日期

发文机关署名应署发文机关全称或者规范化简称。

成文日期署会议通过或者发文机关负责人签发的日期。联合行文时,署最后签发机关负责人签发的日期。

成文日期是公文生效的时间,是公文的一项重要内容,写在正文右下方。用汉字标注,年月日要齐全,"零"写为"〇",如"二〇一四年三月二十五日"。

6. 印章

公文中有发文机关署名的,应当加盖发文机关印章,并与署名机关相符。有特定发文机关标志的普发性公文和电报可以不加盖印章。

印章是公文生效的标志,也是鉴定公文真伪的重要要素。印章上不压正文,下要骑年盖月。成文日期一般右空四字编排,印章用红色,不得出现空白印章。

单一机关行文时,一般在成文日期之上、以成文日期为准居中编排发文机关署名,印章端正、居中下压发文机关署名和成文日期,使发文机关署名和成文日期居印章中心偏下位置,印章顶端应当上距正文(或附件说明)一行之内。

联合行文时,一般将各发文机关署名按照发文机关顺序整齐排列在相应位置,并将印章一一对应、端正、居中下压发文机关署名,最后一个印章端正、居中下压发文机关署名和成文日期,印章之间排列整齐、互不相交或相切,每排印章两端不得超出版心,首排印章顶端应当上距正文(或附件说明)一行之内。

7. 附注

附注是公文印发传达范围等需要说明的事项。

附注对公文的阅读范围、使用时需注意的事项加以说明。如"此件公开发布"、"此件可登报"等。

如有附注,用 3 号仿宋体字,居左空 2 字,加圆括号标注在成文日期下一行。上行文的联系人姓名和电话号码标注在附注位置上。

8. 附件

附件是公文正文的说明、补充或者参考资料。

附件是公文的重要组成部分,与正文具有同等效力。附件应与公文正文一起装订,并在附件左上角第 1 行顶格标注"附件"。有序号时标注序号,附件的序号和名称前后标注应一致。如附件与公文正文不能一起装订的,应在附件首页的左上角第 1 行顶格标注公文的发文字号并在其后标注附件及序号。

（三）版记部分

版记部分由抄送机关、印发机关和印发日期、页码等组成。

版记中的分隔线与版心等宽,首条分隔线和末条分隔线用粗线(推荐高度为0.35 mm),中间的分隔线用细线(推荐高度为 0.25 mm)。首条分隔线位于版记中第一个要素之上,末条分隔线与公文最后一面的版心下边缘重合。

1. 抄送机关

抄送机关是指除主送机关外需要执行或者知晓公文内容的其他机关,应当使用机关全称、规范化简称或者同类型机关统称。

抄送机关的作用是使有关单位及时了解公文的内容,在工作中给予配合。

如有抄送机关,一般用 4 号仿宋体字,在印发机关和印发日期之上 1 行、左右各空 1 字编排。"抄送"二字后加全角冒号和抄送机关名称,回行时与冒号后的首字对齐,最后一个抄送机关名称后标句号。

2. 印发机关和印发日期

指公文的送印机关和送印日期。

印发机关是指公文的印制主管部门,印发日期是为了准确反映公文的生成时效。公文在领导签发后即开始生效,之后要经过打字、校对、复核等环节才得以印发。

印发机关和印发日期一般用 4 号仿宋体字,编排在末条分隔线之上,印发机关左空 1 字,印发日期右空 1 字,用阿拉伯数字将年、月、日标全,年份应标全称,月、日不编虚位(即 1 不编为 01),后加"印发"二字。

版记中如有其他要素,应当将其与印发机关和印发日期用一条细分隔线隔开。

3. 页码

页码指公文页数顺序号。

一般用 4 号半角宋体阿拉伯数字,编排在公文版心下边缘之下,数字左右各放一条一字线;一字线上距版心下边缘 7 mm。单页码居右空一字,双页码居左空一字。公文的版记页前有空白页的,空白页和版记页均不编排页码。公文的附件与正文一起装订时,页码应当连续编排。公文的版式按照《党政机关公文格式》国家标准执行。公文用纸幅面采用国际标准 A4 型。公文的具体格式见图 2-1、图 2-2 所示。

000001

机密 ★ 一年

××省人民政府文件

×××〔20××〕×号

━━━━━━ ━━━━━━

关于××××××××的通知

各市、县人民政府，各直属部门：

  ××××××××××××××××××××××。
  ×××××××××××××××××××××××
××××××××××××××××××××。

  特此通知

  附件：1.
     2.

×××××（印章）
20××年×月×日

（附注内容）

抄送：××，××，×××。

×××××　　　　　　　　　　20××年×月×日印发

图 2-1　下行文格式

```
000001
特急
```

××市人民政府文件

×府发〔20××〕×号　签发人×××

──────────── ────────────

关于××××××××的请示

××省人民政府：

　　××××××××××××××××××××××××××××××。××。

　　以上请示如无不妥，请批准。

　　附件：1. ×××××××
　　　　　2. ×××××××

××市人民政府（印章）
20××年×月×日

（附注内容）

抄送：××，××，×××。

×××××　　　　　　　　　　　　　　　20××年×月×日印发

图2-2　上行文格式

五、公文正文的写法

公文正文一般包括开头、主体和结尾三个部分。公文全文必须是一个完整的统一体，中心线索要连贯，结构要周密。下面具体介绍公文的开头、正文、结尾的写法。

（一）公文开头的写法

公文开头必须开门见山，一落笔就直接指向要处理的事件或要解决的问题。开头要文笔简练，多数只有一个自然段。

1. 根据式开头

开头表明发布公文的根据，所根据的一般是上级文件、领导指示、有关规章和现实情况。这类开头一般用"根据""遵照""按照"等介词领起。

例如：根据《节能技术改造财政奖励资金管理办法》（财建〔2011〕367号）的有关规定，现就2013年节能技术改造财政奖励备选项目申报组织有关事项通知如下：（《关于组织申报2013年节能技术改造财政奖励备选项目的通知》发改办环资〔2013〕1972号）。

这种把行文根据放在前面做开头的写法，在公文写作中运用得十分普遍。运用根据式开头要避免把上级文件、有关规章等原文照搬，而要提炼出主要观点，作为写作公文的依据。

2. 目的式开头

开头提出发布公文的动机、缘由、目的，称为目的式开头。这种开头常以"为""为了"等介词作为领起。

例如：为全面掌握地名基本信息，提高我国地名管理和服务水平，定于2014年7月至2018年6月开展第二次全国地名普查：（《国务院关于开展第二次全国地名普查的通知》国发〔2014〕3号）

目的式开头也是公文写作中运用较多的一种开头方式，每发布一篇公文总有一个明确的目的，开门见山，直入主题。

3. 叙述式开头

开头运用概括叙述的方式，把公文所指向的主要事实做一个简要的交待，然后在事实的基础上展开主体部分。

例如：近期，云南、四川、贵州、浙江、江西、湖南、广东、广西等地发生多起建筑物和森林火灾，造成重大人员伤亡和财产损失。根据国务院领导同志指示精神，为切实做好春季防火工作，现就有关事项通知如下：（《国务院办公厅关于切实做好春季防火工作的紧急通知》国办发明电〔2014〕2号）。

叙述式开头可以使读者对基本情况、主要事实有一个大致的了解，在此基础上，理解公文下一步展开的内容就比较容易。

4. 结论式开头

开头提出对某一事件或某一问题的基本认识，以此为前提布置有关工作，提出开展工作的方法、措施和要求。

例如:地理信息产业是以现代测绘和地理信息系统、遥感卫星导航定位等技术为基础,以地理信息开发利用为核心,从事地理信息获取、处理、应用的高技术服务业。随着近年来地理信息产业迅速兴起并保持高速增长,这一战略性新兴产业在我国经济社会发展中的作用日益显现。为促进我国地理信息产业发展,经国务院同意,现提出以下意见:(《国务院办公厅关于促进地理信息产业发展的意见》国办发〔2014〕2号)。

结论式开头或肯定成绩,或指出问题,或阐明原则,或亮明态度,开宗明义。

(二)公文主体的写法

公文的主体部分结构方式有两种基本形态,一种是并列式,一种是递进式。开头通常是总述或总论,它自成一个层次。主体部分的各层或分述或分论,或呈现并列形态,或呈现递进形态。

1. 并列式

对事物几个不同侧面的考察,对事件发生的几种不同原因的分析,对法规中不同条文的陈述等,都将形成相互并列的不同层次。

例如《国务院办公厅关于做好2014年全国普通高等学校毕业生就业创业工作的通知》(国办发〔2014〕22号),围绕进一步做好2014年全国普通高等学校毕业生就业创业工作,就有关问题从十个方面做出通知,包括高度重视高校毕业生就业创业工作、鼓励高校毕业生到城乡基层就业、鼓励小型微型企业吸纳高校毕业生就业、实施大学生创业引领计划等,这十个方面形成相互并列的层次。

2. 递进式

如果是从事物的表象逐步深入去探索其本质,每一个深化的阶段就形成一个层次,各层次之间就是递进形态。从原因出发推导结果,或者反过来从结果出发寻找原因,也会有步步深入的过程,也是递进形态。另外,公文在偏重于记述事件或过程时,按照事实发生的先后顺序表述,事件的阶段性也必然会形成层次,各层次之间也属于递进形态。

例如《国务院办公厅关于推进城区老工业区搬迁改造的指导意见》(国办发〔2014〕9号)就深入实施东北地区等老工业基地振兴战略,积极有序推进城区老工业区搬迁改造工作提出指导意见。正文第一部分说明充分认识推进城区老工业区搬迁改造的重要性,接着从指导思想和基本原则两方面明确总体要求,然后从八个方面提出主要任务,最后说明保障措施。

这份意见的主体部分包括说明工作意义、阐明总体要求、提出主要任务、采取的保障措施等层次,各层次之间内容不断深化,层层递进,逐步深入。

公文主体部分并列式和递进式层次往往交叉,相互并列的层次,每个层次可能又采用递进式安排内容。主体部分各层之间属于递进形态,但具体某一层次又采用并列式安排内容。

3. 公文结尾的写法

公文的结尾必须明确提出结论性的意见、请求或执行要求,一般不能用象征、隐喻、暗示的写作方法。

（1）总结式结尾。在结尾处用简洁明白的语言进行画龙点睛式的概括归纳，也就是对全文内容进行总结。

例如，"地方各级人民政府要加强对质量工作的组织领导和统筹协调，结合本地实际，参照以上工作安排和部门分工，制定本地区的具体工作方案，细化任务，明确时限和要求，逐级落实责任，确保各项任务的完成"。

（2）希望式结尾。在结尾处提出希望、号召。如："各有关方面要统一思想、密切配合、开拓创新、真抓实干，共同推动本地区持续健康发展，努力开创经济社会发展新局面。"

（3）说明式结尾。在结尾处对与文章内容有关的事项或问题进行交待说明。如："本栏目内容于2013年12月完成，如果以后发生变动，或者在办理中与商标注册大厅接待人员的要求不一致的，应以接待人员的要求为准。"

（4）套语式结尾。用固定的套语做结尾，如请示使用"此请当否，请批复"或"以上请示如无不妥，请予批准"等结尾；报告使用"特此报告，请审阅"或"特此报告，如无不妥，请批转执行"等结尾；通知使用"特此通知，望贯彻执行"等结尾；函使用"特此函商，请研究见复"等结尾。

公文也可采用自然结尾的方式，主体部分内容表达完毕就结束。

任务二　公告、通告

一、公告

写　作　任　务

根据《中华人民共和国土地管理法》《中华人民共和国城市房地产管理法》以及国土资源部39号令《招标拍卖挂牌出让国有建设用地使用权规定》等有关法律、法规、规章，××市人民政府决定对原市政府地块国有建设用地使用权进行公开挂牌出让，就地块基本情况和相关要求、竞买人资格、出让起始价及加价幅度、报名条件、确定竞得人方法、挂牌、报价时间和地点等有关事项进行公告。

根据以上内容，请以××市人民政府的名义拟写一则公告。

（一）公告的含义

公告"适用于向国内外宣布重要事项或者法定事项"，包含两方面的内容：一是向国内外宣布重要事项，公布依据政策、法令采取的重大行动等；二是向国内外宣布法定事项，公布依据法律规定告知国内外的有关重要规定和重大行动等。

如果发布公告时限较紧急，就通过广播、电视、报刊等传媒迅速发出。

（二）公告的特点

1. 发布内容的重要性

主要用于国家机关向人民群众公布政策法令、说明采取重大行动的目的、宣布禁止妨害国家和公共利益的行为的有关规定，以及其他需要人民群众了解的事项。

2. 发布范围的广泛性

一般公文只向国内一定范围发布，公告则是向国内外发布，其信息传达范围有时是全国，有时是全世界。因此公告既要能够将有关信息和政策公诸于众，又要考虑在国内、国际可能产生的政治影响。

3. 发布机关的限制性

公告具有其严肃、庄重、权威的特点。公告的发布机关多为较高级别的国家行政机关或权力机关，如全国人民代表大会，国务院，各省市人民政府及人大等。一般以国家的名义向国内外宣布重大事件，有时也授权新华社以公告形式公开宣布某一事项的有关规定、要求。如公布国家领导人的出国访问，国家领导人的选举结果等。

基层单位、群众团体不制发公告。如事无巨细，经常使用公告，只注意到广泛性和周知性，使公告演变为公而告之，滥用公文将影响公文的严肃性。

（三）公告的写法

公告由标题、正文和签署三部分组成。

1. 标题

公告的标题一般由发文机关、事由和文种三部分组成。

有的标题省略事由部分，有的标题只标出文种"公告"。如果发文机关为授权机关，还要在标题中写明"授权"字样，如"新华社授权公告"。

2. 正文

公告的正文通常由公告背景、缘由、公告事项和结语组成。

公告的背景、缘由部分简明扼要交代公告事件的根据和发布公告的原因，有的公告省略缘由，直接写公告事项。

公告事项部分告知内容如属纯知照性的，只需写明事实即可。如属对被告知一方有所要求的公告，要在正文中写明有关要求。如内容较多，要分条款写作。

正文结束时，一般用"现予公告""特此公告"等结束语。

3. 签署发文机关和日期

在正文右下方署上发文机关的名称和日期。如公告标题已写发文机关，有时可将签署中的发文机关省略，如在报纸上登载则常省略落款。有的公告将成文日期在标题之下标示。

（四）公告的写作要求

1. 公告是告知重大事项或法定事项时使用的公文，行文朴实庄重，内容鲜明准确。
2. 发文机关名称一般要用全称，属几个机关共同发文的，可用习惯的简称。
3. 正文不能写得冗长，如交代事件根据，无须阐述事件的意义和描写事件的情节。

【例 2-2.1】

关于公布 2013 年新建商品住房价格控制目标的公告

按照《国务院办公厅关于继续做好房地产市场调控工作的通知》(国办发〔2013〕17 号)要求,经贵阳市人民政府研究决定,现公布 2013 年贵阳市新建商品住房价格控制目标如下:

2013 年我市新建商品住房价格增幅低于当年我市城镇居民家庭人均可支配收入实际增幅。

特此公告

贵阳市住房和城乡建设局　贵阳市物价局
二〇一三年三月三十一日

【案例评析】 这份公告由贵阳市住房和城乡建设局、贵阳市物价局联合发布。正文开头写明行文的根据,公告事项明确、条理清晰。行文朴实庄重、内容鲜明准确。

【例 2-2.2】

国 务 院 公 告

为表达全国各族人民对甘肃舟曲特大山洪泥石流遇难同胞的深切哀悼,国务院决定,2010 年 8 月 15 日举行全国哀悼活动,全国和驻外使领馆下半旗志哀,停止公共娱乐活动。

国务院办公厅
二〇一〇年八月十五日

【案例评析】 这是国务院办公厅于 2010 年 8 月 14 日发布的公告,开头表明公告缘由,为哀悼在甘肃舟曲特大山洪泥石流中遇难的同胞,公告正文直陈其事,宣布国务院的决定,语气庄重。

二、通告

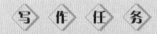

××大学是重要的教学科研场所,在保证学校活动正常有序开展的前提下,也接受社会机构和人员参观。校长办公室特地做了如下规定:双休日、法定假日、寒暑假(具体日期见学校通告)期间的每日上午 8:30—11:30,下午 13:30—16:30,校园对外开放参观。如遇校园内有重要活动,暂停开放参观。团体来校参观须提前 3~15 天网上预约,经审核批准后,可步行进校参观;个人来校参观须持本人有效证件入校,无须预约。大学不对参观团体和个人提供就餐、住宿、停车等服务,禁止参观车辆(含非机动车)入校。校内求助电话:010-62782×××,报警电话:110。

根据以上内容,请以××大学的名义拟写一则通告。

（一）通告的含义

通告"适用于公布社会各有关方面应当遵守或者周知的事项"。通告在一定的范围内面向社会各有关方面公开发布，是各级机关、团体常用的、具有一定约束力和知照性的下行文。

（二）通告的特点

1. **制约性**

通告所告知的事项常作为各有关方面行为的准则或对某些具体活动的约束限制，具有行政约束力甚至法律效力，要求被告知者遵守执行。

2. **广泛性**

通告的内容很广泛，其内容涉及社会生活各方面；通告的使用单位很广泛，只要业务需要，各级机关、企事业单位、社会团体都可以在自己管辖范围内向公众告知有关事项；通告的适用范围也很广泛，不仅在机关单位内部公布，而且可以向社会公布；通告的发布方式多样，可通过报刊、广播、电视公布，也可以张贴和发文，使通告内容广为人知。

3. **通俗性**

通告要达到让公众遵守和周知的目的，要求语言通俗易懂。虽然通告常用于水电、交通、金融、公安、税务、海关等主管业务部门公布有关工作事宜，内容带有专业性、事务性，行文要使用专业术语，但也尽量要做到语言明确、通俗。

（三）通告的种类

1. **制约性通告**

向有关单位和人员公布国家有关政策、法规或要求遵守的约束事项，告知对象必须严格遵照执行，为确保某一事项的执行与处理，通告提出具体规定，以要求相关单位与个人遵守。如《公安部关于奥运期间停止向赛区城市运输危险物品和危险废物的通告》。

2. **知照性通告**

有关业务主管部向公众传达告知业务性、事务性事项，不具有强制性，仅供人们知晓。如供电局公布停电的通告，交通局公布公交车改线路的通告等。

（四）通告和公告的区别

（1）内容要求不同：通告用于宣布应当遵守或者周知的事项；公告用于宣布重要事项或者法定事项。通告一般是有关业务方面的内容，其重要程度不如公告。

（2）发布范围不同：通告只在国内一定范围内公布，而公告既可以向国内也可以向国外公布。

（3）发文机关不同：通告的制发机关可以是各级政府机关及其职能机关，也可以是各社会团体、企事业单位，而公告的发文机关级别较高，通常是国家领导机关和地方机关，基层单位、社会团体不制发公告。

（五）通告与通知的区别

（1）行文要求不同：通知事项一般需传达、告知、批转，要求办理和执行，而通告事项一般需遵守或周知。相比较而言，通告比通知政策性更强，更具有行政约束力和法律效力。

（2）受文对象不同：通告的受文对象一般是社会公众，不专指具体单位和个人，通知的受文对象一般指具体的单位和个人。

（3）发布方式不同：通告可以用文本形式印发，也可采用张贴或登报的形式发布，而通知多在一定范围内传阅或印发。

（六）通告的写法

通告一般由标题、正文和落款三部分组成。

1. 标题

完整的标题由发文机关、事由和文种组成，如《××市人民政府关于加强主城区燃放烟花爆竹管理的通告》。有的标题省略发文机关或事由，有的用于内部张贴的通告标题只有"通告"二字。

2. 正文

通告的正文由缘由、事项、结尾三部分构成。

缘由部分写明发布通告的理由或依据。为增强通告的法律效力，常要说明通告的法律依据或职权依据。

通告一般用特定句式引出通告的事项，如运用"为了……，特通告如下"或"根据……，特作如下通告"等句子领起通告事项。

通告事项是全文的核心部分，包括周知事项和执行要求。如果内容较多，可采用分条列项的方法。这部分内容要做到明确具体，需清楚说明受文对象应执行的事项。

结尾部分用"特此通告"或"本通告自发布之日起实施"等句子表述，也可在事项内容表述完毕后自然结尾。

3. 落款

标题已有发布单位的，落款部分可省略；标题没有发布单位的，落款要注明发布单位。并注明发布通告的时间。

【例2-2.3】

××市人民政府关于实施机动车交通事故快速处理的通告

为保障道路畅通，最大限度减少交通事故对道路交通的影响，根据《中华人民共和国道路交通安全法》《机动车交通事故责任强制保险条例》等法律、法规，市政府决定，对在本市范围内发生的道路机动车交通事故实行快速处理。现通告如下：

一、对机动车在本市范围内（含高架道路上）发生的仅造成车辆损坏、无人员伤亡的交通事故（以下简称车损事故），财产损失轻微、基本事实清楚，并且车辆能够继续驾驶的，当事人应当立即将事故车辆自行撤离现场，实行快速处理。

二、当事人将事故车辆移至附近不影响交通的地点后，应即自行协商处理车损事故。需要办理理赔事宜的，当事人应当报警备案，并填写《苏州市机动车交通事故现场记录书》(以下简称《记录书》),在 24 小时内持《记录书》共同前往"道路交通事故保险理赔服务中心"或辖区的公安机关交通管理部门处理。

车损均不超过交强险责任限额的,当事人也可持《记录书》及有关证件资料直接至保险公司办理理赔手续。

三、对主动撤离车损事故现场实行快速处理的当事人,公安机关交通管理部门对其交通违法行为依法予以从轻或免予处罚。

四、对符合自行撤离事故现场、实行快速处理条件的车损事故,当事人不主动将事故车辆撤离现场的,公安机关交通管理部门应当立即派交通警察赶赴现场,予以强制撤离事故现场,并可以依法扣留事故车辆;故意造成交通堵塞的,依法予以从重处罚。

五、对协商不成或自行协商达成协议后又不履行的,当事人可向公安机关交通管理部门报案,由公安机关交通管理部门依法处理。

六、本《通告》的具体实施办法由市公安局制定。

七、本通告自20××年9月1日起施行。

二○××年八月十二日

【案例评析】 这份通告采用完整式标题,发文机关、事由、文种俱全。

正文采用目的开头式,写明通告的目的是"为保障道路畅通,最大限度减少交通事故对道路交通的影响"。因为这份通告强制性较强,因此写明制发通告的依据是"根据《中华人民共和国道路交通安全法》《机动车交通事故责任强制保险条例》等法律、法规",要求有关单位和个人按照要求执行。

通告事项部分用承启句"现通告如下"领起,分条写明机动车发生交通事故后快速处理的办法。事项排列合乎逻辑,条理清楚。

任务三　通知、通报

一、通知

写作任务

××公司专业从事电子产品研发、生产。2021年该公司研制的新型智能手机获得了市场欢迎,订单销量比去年翻了一番。为激励先进,公司决定召开2021年度员工表彰大会,表彰为公司做出贡献的优秀团队和个人。表彰大会由公司行政部负责筹办。

根据以上内容,请以公司名义拟写一则通知。

(一) 通知的含义

通知在公文中使用频率最高、适应性最广。《党政机关公文处理工作条例》规定,通知"适用于批转下级机关的公文,转发上级机关和不相隶属机关的公文,传达要求下级机关办理和需要有关单位周知或者执行的事项,任免人员"。

通知具有以下特点:

1. 告知性

通知是向特定受文对象告知或转达有关事项或文件,让受文对象知道或执行,要求受文对象按发文机关的意图办事。

2. 广泛性

通知的应用极为广泛。下达指示、布置工作、传达有关事项、传达领导意见、任免干部、决定具体问题,都可以用通知。

3. 时效性

通知对时效性有严格要求,它所传达的事项,往往要求受文者及时知晓并在规定的时间内迅速办理。

(二) 通知的种类

1. 指示性通知

这类通知用于上级机关需要对下级机关就某一事项做出具体规定,或就某一问题做出具体指示。如《国务院办公厅关于切实做好春季防火工作的紧急通知》是国务院对春季防火工作做出指示,传达要求下级机关办理有关事项的通知。

2. 发布性通知

这类通知用于颁布行政法规、印发本机关的规章等。如《国务院关于印发全国资源型城市可持续发展规划(2013—2020年)的通知》。除法规性文件外,被发布的文件一般不加书名号。

3. 批转性通知

这类通知用于批转下级机关的公文。如《国务院批转公安部关于推进小城镇户籍管理制度改革意见的通知》,公安部对当前小城镇户籍管理制度提出了改革意见并上报国务院,国务院表示同意,批示并转发各省、自治区、直辖市人民政府,国务院各部委、各直属机构,要求结合实际贯彻执行。

4. 转发性通知

这类通知用于转发上级机关和不相隶属机关的公文。如《国务院办公厅转发财政部关于调整和完善县级基本财力保障机制意见的通知》,财政部对调整和完善县级基本财力保障机制提出意见,由国务院办公厅转发各省、自治区、直辖市人民政府,国务院各部委、各直属机构,要求结合实际贯彻执行。

5. 知照性通知

这类通知用于安排一般性具体事务。为了便于工作,有必要将某些事项和信息传达告知有关单位和人员知晓。这类通知只起告知作用,如设置机构通知,启用印章通知,会议通知和布置具体工作通知,等等。如《××市教育局招聘教师考试的通知》。

6. 任免通知

这类通知用于上级任免下级的领导人或上级的有关人事任免需要下级或平级知晓。如《××市人民政府关于×××等8名同志职务任免的通知》。

(三) 通知的写法

通知一般由四个部分构成:标题、主送机关、正文、落款。

1. 标题

通知的标题与其他公文文种标题的格式相同,由制发机关、事由和文种三部分组成。

发布、批转、转发性通知的标题比较特殊,标题内含有一个被批转或被转发公文的标题,是大标题里包含着一个小标题,这个小标题就是大标题的发文事由。如果被批转或被转发的公文是法规性文件,则须在法规性文件名称上加书名号。如"国务院关于印发《国务院工作规则》的通知"。

标题中的事由如果十分重要或非常紧急,可在文种前加上"重要""紧急"等词语;如果是两个及以上机关联合行文,在文种前加上"联合"二字;如果是对不久前发的文件内容进行补充,在文种前加上"补充"二字。

2. 主送机关

所有通知必须有主送机关,以指定通知的承办、执行和应当知晓的受文机关。普发性通知的受文机关一般为直属下级机关,或需要了解通知内容的不相隶属机关。如《国务院关于印发中国(上海)自由贸易试验区总体方案的通知》的受文机关是各省、自治区、直辖市人民政府,国务院各部委、各直属机构。

3. 正文

正文一般由缘由和目的、通知事项、执行要求三部分构成。

通知的缘由和目的是通知正文的导语,要交代清楚为什么制发该通知,一般写得简洁明了。过渡语往往用"现通知如下""现将有关事项通知如下""现就有关问题通知如下""特作如下紧急通知"等。

通知的主体部分写明通知事项,通知事项一般分条列项写明,使事项条目分明。

通知的结尾可用习惯用语"特此通知",如前言和主体间使用了过渡语"现通知如下"等,收尾处一般不再用习惯用语。可以自然收尾,事项写完就结束,也可用简要的文字如"请结合本单位实际情况认真贯彻执行"等,再次明确主题或作必要的说明,以引起受文单位的重视。

4. 落款

在正文右下方写明发文机关名称,如标题中已标明发文机关,落款时可以省略,直接写成文日期。

(四) 通知的写作要求

下面结合各类通知的例文具体介绍其写作要求:

1. 指示性通知

指示性通知正文包括提出指示的根据、指示事项和指示要求等。

【例2-3.1】

关于建立××市教育人才（校外专家）库的通知

各市、区教育局（教育文体局、教育和体育局），各直属学校：

为进一步丰富学校课程建设，发展学生兴趣特长，培育学生创新、创造能力，形成推动素质教育的强大合力。经研究，决定建立××市教育人才（校外专家）库，引导学校宽口径用人优化队伍结构，鼓励社会人才深入学校发挥才智，以此凝聚力量，壮大和发展教育事业，让学生在成长过程中遇到更多的优秀教师。现就建库的有关事项通知如下：

一、总体目标

经过3年左右的时间，基础教育阶段学校的校外专家总数达到学校岗位总数的5%～10%，重点满足综合实践和校本课程的建设与教学需要；职业学校的校外专家总数达到学校岗位总数的20%～30%，重点满足面向战略性新兴产业、传统优势产业及特色专业的教学需要；逐步建立起一支数量充足、结构合理、胜任教学、热爱教育的校外专家队伍。

二、基本条件

（一）具备良好的思想政治素质和职业道德，遵纪守法，热爱教育事业，身心健康；

（二）具有较高的专业素养和技能水平，能够胜任教学工作；

（三）一般应具有中级以上专业技术职称（职务）或高级以上等级职业资格（职务），以及具有特殊技能或在相关行业中具有一定声誉的能工巧匠、非物质文化遗产国家和省级传人；

（四）初次聘请的退休人员，离开原工作岗位的时间原则上不超过2年，年龄一般不超过65周岁，特殊情况可根据学校需要而定。

三、首批入库专家的遴选

（一）各地遴选不少于20名基础教育阶段学校的校外专家，直属基础教育阶段学校每校遴选3—5位校外专家；

（二）职业学校每校遴选10—15位校外专家；

（三）各地各校将《××市教育人才（校外专家）审批表》和《××市教育人才（校外专家）呈报汇总表》于9月1日之前进行分类报送：

幼儿园、小学的校外专家材料报基础教育初教处，联系人：赵××，电话：×××××××，邮箱：×××××@szedu.com。

初中、普通高中的校外专家材料报基础教育中教处，联系人：束××，电话：×××××××，邮箱：×××××@qq.com。

职业学校的校外专家材料报高等教育与职业教育处，联系人：黄××，电话：××××××××，邮箱：×××××@163.com。

四、有关校外专家的使用与管理办法另行制订。

附件：1.《××市教育人才（校外专家）审批表》

2.《××市教育人才（校外专家）呈报汇总表》

××市教育局
二〇××年八月二十三日

【案例评析】 指示性通知开头一般交代发通知的背景、理由等，应写得简明扼要。这份通知开头简明扼要交代了写作背景和写作理由，"形成推动素质教育的强大合力；凝聚力量壮大和发展教育事业；建立教育人才（校外专家）库"而发出通知。

通知主体部分须写明指示事项和指示要求，这是受文单位执行的依据。主体部分在结构上可采用分条列项的形式，也可用分列小标题的形式。本文运用小标题从四个方面提出要求，最后随文发送附件表格，要求受文机关依照填写。

这份通知传达了要求下级机关办理和执行的事项，内容明确，层次清楚，言简意赅，体现了公文语言准确、庄重的特点。

2. 发布性通知

发布性通知正文包括两层内容：一是发布的法规或规章名称；二是提出贯彻执行的希望和要求。

【例2-3.2】

国家旅游局关于严格执行旅游法 第三十五条有关规定的通知

各省、自治区、直辖市旅游局（委）：

旅游法实施以来，旅游部门和企业对执行旅游法第三十五条有关规定，不同程度地存在着理解和执行不一致等问题。为了保证旅游法的正确、有效实施，坚定不移地取缔"零负团费"等违法经营行为，现就严格执行旅游法第三十五条有关规定通知如下：

一、关于指定具体购物场所和安排另行付费旅游项目

旅行社在旅游活动中指定具体购物场所和安排另行付费旅游项目的，应当按照诚实信用、自愿平等、协商一致的原则，与旅游者订立书面合同，且不得以不合理的低价组织旅游活动，不得诱骗旅游者，不得通过指定具体购物场所和安排另行付费旅游项目获取回扣等不正当利益，也不得影响其他不参加相关活动的旅游者的行程安排。

旅游者不同意参加旅行社指定的具体购物场所或者另行付费旅游项目活动的，旅行社及其从业人员不得因此拒绝订立旅游合同，也不得提高旅游团费或者另行收取费用。

二、关于"以不合理的低价组织旅游活动"

旅行社以低于接待和服务费用的价格或者行业公认的合理价格提供旅游服务，且无正

当理由和充分证据证明的,应认定为"以不合理的低价组织旅游活动"。

三、关于"诱骗旅游者"

旅行社或者其从业人员通过虚假宣传、隐瞒旅游行程、具体购物场所及商品或者另行付费旅游项目等真实情况的手段,诱使旅游者参加旅游活动或者购买相关产品和服务的,应认定为"诱骗旅游者"。

四、关于"回扣等不正当利益"

旅行社或者其从业人员违反不正当竞争的有关规定,或者通过诱骗、强迫、变相强迫旅游者消费,收受的旅游经营者以回扣、佣金、人头费或者奖励费等各种名义给予的财物或者其他利益,应认定为"回扣等不正当利益"。

五、关于"影响其他旅游者行程安排"

旅行社安排旅游者在指定具体购物场所或者另行付费旅游项目活动时,没有对其他不参加相关活动的旅游者做出合理的行程安排,导致其合法权益受到损害的,应认定为"影响其他旅游者行程安排"。

请各级旅游主管部门严格按照旅游法有关规定和本通知,加大执法力度,保障旅游者合法权益,确保旅游企业公平、有序、合法竞争,规范旅游市场秩序。

国家旅游局

二〇一三年十二月十六日

【案例评析】 这份通知是国家旅游局要求受文单位严格执行旅游法第三十五条有关规定。公文开头写明规定在执行过程中出现的情况,交代了此次行文的原因和依据,根据实际情况重新做了解释和规定,并提出了贯彻执行的要求。

发布性通知常用的语句有"现印发给你们,请认真贯彻执行"、"请照此执行"等。也常用"现将……印发给你们"这种介词结构前置的句式引出发布的法规或规章名称。

3. 批转、转发性通知

批转、转发性通知的标题比较特殊,完整的标题包括批转或转发机关、原发文机关、事由、文种四要素。事由就是被批转或转发的文件名称。

正文一般包括批语、转发语、批转或转发公文的意义和执行要求。

【例 2-3.3】

××省政府办公厅转发省教育厅等部门
关于做好外来务工就业人员随迁子女
参加升学考试工作意见的通知

各市、县(市、区)人民政府,省各委办厅局,省各直属单位:

省教育厅、发展改革委、公安厅、人力资源社会保障厅《关于做好来苏务工就业人员随迁子女参加升学考试工作的意见》已经省人民政府同意,现转发给你们,请认真组织实施。

附件:《关于做好外来务工就业人员随迁子女参加升学考试工作的意见》

××省人民政府办公厅
二○××年十二月二十八日

【案例评析】 这份通知采用完整式标题,"省政府办公厅"是转发机关,"省教育厅等部门"是原发文机关,事由是转发"做好外来务工就业人员随迁子女参加升学考试工作的意见"。

批转、转发性通知的正文一般非常简洁,附件中的批转或转发的文件是公文的主要内容。"省教育厅、发展改革委、公安厅、人力资源社会保障厅《关于做好外来务工就业人员随迁子女参加升学考试工作的意见》已经省人民政府同意"是批语,省政府办公厅和省教育厅、发展改革委等部门属于同级机关,没有批示的权限,这是转述省人民政府的批语。"现转发给你们"是转发语,"请认真组织实施"是要求。

4. 知照性通知

知照性通知的正文一般包括发文缘由、通知事项、执行要求三部分。通知事项要写得具体明白。

【例2-3.4】

关于跨境电子商务零售出口税收政策的通知

各省、自治区、直辖市、计划单列市财政厅(局)、国家税务局,新疆生产建设兵团财务局:

为落实《国务院办公厅转发商务部等部门关于实施支持跨境电子商务零售出口有关政策意见的通知》(国办发〔2013〕89号)的要求,经研究,现将跨境电子商务零售出口(以下称电子商务出口)税收政策通知如下:

一、电子商务出口企业出口货物(财政部、国家税务总局明确不予出口退(免)税或免税的货物除外,下同),同时符合下列条件的,适用增值税、消费税退(免)税政策:

1. 电子商务出口企业属于增值税一般纳税人并已向主管税务机关办理出口退(免)税资格认定;

2. 出口货物取得海关出口货物报关单(出口退税专用),且与海关出口货物报关单电子信息一致;

3. 出口货物在退(免)税申报期截止之日内收汇;

4. 电子商务出口企业属于外贸企业的,购进出口货物取得相应的增值税专用发票、消费税专用缴款书(分割单)或海关进口增值税、消费税专用缴款书,且上述凭证有关内容与出口货物报关单(出口退税专用)有关内容相匹配。

二、电子商务出口企业出口货物,不符合本通知第一条规定条件,但同时符合下列条件的,适用增值税、消费税免税政策:

1. 电子商务出口企业已办理税务登记;

2. 出口货物取得海关签发的出口货物报关单;

3. 购进出口货物取得合法有效的进货凭证。

三、电子商务出口货物适用退(免)税、免税政策的,由电子商务出口企业按现行规定办理退(免)税、免税申报。

四、适用本通知退(免)税、免税政策的电子商务出口企业,是指自建跨境电子商务销售平台的电子商务出口企业和利用第三方跨境电子商务平台开展电子商务出口的企业。

五、为电子商务出口企业提供交易服务的跨境电子商务第三方平台,不适用本通知规定的退(免)税、免税政策,可按现行有关规定执行。

六、本通知自 2014 年 1 月 1 日起执行。

财政部　国家税务总局
二〇一三年十二月三十日

【案例评析】 这是一份颁布政策的通知。正文开头写明发文缘由"为落实《国务院办公厅转发商务部等部门关于实施支持跨境电子商务零售出口有关政策意见的通知》的要求",主体部分具体介绍跨境电子商务零售出口税收政策。通知的事项分条表述,条理清楚。

5. 任免性通知

任免通知的标题一般包括发文单位、事由、文种,事由部分写明任免人员的姓名,如果同时任免多人,写出一个人的姓名,后加"等同志"予以概括。

如只有任命事项的任职通知,标题写"关于×××同志任职的通知",如果只有免职事项的免职通知,标题写"关于免去×××同志××职务的通知"。

任免通知的正文包括任免依据、任免人员姓名及其职务两个部分。

【例 2-3.5】

关于×××等同志职务任免的通知

各县市人民政府,市府各委办局,市各直属单位:

经××市第×届人民代表大会常务委员会第×次会议二〇二一年一月十五日表决通过,决定如下:

任命:

×××同志任××市人民政府财政局局长;

×××同志任××市人民政府卫生局局长。

免去:

×××同志××市人民政府财政局局长职务;

×××同志××市人民政府卫生局局长职务。

特此通知。

××市人民政府
二〇二一年一月十六日

【案例评析】 这份任免通知既有任命事项,又有免职事项。开头写任免依据,"经××市第×届人民代表大会常务委员会第×次会议二〇二一年一月十五日表决通过",接着写具体的任免事项,按照先任命后免职的顺序,写清楚任免人员的姓名和职务。

二、通报

××出租车运营公司,为提高员工服务意识,提高服务质量,把今年三月定为质量服务月,并组建服务质量检查小组,对所有员工进行考核。质量服务月中涌现出了一大批技术过硬、服务热情的出租车司机。比如张××在送完客人后发现客人的钱包忘在了车上,并发现其中有大量现金,他立即把钱包送到了出租车公司,让公司联系客人,及时把钱包归还给客人。还有李××在交通高峰时段,帮助私家车主修理汽车,为他人解难,使车道畅通。

但也出现了一些不良现象,王××车速过快,有抢黄灯、红灯的情况,结果与公交车发生碰擦,乘客虽然没有受伤,但不得不换乘其他交通工具。吴××为盈利,载客时故意绕道行驶,被乘客发现后,还与乘客发生口角,吴××被投诉。

公司在质量服务月总结会上,决定对活动月中涌现的先进个人进行表彰,对部分严重违纪的个人进行公开批评和处理。

根据以上内容请以××出租车运营公司名义拟写一则表彰性通报和一则批评性通报。

(一)通报的含义

通报是适用于表彰先进,批评错误,传达重要精神或者情况的公文,其作用是交流经验,吸取教训,沟通情况,推动工作的进一步开展。

(二)通报的特点

1. 教育性

通报具有教育意义,让人们知晓通报内容之后,从中接受先进思想的教育,或警戒错误,引起注意,接受教训。通报的时间性很强,因为通报的内容都是新发生的事件和情况,越及时通报,其指导现实的教育作用越大。

2. 严肃性

通报要实事求是,要用事实说话,通报的事件、情况不能有差错,并严肃慎重表明处理意见,因为通报意见直接涉及具体单位或个人。

3. 典型性

通报要选择典型事件,只有选择具有指导现实、推动工作、纠正过错的典型事例,才能达到教育的目的。

(三) 通报的种类

1. 表彰性通报

用于表彰先进个人或先进集体。这类通报,着重介绍人物或集体的先进事迹,树立榜样,总结成功经验。

2. 批评性通报

用于批评某人或某单位的错误行为,通报事故,总结教训,引以为戒。

3. 情况通报

用于上级机关向所属单位传达情况,沟通信息。

(四) 通报与通知的区别

(1) 目的不同:通报具有教育性,主要是沟通信息,通过典型事例进行宣传教育;通知具有告知性,主要是告知具体工作内容和要求。

(2) 从内容的构成看:通知主要是传达布置工作,要求受文单位做什么和怎么做;通报则主要是传达典型事例,分析评价有关情况,提出通报要求。

(3) 受文对象不同:通报的受文对象一般为全体下属;通知则下达给某一个或某几个需要执行通知事项的单位。

(五) 通报的写法

通报一般由标题、主送机关、正文、落款四部分构成。

1. 标题

通报标题一般用完整标题,由发文机关、事由和文种三部分组成。有时可省略发文机关。

表彰性通报的标题一般在关于后加上"表彰"二字,如《××省人民政府关于表彰全省交通系统抗震救灾先进集体和先进个人的通报》。

批评性通报的标题一般在事由部分写明批评对象和批评事件,不加"批评"二字。如《××省教育厅关于××市第一中学违规办学事件的通报》、《国家新闻出版社广电总局关于给予新疆兵团卫视和四川卫视暂停商业广告播出处理的通报》。

情况通报的标题一般在事由部分加上"情况"二字,如《××市关于农村现代化建设调研的情况通报》。

2. 主送机关

通报的主送机关一般为直属下级机关,或需要了解通报内容的不相隶属的单位。

3. 正文

一般由三部分构成:导语、主体和结尾。导语写通报的目的或缘由,通报主体写通报的具体内容,结尾写通报要求。

4. 落款

在正文右下方标注发文机关,如标题中已写发文机关,落款处可省略,只写明成文日期。

（六）通报的写作要求

不同类型的通报,其写作要求不尽相同。

1. 表彰性通报

通报正文先写通报事项,用概括的语言叙述先进事迹或先进经验。在评价典型意义的基础上,写明对先进个人或集体做出的表彰决定。最后写通报希望和要求,提出向先进人物或先进经验学习的要求。

【例2-3.6】

关于表彰全省交通系统抗震救灾先进集体和先进个人的通报

各市、区人民政府,市各委办局,各直属单位:

四川省汶川县发生特大地震后,全省交通系统广大干部职工,响应省委、省政府的决策部署,顾全大局、迅速行动、顽强拼搏、勇于奉献,积极参加灾区道路抢通保通、救灾物资抢运、医疗救助等抗震救灾工作。特别是赴灾区一线人员发扬特别能吃苦、特别能战斗的光荣传统,不怕牺牲、克服困难,全力投入抗震救灾工作中,涌现出一批先进集体和先进个人,为抗震救灾做出了积极贡献。为表彰先进,弘扬正气,进一步激励全省交通系统广大干部职工积极投入抗震救灾工作,省人事厅、省交通厅决定,给予省交通厅公路局等17个全省交通系统抗震救灾先进集体和相立昌等87名全省交通系统抗震救灾先进个人记二等功奖励。

希望受表彰的先进集体和先进个人,珍惜荣誉,再接再厉,在今后的工作中做出更大的成绩。全省交通系统广大干部职工,要认真贯彻落实科学发展观,以受表彰的先进集体和先进个人为榜样,战胜一切困难,排除一切险阻,扎扎实实做好各项工作,为夺取抗震救灾和交通发展双胜利做出新的更大的贡献。

附件:全省交通系统抗震救灾先进集体和先进个人名单

四川省人民政府
二〇〇八年六月二十七日

【案例评析】 这份通报正文分为两段。第一段先叙述在四川省汶川县特大地震中全省交通系统广大干部职工发扬的抗震救灾的精神,特别强调了先进集体和先进个人,树立典型。接着宣布表彰决定。

第二段写通报的希望和要求,指出向先进集体和个人学习的主要内容,突出了通报主题。

2. 批评性通报

批评性通报的正文先写通报缘由,叙述通报事件。接着分析所批评事件产生的后果,评价所批评事件的性质、指出教训所在。最后提出通报要求,对批评对象做出处理意见,根据通报的情况,表明发文机关的态度并提出引以为戒的要求。

【例 2-3.7】

国家新闻出版广电总局关于给予新疆兵团卫视和四川卫视暂停商业广告播出处理的通报

各省、自治区、直辖市广播影视局,新疆生产建设兵团广播电视局,中央三台,电影频道节目中心,中国教育电视台:

总局《关于进一步加强卫视频道播出电视购物短片广告管理工作的通知》(广发〔2013〕70号)2014年1月1日正式实施后,全国各级卫视频道执行情况总体良好,电视购物短片广告播出秩序明显好转。但在总局三令五申和多次责令整改的情况下,新疆生产建设兵团广播电视台综合频道(新疆兵团卫视)和四川广播电视台综合频道(四川卫视)仍存在超时播出电视购物短片广告的违规问题。现通报如下:

经查,1月1日,新疆兵团卫视和四川卫视存在播出的电视购物短片广告超过3分钟等问题。经总局多次责令整改,两家卫视频道仍置若罔闻,截至1月6日凌晨仍然违规播出电视购物短片广告。其中,新疆兵团卫视播出的"鬼谷子下山大罐"和"香薰睡眠宝",四川卫视播出的"中华玉兔登月紫砂壶",时长均超过20分钟,在全系统和社会上造成了极坏影响,必须严肃处理。

为严肃纪律,根据《广播电视广告播出管理办法》《广播电视播出机构违规处理办法》(试行)及《关于进一步加强卫视频道播出电视购物短片广告管理工作的通知》等有关规定,总局决定:

(一)责令新疆兵团卫视自1月9日零时起至1月24日零时,暂停所有商业广告播出15日,并进行全面清理整顿。

(二)责令四川卫视自1月9日零时起至1月16日零时,暂停所有商业广告播出7日,并进行全面清理整顿。

(三)责成新疆生产建设兵团广播电视局和四川省广播电影电视局,分别对新疆兵团卫视和四川卫视的整改情况进行核查验收,验收结束后,向总局提出书面报告,经总局同意后方可恢复商业广告播放。

望各级广播影视行政部门和播出机构引以为戒,切实做好电视购物短片广告播出的日常监管和审查把关,杜绝此类问题再次发生。

国家新闻出版广电总局
二〇一四年一月七日

【案例评析】 这份通报首先叙述了通报缘由:广告时间过长,多次责令整改后情况没有好转,属于违规。然后叙述了经查实两家卫视广告时间超长的情况,以及造成的恶劣影响。接着在分析错误性质的基础上,对批评对象做出处理意见。最后为杜绝类似事件的发生,提出吸取教训、规范行为的要求。通报结构规范,层次清楚。

3. 情况通报

通报正文写通报情况,对主要情节进行客观叙述,把人物、时间、地点、事件、结果写清楚。接着分析情况,即事情发生后的处理情况。最后要写明发文机关的意见和要求,可以在对客观事实分析的基础上提出要求。

【例2-3.8】

国家林业局国有林场和林木种苗工作总站
关于 2011 年度森林公园和森林旅游管理工作情况的通报

各省、自治区、直辖市林业厅(局),内蒙古、吉林、龙江、大兴安岭森工(林业)集团公司:

2011 年是我国实施国民经济和社会发展第十二个五年规划的开局之年,在各级林业主管部门的大力支持下,2011 年度森林公园和森林旅游各项工作任务圆满完成,为"十二五"期间森林公园和森林旅游科学发展奠定了良好基础。在 2011 年工作中,各省级林业主管部门及其森林公园主管处(室)恪尽职守、开拓创新、求真务实,涌现出一批做法好、成效优的突出代表,对全面推进森林公园和森林旅游工作具有积极的借鉴意义。现就 2011 年度有关情况通报如下:

一、森林公园监督检查方面。黑龙江省林业厅、江西省林业厅切实加强森林公园监督检查,并对检查的总体情况、主要问题以及整改要求进行全面通报,直面问题、扎实督办,强化了森林公园行业管理。

二、森林公园网站信息报送方面。江西省森林公园管理办公室、山东省林业局森林公园管理办公室、河南省林业厅保护处、四川省森林旅游服务中心、贵州省林业厅森林公园管理办公室和吉林森工集团公司森林旅游开发部都积极向"中国森林公园网"报送信息,及时反映工作动态,促进了经验交流与相互学习。

三、国家级森林公园行政许可办理方面。新疆维吾尔自治区林业厅森林公园管理办公室在国家级森林公园行政许可项目申报中,认真组织专家考察、评审,并严格依照专家意见完善申报材料,有效提升了申报工作水平。

四、森林公园工作总结报送方面。北京市园林绿化局林场花卉处、河北省林业厅森林公园管理办公室、山西省森林公园管理中心、内蒙古自治区林业厅森林公园管理办公室、辽宁省国有林场管理局、吉林省林业厅保护处、黑龙江省林业厅森林公园管理站、上海市园林绿化局林业处、江苏省林业局林业技术推广总站、浙江省林业厅造林处、安徽省森林公园管理办公室、江西省森林公园管理办公室、山东省林业局森林公园管理办公室、河南省林业厅保护处、湖北省森林公园森林旅游中心、湖南省国有林和森林公园管理局、广东省国有林场服务总站、海南省野生动植物保护局、重庆市林业局产业处、四川省林业厅造林处、西藏自治区林业局保护处、陕西省林业厅森林公园管理办公室、甘肃省林业厅场圃处、青海省林业厅造林处、宁夏回族自治区林业局林木种苗站、新疆维吾尔自治区林业厅森林公园管理办公室、内蒙古森工集团公司旅游局、吉林森工集团公司森林旅游开发部、龙江森工集团公司森林公园管理办公室和大兴安岭林业集团公司种苗站在2011年度森林公园工作总结报送工作中,做到按时报送、材料齐全、信息准确。

五、森林旅游创新发展方面。海南省林业局工作积极有效,海南省委、省政府于2011年制定了《关于加快发展海南热带森林旅游的决定》,是首个出台森林旅游扶持政策的省份。

六、森林旅游合作发展方面。江西省林业厅、山东省林业局和四川省林业厅均与省旅游局建立了长效合作机制,广领域、多形式共同推动森林旅游快速发展。

七、森林旅游主题节庆活动方面。江苏省林业局、浙江省林业厅、四川省林业厅、海南省林业局和龙江森工集团公司积极组织举办森林旅游主题节庆活动,广泛推介森林公园和森林旅游,提升了森林旅游的影响力。

希望各省级林业主管部门和森林公园主管处(室)再接再厉,加强交流,继续做好森林公园和森林旅游管理等各项工作,不断提升森林公园和森林旅游发展水平。

国家林业局国有林场和林木种苗工作总站
二〇一二年三月二十八日

【案例评析】 这篇情况通报是发文机关对2011年度森林公园和森林旅游管理工作方面取得的成绩给予通报,目的是让受文机关了解,并给下一年工作以借鉴。主体部分分别从七个方面进行了情况通报,每个方面都自成段落,每段的第一句是中心句。最后在情况分析的基础上,发文机关对受文机关提出意见和要求:继续做好发展工作,提升发展水平。这篇通报层次分明,脉络清晰。

任务四 报告、请示、批复

一、报告

写 作 任 务

××超市在2021年中秋节期间开展了主题为"花好月圆人团圆"的大型促销活动,本次活动由销售部全面负责。活动内容为:每购买满50元,即可获得一张礼券,活动期间每张礼券购买指定品牌月饼,可抵10元。每张礼券还可以进行抽奖,奖项预设置:一等奖共100个,价值为100元奖品;二等奖共1000个,价值为50元奖品;三等奖共10000个,价值为20元奖品。

卖场内专设中秋礼品专卖区,按照月饼的品牌、保健品和酒的类别整齐陈列,指定专人负责礼品的促销和中秋礼品区的装饰,以达到吸引顾客的目的。

> 此次促销活动取得了良好的销售业绩。销售部员工以饱满的热情接待每一位顾客,竭力使每一位顾客高兴而来,满意而归。本次活动,激发了员工的工作热情,团队的凝聚力得到了提升。
>
> 根据以上内容,请以超市销售部名义拟写一则报告,向总经理室汇报本次促销活动的具体做法和成效。

(一)报告的含义

报告适用于向上级机关汇报工作,反映情况,答复上级机关的询问。

(二)报告的特点

1. 呈报性

报告是一种上行公文,用于下级机关向上级机关汇报工作的具体落实情况,反映工作中存在的问题、对上级文件的执行情况和答复上级的询问。报告是上级机关了解下情、制定方针政策、指导工作的重要依据,是密切上下级联系、沟通情况、提高工作效率的重要途径。

2. 实践性

报告中无论是汇报工作成绩,还是反映工作中存在的问题,内容都必须属实,不夸大,不缩小,并能从中揭示出一定的规律。因此报告的写作者必须熟悉工作情况,以实践为依据,审核报告材料。

3. 概括性

写作报告要突出重点,点面结合,在概括叙述基本情况的基础上,按时间顺序、工作发展过程或情况的发现和分析过程等列出观点句,有层次地概括叙述。避免把工作报告写成面面俱到的流水账。

(三)报告的种类

报告的种类繁多。按内容不同可分为工作报告、情况报告、答复报告和报送报告等。

1. 工作报告

工作报告是指汇报工作的报告,包括就本地区、本单位的各项工作所写的综合性报告和针对某一项工作、某一问题、某一事件所写的专题性报告两种。

2. 情况报告

情况报告是指反映情况的报告。一般是指工作中发生的重大事件、意外事故,或带有倾向性的新问题、新现象、新动向等。这种报告主要用于对突发性事件或非正常情况的反映,写作要及时,以便上级部门及时了解新情况和新问题。

3. 答复报告

答复报告是指答复上级机关询问事项的报告。这种报告内容较为单一,要体现针对性,不能答非所问。上级询问什么就回答什么,有问必答,表述明确具体。

4. 报送报告

报送报告是向上级报送文件、材料或物件时所附加的说明性报告。这种报告比较简单,篇幅也短小,一般只要写清报送物件、材料的名称和数量。

(四)报告的写法

报告的结构包括标题、主送机关、正文、落款四部分。

1. 标题

完整式标题是指发文机关、事由、文种三要素俱全。如《××分公司关于开展产品质量月活动的报告》。有的标题详细地标明报告的性质如"工作报告""情况报告""事故报告"之类。

倘若文件版头已标明发文机关,标题可以只写事由和文种;发文机关名称署在落款处,标题中也可省略不写。

2. 主送机关

顶格写明受文机关全称或规范化的简称。

3. 正文

报告正文的基本内容一般由以下三部分构成。

(1)报告缘由。开头说明报告的目的、原因、依据等,要求写得简明扼要。

(2)报告内容。不同类型的工作报告,在内容上各有侧重点,在写法指要部分将分类讲述。

报告内容较多时,可按事情的发展脉络、认识处理问题的由浅入深,以纵式结构安排材料;也可按情况、经验、教训或问题的方方面面,以并列的横式结构安排材料,可以分条列项,使层次段落清晰分明。

(3)报告结语。一般以"特此报告""以上报告请审阅"等习惯语作结。也可省略不写结语。

4. 落款

包括发文单位和成文日期,并加盖单位公章。标题已有发文单位,此处亦可省略。

(五)报告的写作要求

报告类公文的结构并不固定,工作报告很复杂,而报送文件、物件报告很简单,一般仅数十字。所以笼统地谈报告的写作是很困难的,下面结合例文分析工作报告、情况报告、答复报告的写作要求。

1. 工作报告的写作要求

正文一般由工作基本情况、工作主要成绩、工作经验体会、存在问题和改进意见等部分构成。

工作报告篇幅较长,一般采用列小标题分部分写作。基本情况部分要简要叙述工作的背景和总体情况;工作成绩部分要突出重点,用事实说明工作的成绩并介绍工作的具体做法;工作经验和体会部分要把工作中的感性认识上升到理性认识,总结工作取得成绩的原因,得出规律性的认识以指导今后的工作实践;存在问题部分要客观评价工作的不足之处,并有针对性地提出改进工作的意见。

【例 2-4.1】

××发行投递局营销团队 20××年工作报告

××公司:

近年来,我局按照公司要求,结合自身区域经济发展情况和往年的工作经验,以营销团队能力建设为目标,确定并着力构建"集中管理、分散运作、项目带动、分片指导"的营销体系构架。坚持量质并重、进一步提升团队的综合素质和营销能力。现将我局 2014 年工作报告如下:

一、加紧团队组建工作

加强构建营销平台建设。一方面进一步提高专业营销人才素质,加强专业营销团队建设,主要体现在加强了对大客户经理和营销能手的素质业务培训方面。另一方面,深入挖掘普通投递人员的营销潜质,特别是在大收订期间,以社会关系广、头脑灵活、营销能力强的投递人员为首组成班组营销团队,对本班组服务范围内的客户进行走访营销,努力突破校园市场和第三方订阅市场等,开展项目营销。

二、充实团队工作内容

1. 班组团队根据目标要求和收订节点制订本队的具体收订办法及措施,落实对所辖区域的宣传和收订日程表。

2. 发行站团队由内勤人员、出班台、发行员和班长组成,主要任务是做好所辖发行站和大单位的前期宣传,由班长和发行员走访大单位和重点校园,推荐重点报刊品种,严把订阅清单关。

3. 各投递部组成专业市场营销团队入驻市场,积极利用各项政策,重点开展对包销、重点清报刊在市场的推广工作,扩大读者群。在 20××年度大收订活动中,发展包销、重点报刊 1300 多份,形成流转额 30 多万元。

4. 大收订期间,营销团队利用本部门资源针对不同客户群积极开展各种宣传活动。一是组织开展"邮政进社区、报刊送万家"周末进社区和"订一份报刊,了解一个世界"午后上门续订服务;二是制作本地企业版、家庭版精选目录,推出"订阅超市";三是召开行业报刊、校园发行站座谈会;四是利用报纸、电台、DM 等宣传平台;五是开展数据库推介活动。

三、工作成效

1. 我局大客户中心营销团队(报刊发行 WDJ 团队)由 3 位大客户经理组成,2014 年 1—9 月份共实现用邮收入 946.76 万元,在全省营销团队业绩排名中排首位。

2. 在××××年大收订中,营销团队对所辖区域内的 200 多所校园进行了营销维护工作,形成校园报刊流转额 127.34 万元。

3. 通过开展班组团队对所辖区域的段道进行设摊和上门收订活动,形成流转额 1567.1 万元。

一直以来,我局都致力于加强营销团队的建设工作,不断加强团队营销和个人营销能力建设。在以后的工作中,我局都要一如既往地加强营销团队能力建设,而且要努力建设一支综合素质过硬、业务水平娴熟、营销能力一流的精英团队。

××发行投递局
二〇××年十月三十一日

【案例评析】 这是一篇综合性工作报告,结构严谨,分别汇报工作基本情况、取得的成绩和做法体会以及未来的努力目标。介绍具体工作内容和取得成果时,运用数字说明的方法,有据可依、突出重点。正文主体每个部分按照逻辑关系分设若干小标题,有层次地进行概括叙述。

【例2-4.2】

××公司建设事业中心关于春节安全检查的报告

总公司:

临近春节,为度过一个平和、安详的春节,我中心组织相关部门结合当前施工进度情况,对危险源及事故隐患开展自我排查工作。现将检查情况报告如下:

一、大型机械

截至5月初我项目部对4台施工升降机(1#、4#、5#、6#)、4台塔吊(2#、3#、5#、4#)安全拆除,拆除机械单位具有相应资质证书、拆除人员均持证操作,拆除安全技术进行了书面交底有备可查。

二、围挡墙、临建设施

对施工现场、生活区及办公区四周砖墙和围挡进行检查。砖墙无裂缝、倾斜及坍塌。对施工现场北面2处围挡损坏之处进行了维修。对生活区、办公区用钢管、钢丝绳进行了防台风锚固加固。

三、安全生产保障体系

建立、健全以项目经理为第一安全生产责任人的保障体系。对施工现场开展定期检查除外,安全科还组织了验收性、节前性及经常性的检查。建立了农民工业余夜校对工人进行安全教育及培训并建立台账可追溯。

四、危险源监控

对较大危险源及达到一定规模的重大危险源均有安全专项施工方案、专家论证审查,并有专业技术人员编制,建设单位、监理单位施工方三方审批盖章。

五、现场消防管理

施工现场楼层主体内外配备干粉灭火器,现楼层内消防栓已经安装到位,下步将进行供水,加大现场防火、灭火能力。

安全无小事,任何时期对安全工作都不能存在侥幸心理。检查也只是安全生产管理的一部分,我们还需全面化、全员化地开展,为营造企业的"安全文化"目标而努力,最终达到生产安全目标。

××公司建设事业中心
二〇二一年一月二十八日

【案例评析】 这是一篇专题性工作报告,做完一项专门工作或解决某项问题之后,立即报告上级部门有关工作的开展情况。

开头写明报告的缘由,临近春节,建设事业中心开展安全检查,用"现将检查情况报告如下"过渡到下文,各项检查工作结束后把检查情况向上级报告。

正文部分按照检查的项目分层说明,最后一段总结全文。脉络清晰、层次分明。

2. 情况报告的写法

情况报告的正文一般由陈述情况或问题、分析原因和责任、提出处理意见和要求等部分构成。写作情况或问题部分,要实事求是地叙述清楚事情的经过和结果;分析原因和责任部分要客观具体地写明有关情况或问题的性质并明确责任;最后提出切实可行的措施。

【例2-4.3】

<h3 style="text-align:center">××乡人民政府关于强降雨受灾情况的报告</h3>

××区人民政府:

今年7月29日下午2时到30日凌晨7时,我乡普降大暴雨,降水量累计达100毫米,与去年同期相比超50%,又因我乡地处永定河泛区,地势低洼,造成全乡近年来最大一次内涝灾害。7月30日早晨,乡党委、政府迅速组织力量在对辖区受灾情况进行了全面、认真调查核实的基础上,积极组织群众开展灾后自救工作,力争把损失减少到最低,现将全乡工作情况汇报如下:

一、受灾情况

此次降雨主要分布在我乡北部地区,涉及27个村街。其中小王务、熊营、大王务三村、大刘庄等村受灾最为严重,已形成内涝。由于此次降雨时间比较长,雨量比较大,据统计,截至7月30日上午,仇庄乡已有4206亩农作物受灾,其中玉米受灾2836亩,棉花受灾1180亩,树木受灾31亩,其他农作物受灾190亩。

二、积极抗灾

灾情发生后,乡党委第一时间召开党委会,针对灾情周密部署、压实责任、细化分工,及时进行抗灾自救。30日上午,包村干部、包片领导第一时间全部到村与村街干部一起查看灾情、检查受灾亩数、挖渠泻涝。同时,认真做好农户房屋排险、财产转移等各项工作;党委主要领导深入到重灾村街,实地察看灾情险情,现场指导、协调排涝工作。

三、防灾自救

为全力恢复生产,确保人民财产安全和辖区稳定。乡政府派出灾情检查组,深入到各村调查灾情,研究补救措施,为农民提供技术指导服务,指导灾民加强田间管理。对农作物受损地块,指导农户补栽秋季作物,确保农民灾年增收。供电、通讯部门对受损线路进行抢修,确保供电、通讯畅通。努力把这场灾害造成的损失减少到最低程度,保障经济平稳正常运行,确保社会和谐稳定。

××乡人民政府
二〇二一年七月三十日

【案例评析】 这篇报告是××乡人民政府向区政府报告强降雨受灾情况。开头简单交代受灾时间、受灾原因、受灾程度、政府群众自救情况,用过渡句"现将全乡工作情况汇报如下"引出下文。

正文分三个部分,分别运用独立小标题,使内容一目了然。第一部分运用数字说明受灾程度,直观明了。第二部分运用条目式叙述政府在抗灾中所做的工作,内容明确。第三部分阐述防灾自救所取得的成效。层次清楚,行文简洁。

3. 答复报告的写法

答复报告的正文由报告的依据、答复事项两部分构成。首先要写明答复依据,即何时接到上级机关询问的事项和要求回答的问题,然后针对上级询问的事项或提出的问题做出答复。

【例2-4.4】

关于治理水质污染问题的报告

××市人民政府:

前接×政发〔2021〕106号函,询问我县水质污染原因及治理问题,现将有关情况报告如下:

我县水质污染较严重,其主要原因:一是公众环境保护意识差,一些居民随意向河道坑塘倾倒垃圾;二是我县市政基础设施薄弱,无污水处理厂,居民生活水直接排入大环境;三是近几年我县"三业"发展较快,其废水杂物直接排入护城河及坑塘,造成水质严重污染;四是县纸厂停业治理后,虽有污水处理系统,但运行费用高,工程设计落后,不能做到不间断达标排放。

解决水质污染问题的根本途径:首先是建设污水处理厂,目前,县政府正在积极筹措资金。其次,加大宣传力度,提高全民环保意识,减少污水无序排放。再次,加大环保监督检查力度,确保排污企业治污设施正常运行、达标排放,促进水质好转。最后,环保部门依法行政,严格执法,从源头把关,减少各种污染。

特此报告。

××县人民政府
二〇二一年一月八日

【案例评析】 这是××县人民政府上报市政府的答复报告。正文开头运用根据式,写明答复缘由:是根据市政府来函询问,答复本县水质污染原因及治理问题的情况。接着具体汇报水质污染的原因和解决水质污染问题的根本途径,用"特此报告"结尾。行文简明扼要,表达清楚。

二、请示

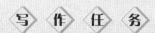

××市民政局由于日常工作繁忙导致员工间缺少交流、沟通,团支部为了提高大家团队合作、沟通交流、理解表达等综合素质,拟于5月8日在威斯顿户外拓展培训中心举办一次拓展训练活动。活动时间为9:00—16:00,安排大巴车接送,培训费用180元/人/天,本次活动全部费用从团支部活动经费中支出。

根据以上内容,请以××市民政局团支部名义拟写一则请示。

（一）请示的含义

请示适用于向上级机关请求指示、批准。当下级机关处理工作时涉及有关方针政策需要上级机关做出明确的解释和答复;当下级机关在工作中出现新情况、新问题,需要上级机关做出明确指示;当下级机关需要请求上级机关解决某一具体问题和实际困难,都可以使用请示。

请示是上行公文,具有强制回复的性质。写作请示必须一文一事,如果一文多事,会导致受文机关无法批复。

（二）请示的类型

根据请示的适用范围,可分为三类:

1. 请求指示的请示

工作中遇到某些问题或者出现新情况,缺乏明确的政策规定和文件依据;某项工作需要上级裁定,需要请求上级机关给予明确指示;执行上级机关有关政策规章时不够明确,需要上级机关做出明确解释。这类请示一般涉及政策上、认识上的问题。如《关于燃油助力车属性问题的请示》。

2. 请求批准的请示

工作中出现了无权自行处理和解决的问题,需要上级机关批准;工作中出现了一些涉及面广而本部门无法独立解决的困难或问题,需要上级机关协调和帮助;工作中出现了具体困难和实际问题,需要上级帮助解决。这类请示一般涉及人事、财物、机构等方面的具体问题,如《关于在××省通乡油路工程中采用整齐块体弹石路面代替沥青路面的请示》。

3. 请求批转的请示

对本部门就全局性或普遍性问题提出了解决办法,请求上级部门机关批转各单位执行。如《关于转发〈关于优化项目建设环境的指导意见〉的请示》,请国务院批转各单位执行。

（三）请示的特点

1. 请示事项的单一性

请示必须一文一事，每份请示只能提出一个事项，解决一个问题，这样才有利于上级批复，使问题得以解决。

2. 请示时间的超前性

请示必须在事前行文，得到上级的答复和批准后才能办理有关事项。

3. 请示结果的反馈性

请示需要等待上级的批复，请示所涉及的问题，一般较紧迫，没有批复，下级机关也就无法工作。上级机关必须及时地、有针对性地对下级的请示给以批复。

（四）请示与报告的区别

1. 行文目的和作用不同

请示是请求性的上行公文，主要是通过上级的决策意见，明确工作中需要处理而又无权或无法解决的问题。而报告是陈述性的上行公文，重在汇报工作、反映情况、提出建议。

2. 行文时限不同

请示必须在事前行文，而报告可在事前行文，也可在工作进行中或事后行文。

3. 内容和结构不同

请示的内容单一，请示理由必须充分，请求事项明确具体。而报告的内容既可以是单一的，也可以是多方面的。报告和请示必须分开使用，报告中不能写请示事项。

（五）请示的写法

请示的结构由标题、主送机关、正文和落款几部分构成。

1. 标题

请示的完整式标题由发文机关、事由和文种构成，如《××分公司关于购买多功能一体机的请示》。

标题有时省略发文机关，在落款处标明。如《关于修缮控保建筑的请示》。

写标题要注意以下几点：

一是要写清楚事由，应精确表述请示内容，尽量不要出现"请求"之类的词语，避免和文种语义重复。

二是标题文种只能写"请示"两字，不能写成"报告"或"请示报告"。

2. 主送机关

指直属上级机关。一份请示，只送一个主管的上级机关，不能同时主送两个或两个以上机关。受双重领导的机关向上级机关请示工作时，要根据请示内容的性质，主送一个上级领导机关，抄送另一个上级机关。

请示一般不直接送领导个人，一般不越级请示，如果因情况特殊或事项紧急必须越级请示时，要同时抄送越过的机关。

3. 正文

正文包括请示缘由、请示事项和请示结语三部分组成。

(1) 请示缘由。开头写明提出请示事项的理由、背景和依据,理由要充分,一般从请示事项的必要性和重要性等方面进行写作。

请示缘由关系到请示事项是否成立,必须讲清情况,举出必要的事实和数据,才有说服力。

(2) 请示事项。写明请求上级机关给予指示或批准的具体事项。请示的内容要具体明确,符合国家法律法规,符合实际。请示要求应切实可行,具有可操作性。

请示语气要得体,不用"我们决定……"之类词语,而用"我们拟……"引出请示事项,表明是下级机关的初步打算,等待上级机关的答复后再实施。

(3) 请示结语。常用的结语有"以上请示当否,请批复""以上意见当否,请指示""以上请示如无不妥,请审批"等习惯用语。

4. 落款

在正文右下方标注发文单位名称和成文日期,并加盖公章。若标题已有发文机关名称,此处可省略,只写明成文日期。

【例2-4.5】

关于购买多功能一体机的请示

总经理室:

根据公司办公要求,我部门需采购复印、打印、扫描的日常办公设备。一体机具有多种办公功能:(1)彩色打印/复印功能,效果清晰;(2)复印功能齐全,能够实现单面到双面复印,自动分页功能,自动输稿功能;(3)最大纸张A3纸类。既满足目前我们的办公需求,也节约了成本。

我们结合市场商品信息选择了如下三档产品:(排名按照每分钟打印纸张数)

一、柯尼卡美能达 C364

标配售价:4.25 万

网上报价:中关村在线参考价5.5 万

　　　　淘宝价格4.2 万

重要性能:

复印/打印:36 张/分(A4)

内存2GB,硬盘容量250GB

打印分辨率1200dpi*1200dpi

复印分辨率600dpi*600dpi

二、佳能 ADVC2030

标配售价:3.85 万

网上报价:中关村在线参考价格4.5万
　　　　　淘宝价格3.95万

重要性能:

复印/打印:30张/分(A4)

内存2GB,硬盘80GB

打印分辨率1200dpi*1200dpi

复印分辨率600dpi*600dpi

三、理光C2551

标配售价:3.10万

网上报价:中关村在线参考价格2.94万
　　　　　淘宝价格2.45万

重要性能:

复印/打印:25张/分(A4)

内存1.5GB,硬盘容量160GB

打印分辨率1200dpi*1200dpi

复印分辨率600dpi*600dpi

我部门经过综合比对,建议购买佳能C2030这款一体机,理由如下:

一是佳能在同行业中属于高端品牌,名气大,口碑好,品质有保障。

二是打印/复印速度快,效果好,符合办公需求,提高办公效率。

三是佳能品牌在图像成形、色彩还原方面技术先进,相比同类产品,打印/复印效果要更胜一筹。

四是惠普等同类产品都找佳能代工,证明佳能品牌的实力强大,技术先进。

以上请示当否,请批复。

综合事业部
二〇二一年十二月六日

【案例评析】　这份请示是内部公文,是部门向总经理室请求批准的请示,采用完整式标题,事由是"购买多功能一体机"。因为请示的目的是希望上级批准、同意、解决有关问题,为达到这一目的,正文开头写明购买多功能一体机的原因,既满足目前办公需求,也节约了成本。

请示事项部分具体分析了多功能一体机的优点,并且详细比较了三个品牌的多功能一体机的各项性能和价格之后,确定购买的品牌。分析过程全面,列举数据可靠,具有说服力。

最后用"以上请示当否,请批复"结尾。

三、批复

> **写 作 任 务**
>
> ××公司行政部写了一份《关于对2021年度考核优秀的团队和个人进行奖励的请示》,总经理室经过研究,同意设立优秀团队奖和先进个人奖,并要求行政部制定考核奖励办法。
>
> 根据以上内容,请以公司总经理室名义拟写一则批复。

(一)批复的含义

批复适用于答复下级机关的请示事项,是上级机关答复下级机关请示事项的一种公文。

(二)批复的特点

批复具有以下几个特点:

1. 针对性

批复是针对下级机关的请示而写作,批复意见要有针对性,既要研究请示事项与近期的工作需要以及党的方针政策、国家的法律法规是否相符,又要研究请示事项是否可行。批复内容如果涉及其他部门,应会同有关部门商议,取得一致意见后再行文答复。

2. 指导性

批复是答复下级请示事项并要求下级遵照办理的指示性文件,往往政策性较强,具有指导性的特点,因此表态必须慎重,批复意见要态度鲜明,理由充分,尤其是不同意或不完全同意的批复,要考虑下级的心理,有理有据说服下级。而下级机关接到批复后必须执行上级机关的批复意见。

3. 及时性

下级部门是在遇到无法解决的问题时才制发请示的,上级机关不做答复,问题就无法得到解决。因此上级机关必须为下级机关着想,对请示要尽可能迅速批复,真正帮助下级解决问题。

(三)批复的类型

根据批复内容,可分为指示性批复和审批性批复两大类。

1. 指示性批复

是指针对下级机关涉及政策及认识上的问题,上级机关给予明确指示的批复。

2. 审批性批复

是指针对下级机关涉及人事、财物、机构等方面的具体问题,上级机关进行审批后做出明确答复的批复。

(四) 批复的写法

批复写作比较简单,但有独特的结构要求。

1. 标题

批复的完整标题由发文机关、表态语、请示单位、请示事项和文种等要素构成。如《国务院关于同意将山东省青州市列为国家历史文化名城的批复》,这一标题十分完整地表述出这份批复的主旨。

有的批复标题可省略部分要素,例如《国务院关于设立"全国交通安全日"的批复》省略了表态语和请示单位。又如《关于××学校开展夏令营的批复》省略了发文单位。

也有批复标题直接写明所答复的文件标题,如《国务院关于〈中国证券监督管理委员会股票发行审核委员会暂行办法〉的批复》,这种写法常用于对法规性文件的批复。

2. 主送机关

批复的主送机关是直属下级机关,即来文的请示机关。如果是针对下级机关请求批转的请示进行批复,需要有关部门了解和执行批复的事项,既可以直接把有关部门列入主送机关,也可以用抄送方式处理。

3. 正文

正文包括批复引语、批复意见、结束语等内容。

(1) 引叙语。批复是针对请示而写的,所以正文的开头,一般要简约地引述下级来文的日期、文号、标题和要点等,意在说明依据什么请示而做的批复。

引述的方法有多种:引述请示标题和发文字号;引述请示的时间和标题;引述请示的时间和请示事由。如"你校20××年7月20日关于开展夏令营的请示收悉"属于引述请示的时间和请示事由。

批复引语之后一般用"现批复如下"、"经研究,批复如下"等过渡语引出批复意见。

(2) 批复意见。这是针对请示事项所做的明确具体的答复。如果是请求批准事项,必须明确表明是否批准;如果是请求指示,则应指出原则、政策、要求,提出办法。

如果完全同意请示事项,在复述请示主要内容后写上肯定性意见,并提出一些具体要求。

如果部分同意请示事项,就要具体写明同意的内容,不同意的内容要写明理由。

如果不同意请示事项,在表明态度后,要阐明不同意的理由,要考虑下级部门的心理,使其容易接受,并能及时采取相应措施。

无论是什么批复意见,都必须写得明确、肯定、措辞果断、坚决,语气肯定,不能模棱两可,使下级无所适从。

(3) 结尾语。为了加强语气,批复常用"此复""专此批复""特此批复"等语句结尾。

4. 落款

在正文右下方标注批复单位名称和成文日期,并加盖公章。若标题已有批复单位名称,此处可省略,只写成文日期。

【例2-4.6】

国务院关于同意将山东省青州市
列为国家历史文化名城的批复

山东省人民政府:

你省《关于申请将青州市列为国家历史文化名城的请示》(鲁政呈〔2012〕30号)收悉。现批复如下:

一、同意将青州市列为国家历史文化名城。青州市历史悠久,遗存丰富,文化底蕴深厚,名胜古迹众多,街区特色鲜明,城区传统格局和风貌保存完好,具有重要的历史文化价值。

二、你省及青州市人民政府要根据本批复精神,按照《历史文化名城名镇名村保护条例》的要求,正确处理城市建设与保护历史文化遗产的关系,深入研究发掘历史文化遗产的内涵与价值,明确保护的原则和重点。编制好历史文化名城保护规划,并将其纳入城市总体规划,划定历史文化街区、文物保护单位、历史建筑的保护范围及建设控制地带,制定严格的保护措施。在历史文化名城保护规划的指导下,编制好重要保护地段的详细规划。在规划和建设中,要重视保护城市格局,注重城区环境整治和历史建筑修缮,不得进行任何与名城环境和风貌不相协调的建设活动。

三、你省和住房城乡建设部、国家文物局要加强对青州市国家历史文化名城规划、保护工作的指导、监督和检查。

国务院

二〇一三年十一月十八日

【案例评析】 这是一份审批性批复,国务院针对山东省申请将青州市列为国家历史文化名城的请示做出了具体、明确的答复。引叙语"你省《关于申请将青州市列为国家历史文化名城的请示》(鲁政呈〔2012〕30号)收悉。"引述了请示标题和发文字号。然后用"现批复如下"过渡,引出批复意见。因批复意见内容较多,采用分条列项的写法,首先表明态度"同意"列为国家历史文化名城,接着围绕如何实施规划提出具体要求,全文针对性强,态度明确,重点突出,条理清楚。

任务五　函、纪要

一、函

写作任务

××公司为答谢广大客户对公司发展的大力支持,特于2021年3月25日到3月27日举办客户联谊活动,活动地点安排在××宾馆三楼宴会厅。此活动由公司行政部负责,行政部发函与宾馆商讨布置会场、安排食宿、提供服务等有关事宜。

根据以上内容,请以公司行政部名义拟写一则函。

（一）函的含义

函"适用于不相隶属机关之间商洽工作,询问和答复问题,请求批准和答复审批事项"。函是公务文书中的平行文,"不相隶属机关之间"不论级别高低,都不存在职权上的领导与被领导关系,它们之间的行文只能用函。

（二）函的特点

函主要有以下两个特点:

1. 行文方向灵活

在公文中,函的使用最为灵活,行文方向不受限制,既适用于不相隶属机关之间的行文,又适用于平行机关、上下级机关之间的行文。

2. 适用范围广泛

函的适用范围很宽,既可用于不相隶属机关之间商谈公务、接洽工作、询问事情、答复问题,又可用于向业务主管部门请求批准事项及业务主管部门审批或答复有关事项。

（三）函的种类

1. 按行文方向划分,函可分为去函和复函两类。去函也可叫来函,是发文单位主动发出的函,复函是针对来函进行答复的函。

2. 按发函对象与内容划分,可分为商洽函、询问函、请批函、答复函四类。

商洽函主要用于平行机关或不相隶属机关之间商洽工作、联系有关事宜。如高校和企业之间商洽有关校企合作事宜等。

询问函主要用于不相隶属机关之间询问如何处理有关问题的函。如公司因为合同纠纷,需要向法院或律师事务所询问损失如何赔偿等问题。

请批函主要用于向无隶属关系的业务主管部门请求批准有关事项。如某单位向市地名办请批更名事项等。

答复函用于不相隶属机关之间答复询问事项,业务主管部门答复或审批无隶属关系的机关请求批准的事项。

3. 按文面规格划分,可分为公函和便函。

公函严格要求按照公文格式写作,按公文要求进行规范化处理。

便函写法较自由,格式灵活,不列入正式文件范围。

无论是公函或便函,都是机关之间处理公务的信件。和普通书信相比,有比较严格的格式,在文字表述上更为简洁,庄重严肃。

(四)函、复函与请示、批复的区别

1. 按照行文关系,函是平行文,是向有关业务主管部门请求批准有关事项。请示是上行文,是向上级机关请求指示、批准。

2. 复函是业务主管部门用于回复不相隶属机关来函提出的有关请求事项,批复是上级机关用来答复下级机关的请示事项。

(五)函与通知的区别

1. 行文关系不同,函主要作平行文,有时灵活使用,兼作下行文、上行文,通知主要用于下行文。

2. 内容性质不同,函属于商洽性公文,通知则属于传达或者告知性公文。

3. 效力、作用不同。函一般没有领导作用,没有行政约束力,更无法律效力;通知具有行政指导作用和行政约束力,有时还有法律作用。

(六)函的写法

函的基本结构,包括标题、主送机关、正文、落款几部分。

1. **标题**

完整式标题包括发文机关、事由、文种三要素。如《×××人民政府关于商请主办第×届中国东西部合作与投资贸易洽谈会的函》。

有的省略发文机关,但事由、文种不可省略,如《关于实地考察学习及洽谈项目的函》。

复函的标题一般在事由部分写明来函单位名称和具体事项,文种前加"复"字,如《国家林业局办公室关于开展全国国有林业改革试点工作的复函》。

2. **主送机关**

函的主送机关是指需要商洽工作、询问情况或答复事项等的有关机关,应写全称或者规范化的简称。

3. **正文**

正文是函的主体部分,一般由发函缘由和具体事项组成。

去函的正文一般包括两部分内容。第一部分陈述商洽、请求、询问有关事项的背景和缘由,第二部分写明具体事项和要求。要求明确具体,简短扼要,语气谦和。

复函的正文写法和批复相似。第一部分引述来函事项,第二部分针对来函提出的有关事项写明给予答复,要求说明情况,表明态度,并有针对性地提出办理意见。

正文最后常用习惯语作结。去函多用"特此函商,盼函复""特此函达""敬请函复""请研究函复"等。复函常用"此复""特此函复""特此函告"等。

4. 落款

发函单位、日期写在正文尾部右下方。

(七) 函的写作要求

下面结合具体例文分析函的写作要求。

1. 商洽函

机关、单位之间商洽工作、联系事项用商洽函。这种函的正文多分为缘由、事项、结尾三部分。

【例2-5.1】

中国科学院××研究所关于建立全面协作关系的函

××大学：

近年来，我所与你校双方在一些科学研究项目上互相支持，取得了一定的成绩，建立了良好的协作基础。为了巩固成果，建议我们双方今后能进一步在学术思想、科学研究、人员培训、仪器设备等方面建立全面的交流协作关系，特提出如下意见：

一、定期举行所、校之间学术讨论与学术交流。

二、根据所、校各自的科研发展方向和特点，对双方共同感兴趣的课题进行协作。

三、根据所、校各自人员配备情况，校方在可能的条件下对所方研究生、科研人员的培训予以帮助。

四、双方科研教学所需要高、精、尖仪器设备，在可能的条件下，予对方提供利用。

五、加强图书资料和情报的交流。

以上各项，如蒙同意，建议互派科研主管人员就有关内容进一步磋商，达成协议，以利工作。特此函达，请予函复。

中国科学院××研究所
二〇××年三月二十二日

【案例评析】 这篇商洽函标题规范，三要素齐全，事由是建立全面协作关系。正文第一段先写明去函的缘由，为巩固之前协作成果，接着写明商洽事项，用分条目的方式写明全面协作的方式、方法。言简意赅，表达清楚，语言得体。

2. 询问函

询问函是用于平级和不相隶属的机关和单位之间询问问题、征求意见。写作询问函，应清楚地陈述询问事项，以便对方回复。

【例2-5.2】

卫生部办公厅关于征求《食品添加剂标识通则》
等30项食品安全国家标准(征求意见稿)意见的函

卫生部所属单位:

根据《食品安全法》及其实施条例的规定,我部组织制定了《食品添加剂标识通则》等30项食品安全国家标准(征求意见稿)。现向社会公开征求意见,请于2011年10月30日前以传真或电子邮件形式反馈我部。

传　　真:010-67711813

电子信箱:foodsafetystandards@gmail.com

附件:《食品添加剂标识通则》等30项标准征求意见稿

卫生部办公厅
二〇一一年九月二十六日

【案例评析】　这份征求意见函标题规范明确,正文先写明去函的背景和缘由,接着写明答复要求。言简意赅。

3. 请批函

请批函是机关、单位涉及业务工作,向没有隶属关系的业务主管部门制发的请求批准的函。因双方不是上下级的隶属关系不宜用请示。请批函要求写明请批的事项和理由。

【例2-5.3】

××市中级人民法院关于
重建办公机关需划拨土地的函

××市规划局:

我院原址在市×区×街×号,因这里是老市区,居住人口众多,街面狭窄,加上原有房屋设计格局的局限等原因,已无法适应现代化办公情况的需要。经报市人民政府批准,同意我院在×区×地重建,请市规划局迅速研究,在该地划拨出××公顷土地,并望于十月十七日前复函。

现将该方案提交贵办,请审批。

××市中级人民法院
二〇二一年十月十二日

【案例评析】　这是××市中级人民法院向××市规划局请求划拨土地的函。标题事由明确,正文首先概述基本情况,叙述划拨土地的理由,提出在×区×地重建,并划拨××公顷土地的请批事项。同时叙述围绕请批事项市人民政府所持有的态度。最后用"现将该方案提交贵办,请审批"。结尾。理由充分,态度诚恳。

4. 答复函

答复函也称复函,它具有明确的针对性,即针对询问函而作的答复。复函的正文有引述语和答复意见两部分组成。引述语就是引述来函的标题、来函时间和发文字号。答复意见是针对来函事项予以答复,表明态度。

【例 2-5.4】

**××市规划局关于中级人民法院
重建办公机关需划拨土地的复函**

××市中级人民法院：

你院二〇二一年十月十二日来函《关于重建办公机关需划拨土地的函》收悉,经研究,现函复如下：

鉴于你院原址已无法适应现代化办公情况的需要,根据市政建设条例,同意将×区×地划拨出××公顷土地给你局重建办公机关。

特此复函。

××市规划局

二〇二一年十月十七日

【案例评析】 这份答复函第一段首先引述来函的时间和标题,表明复函的缘由。用"经研究,现函复如下"这一过渡句领起下文。第二段写答复意见,作出同意的明确答复,答复事项完毕,全文自然结束。行文简洁,态度鲜明。

二、纪要

写 作 任 务

××有限公司是从事美容工具生产的企业,为了进一步提高公司的销售业绩,公司于2021年10月18日下午1点在公司大楼会议室召开总经理和部门经理会议。关于如何提高服务质量公司展开了热烈的讨论,下面是各部门经理的会议发言内容。

张经理的发言内容：

1. 关于公司人员的重新分配,从今天开始,王萍着重投入于网络的优化,做好网页的宣传,而新入职的办公室助理则接手王萍之前担任的行政工作内容,其他人继续做好自己的岗位工作。

2. 严格执行考勤制度,一个月内迟到两次要相应地扣除工资,遵守打卡制度,如有特殊情况,须提前通知请假,然而请假的员工需在次日到梁经理处补名。

3. 最后，规范一个专门对外接受咨询的QQ，每天专门由张莉莉一人负责登录，然后分派给业务员，到月末进行统计网上咨询了解公司产品和信息的客户人数。这样有利于决定加大还是保持公司的投入力度。

吴经理的发言内容：

1. 加强生产、销售，销售是重点，需要用心做，另外还提议员工多走车间，这样可从中更好地了解产品的参数和构造。

2. 对商品的投放力度要加大，努力完善网站的优化。

李经理的发言内容：

1. 由于下班时候办公室没有业务员的情况下仍然有电话打进，张国民建议将电话转接到业务员的手机，能够及时接到电话。

2. 办公室的整洁要靠大家一起整理，细至每一个人的座位，大至公司的财产保护，尽力改善公司的形象，让别人看到公司的规范。

最后，钱总经理总结了今天的会议内容，每一个员工都需要用心投入，付出与收获是成正比的，公司的发展离不开每一位员工的努力。

根据以上会议发言内容，以公司名义拟写一则纪要。

（一）纪要的含义

纪要适用于记载、传达会议情况和议定事项。

纪要是根据会议情况、会议文件和其他会议资料整理的要点，是为了贯彻会议精神、扩大会议影响、推动有关工作，要求与会单位共同遵守、执行的一种公文。

纪要既可以传达给与会者及其所属单位，也可以上呈上级机关。

（二）纪要的特点

纪要主要有以下特点：

1. 纪实性

纪要必须如实反映会议基本情况和会议精神，注重客观准确，不能把没有经过会议讨论的内容写进会议纪要。

2. 提要性

纪要必须紧密结合会议主题，对会议内容和研究决定事项进行概括和提炼，反映会议的主要精神和重要结论。会议纪要不同于会议记录，会议记录是与会议同步进行，如实记录会议原貌，作为机关单位内部资料保存。会议纪要是会后整理，归纳出主要事项，体现会议的主题，在一定范围内公布传达。

3. 指导性

纪要一经成文下发，就起到沟通情况，统一认识和指导工作的作用，要求有关单位和人员遵照执行会议精神，具有指导意义和约束作用。

（三）纪要的种类

1. 根据会议的性质和内容划分，可分为工作会议纪要和专题会议纪要两大类：

工作会议纪要是指由机关、单位召开的为研究工作、处理事务或解决问题而召开的工作会议形成的纪要。这类会议纪要应传达会议的基本情况、议定的事项、布置的工作任务，要求与会单位和有关人员共同遵守执行。

专题会议纪要是指专题研讨会、座谈会、学术研究会等会议形成的纪要。这类会议纪要主要通报会议情况，使有关单位和人员知晓会议的基本情况和主要精神，对有关方面的工作具有指导作用。

2. 根据会议纪要的写法划分，可分为摘要式会议纪要和综合式会议纪要。

摘要式会议纪要是概括反映会议的议定事项或反映会议的讨论情况，一般适用于小型会议或议题单一的会议。写作时把具有典型性和代表性的言论提要整理，按一定的逻辑关系分条列项排列成文。

综合式会议纪要是按照会议议题反映会议的综合情况，一般适用于大型会议或议题较多的会议。按照议题分几个部分写作，每部分列出小标题，层次清晰。

（四）纪要的写法

纪要的结构一般包括标题、正文、落款几部分。纪要不写主送机关，而是需要抄送给参加会议的机关和需要知道会议情况的机关。

1. 标题

完整式的标题包括发文机关、会议名称、文种三个要素，一般可以省略介词"关于"二字。如《××广告公司的销售会议纪要》

有的标题省略发文机关，由会议名称加文种构成，如《全国高等教育语言文字工作研讨会纪要》。

2. 正文

纪要的正文包括会议概况、会议内容和结语三部分内容。

（1）会议概况。正文的开头部分概括介绍会议的基本情况。如会议的名称、会议召开的背景、依据和目的，会议召开的时间、地点，会议参加人员和规模、会议的主持人、出席人，会议的主要议程，研讨的主要问题和会议成果等。

介绍会议情况要简明扼要，让阅读者对会议有个总体了解。用"现将会议情况纪要如下""现将会议议定事项纪要如下"等习惯用语领起下文。

（2）会议内容。这是正文的主体部分。根据会议的中心议题有重点地写出会议的内容和成果，包括会议讨论的问题，议定的事项，提出的任务、要求和措施等。常见的写法有两种：

一是综合叙述式。围绕会议的中心议题，对会议内容进行综合分析，整理归纳出几个部分进行阐述，以准确反映会议的主要精神。

二是摘要记录式。按照会议进行的程序，根据会议发言的顺序，将每个发言人的讲话要点分别予以综合、归纳，依次摘要写出其发言内容。

(3) 结语。结尾一般写对与会者提出要求和希望,或发出号召,也可以自然结尾。

3. 落款

写明发文单位和成文日期即可。若标题中已有发文单位,落款处可省略。成文日期有时也可以写在标题下一行居中。

【例2-5.5】

××新城镇开发有限公司会议纪要

2021年12月3日下午,在××镇人民政府1104会议室,肖××总经理主持召开××新城镇开发有限公司全体员工例会。肖总经理传达了××集团管理层会议精神,在听取各部门工作汇报后,对公司下阶段工作做出部署。会议纪要如下:

一、管理层会议精神

1. ××财团新委派副总裁,分管集团教育板块。

2. 募投项目方向转向房产方面,涉及需要提供相关资料的,由综合事业部负责对接。

3. 年底绩效考核问题由财务人事部负责,与集团做好对接。

二、各部门工作汇报

(一) 关于规划建设部

1. 完成拆迁协调会需要的相关材料准备,包括土地出让计划、建设计划、拆迁计划,以及卫星影像图。

2. 与市政单位、景观设计单位做了对接。

3. 按照建设计划,付款方式,编制了现金流计划,提交财务人事部。

4. 与法务顾问沟通关于合同主体变更的问题,要签订三方协议,已草拟了合同模板。

(二) 关于综合事业部

1. 土地招商方面:完成土地招商推荐介绍PPT材料;完成××房地产现状PPT。

2. 拆迁协调方面:准备××合作区域拆迁协调会,根据镇里要求调整开会时间。

(三) 关于财务人事部

1. 日常财务工作,包括各项费用的支出;

2. 可研报告与××公司对接,讨论保密协议签订以及服务价格,参考其他公司的费用支付以及合同模板。

3. 与国土局沟通,土地预审问题。

三、工作小结及下阶段工作部署

(一) 关于规划建设部

1. 单位选择:市政单位选择沿用苏州市政院。接下来需要做的工作:(1)商务条款的确定,包括设计费用以及支付方式;(2)对整个合作项目内工程现状的了解;(3)完成设计导则。原则上本周拿出。

景观单位选择。约谈××园林设计院,本周内完成景观单位选择,双方明确合作意向,争取年前完成景观设计初稿。

2. 关于南庄路、河滨路合同主体的变更问题。从公司发展的长远角度出发,能够断开是比较合适的。规划建设部需要与建管所对接,分析继续合作与断开的优劣势,取得建管所的意见。

4. 工程操作上,尽快明确需要走建设或者交通口子,根据开行融资过程的具体操作,财务人事部配合完成融资需要的相关手续。

(二)关于综合事业部

1. 综合事业部的工作内容比较繁杂,需要理清思路,逐步完成。

2. 由综合事业部牵头,各部门员工完成明年工作思路安排,包括明年工作目标、实现方式、采取措施、重点内容。汇总整理出公司层面的明年工作安排。

3. 关于拆迁的问题,综合事业部需要梳理出一个拆迁管理办法,包括拆迁范围、拆迁的时间点、资金的支付方式。明确商务协议支付清单,整理出一个专题内容。

(三)关于财务人事部

1. 以后对项目的考核从项目 IRR、股东 IRR 出发,并按月进行回顾。

2. 财务人事部需要审核年底资金支付问题,包括公司正常运行的费用、城市设计费用、拆迁费用等费用。

3. 关于立项问题。解决好××项目的立项。

肖总强调了所有文件合同都需要归档,各部门应该定期更新自己的档案库,保证重要合同文本的留存。

同时,肖总也要求能够坚持执行工作计划表,按照每周一记录,每月一总结的方式进行。通过此举,帮助各位理清工作思路,提高工作效率,提升自身能力。

××新城镇开发有限公司
二○二一年十二月三日

【案例评析】 这是一篇工作会议纪要,会议主题是公司总裁听取各部门近期工作情况汇报以及下阶段工作部署。纪要用简洁的语言交代了会议概况。首段交代召集会议的单位、会议议题、会议时间和主持人。

正文的主体部分采用分段落的写法,每一段针对一个部门的工作展开分析,条理明晰,重点突出。最后提出总的要求和希望,实际上起到了结尾段的作用,使纪要到此自然结束。

▶▶ 小 结

公务文书是党政机关、企事业单位、社团团体等组织在公务活动中为处理公共事务,按规定格式写作,按规定程序处理的具有法定效力和规范体式的一种文书,具有法定性、权威性、政策性、规范性、工具性、时效性等特点。本章所述的财经常用公务文书有 15 种,即决议、决定、命令(令)、公报、公告、通告、意见、通知、通报、报告、请示、批复、议案、函和纪要。这些文种都具有法定的适用范围,规范的写作格式和统一的行文规则。撰写财经常用公务文书,一要选对文种,二要符合规定格式,三要拟好标题,四要掌握正文的写作要点。结构安排合乎逻辑,语言运用准确、得体。

思考与练习

一、给下面的标题填写文种

1. ××省人民政府关于为杨××等6名同志记一等功的_____
2. 财政部关于印发《行政事业单位国有资产管理信息系统管理规程》的_____
3. ××市工商局关于开展流体领域"食品安全专项整治百日行动"的_____
4. ××公司关于商洽开展技术合作的_____
5. ××省人民政府关于表彰全省矿业秩序治理整顿工作先进单位的_____
6. 国务院办公厅关于××省部分市县乱集资乱收费问题的_____
7. ××省人民政府关于增拨防汛抢险救灾用油的_____
8. ××市人民政府关于加快本市民政事业发展的若干_____
9. 国务院关于同意建立不动产登记工作部际联席会议制度的_____
10. 建设部安全生产委员会会议_____

二、指出下面的公文标题存在的问题并修改

1. 国务院关于发布《××管理办法》的通报
2. ××企业关于加强安全管理的公告
3. 国家税务总局关于成立中共国家税务总局党校的请示报告
4. ××大学关于××系学生××考试违纪作弊的通告
5. ××厂关于表彰技能先进单位和个人的通知
6. ××市人民政府关于同意本市整顿住房建设收费取消部分收费项目的决定
7. ××学校关于组织新教师上岗培训的汇报
8. 关于××分公司添置办公用品的请示
9. ××大学教育基金会第一次理事长办公会议报告
10. ××医院关于新建实验室,购买医疗设备,拟在行政费中开支的请示

三、根据以下内容提示拟写公文标题

1. ××市房管局就××小区即将进行老新村改造,向全体住户发出文件。
2. ××市政府收到《党政机关公文处理工作条例》后,拟将该文转发到各县人民政府。
3. ××区图书馆为满足群众读书需求,特向区政府要求增加经费。
4. ××区政府接到区属图书馆要求增加经费购买图书的文件后,表示同意该图书馆的请示事项。
5. ××大学就××系学生×××多次在宿舍私拉电线,使用大功率电器,违反学校纪律,给予警告处分一事发出文件,使全校师生周知。
6. ××公司经过研讨,制订出了本年度职工绩效考核办法,并印发给各部门。

7. ××公司财务部按照年初制定的工作计划,圆满完成了各项工作任务,特向公司汇报全年工作情况。

8. ××公司为答谢广大客户,将举办客户联谊会,联谊会场地准备安排在交通便利的××大酒店,特与酒店商洽联谊会场地事宜。

四、公文写作实践

1. 根据以下材料,请代××市图书馆拟写一份通告。

××市图书馆是向全市人民免费开放的场所,最近出现了一些不良现象:有些市民衣冠不整或穿着拖鞋进入场馆;在图书馆大声喧哗甚至聊天;占用位置躺着休息等。针对部分市民的不文明现象,××市图书馆为加强管理,准备拟写一份通告。

2. 根据以下材料,请代××公司拟写一份通知。

××公司将对今年入职的新员工进行培训,培训的主要内容包括公司的各项规章制度、管理理念和企业文化等。××公司以通知形式,告知各部门有关培训内容、培训方式、培训对象、培训时间和地点等事项。

3. 根据以下材料,请代教育部拟写一份情况通报。

20××年6月内蒙古、河南省四地连续发生四起学生溺水事故,造成多名学生死亡。6月22日,11名中小学生骑自行车结伴到河边玩耍,5名学生溺亡。同时在另一地,有12名学生野炊,5名学生溺亡。6月18日河南3名学生在水塘洗澡时溺亡。教育部及时向各地教育部门和高校发出紧急通报,要求各地各校把预防学生溺水作为一项重点工作,严防溺水事故发生。

4. 根据以下材料,请代××市教育局拟写一篇报告。

××市教育局为政务公开、方便群众,在网上开辟了论坛,方便群众表达自己的利益诉求。每周收到的信息都要公开处理,统计、分析后形成报告向××市政府汇报。

20××年9月的第三周,论坛收发帖情况如下:跟教育有关的帖子共36个,已经回复处理了35个,有1个帖子还在交办处理的过程中。在回复处理的帖子中,一个工作日完成的有13个,占37.1%;两个工作日完成的有12个,占34.3%;三个工作日完成的4个,占11.4%,其余都在规定时间完成回复。36个帖子中,其中咨询投诉类26个,占72.2%,开门纳言类10个,占27.8%。

本周群众关注的热点问题主要有以下几个:一是小学一年级部分老师自行抬高教学标准。有网友质疑教师揠苗助长,建议不可操之过急。二是建议取缔所有教育培训机构等。有网友建议取缔所有课外辅导机构,取消以此牟利的教师的资格。三是关于义务教育阶段的一些随想。有网友认为学校硬件设施、师资和生源是影响学校办学质量的三大要素。××市教育局把以上情况汇总后形成报告。

5. 根据以下材料,拟写一份请示和一份批复。

××分公司总装车间自建成至今已有25年,这期间虽然经过两次大规模的扩建,但仍无法满足目前分公司的生产需要。目前总装车间面积过小、设备陈旧,为了确保总装车间能保质保量按期完成今年的生产任务,必须立即对总装车间进行扩建和改造。经测算,此项工程需经费200万元。目前,××分公司已自筹资金120万元,但还有80万元的缺口。

××分公司希望总公司能拨给专项经费。××总公司接到分公司的请示,经研究,同意分公司对总装车间进行扩建和改造,并拨款80万元。

6. 根据以下材料,拟写一份商洽函和一份答复函。

宏远公司为进一步提高办公室人员的办公自动化能力,提高员工办事效率,和××大学计算机学院商洽,能否为公司员工开办办公自动化培训班,相关费用由宏远公司承担。并要求与该学院建立长期合作关系,公司可以为该学院学生提供顶岗实习的机会,并录用表现突出的学生。宏远公司写了一份商洽建立合作关系的函,计算机学院写了一份复函,表示同意建立合作关系。

7. 根据以下会议记录内容,拟写一份纪要。

××市××区人民政府区长办公会议记录

时间:20××年×月×日下午。

地点:第一会议室。

主持:区长阎××

出席:副区长李××、赵××、于××、钱××。

列席:吴××(农办主任)、常××(研究室主任)、王××(商委主任)、孙××(畜牧局长)、张××(粮食局长)、金××(教育局长)。

记录:丁××。

阎区长:今天研究三个问题:(一)请李××同志传达市商业工作会议精神,研究决定我们明年的商业工作重点。(二)请于××同志谈谈当前牛奶的主要问题,研究解决办法。(三)请钱××同志谈市人大代表视察我区教育工作时提出的意见,商定我们的解决办法。先请李××同志讲。

李××:市里的商业工作会议是上月十五日到十八日召开的。会议纪要和市领导同志的讲话已经印发给大家了,就不重复讲了。这次会议主要解决两个问题:一是商业改革问题。会上介绍了一些商业、服务业的门店实行租赁制的经验。二是增加商业网点,方便群众问题。全市新建小区不少,那里群众反映商业网点太少,生活不方便。会议要求各区、县要设法解决这些问题。咱们区今年商业工作进步很大,特别是在一些中小门店搞租赁试点以后,出现了一些新气象。过去亏损的门店扭亏为盈,服务态度也有了较大的改进。我们区的"城门前综合商店",这次还在市的商业会议上介绍了经验,受到了与会者的重视。

赵××:这个店的经验很值得重视。这个店的地理位置不错,经营品种也不少,可过去半年亏损,群众反应很大。实行租赁后,大大改观了。我找一些商店经理谈过此事,他们认为"城门前店"的办法可以推广。

钱××:租赁这件事可以搞,但时间太短,应当看一看。

于××:中、小型门店可以实行,大型的可不可以搞,恐怕还得再调查研究一下。

李××:我也认为可以在中、小型门店推广这个办法。

阎区长:搞租赁制是个好办法,明年我们先在中、小型门店实行,不断总结经验,研究存在的问题,不断加以完善。大家是否同意这个意见?(大家表示同意)这件事就这么定下来。下面是不是等三件事都谈完了，我们一并讨论，以节省时间。请李××同志接着讲。

李××：会上提出商业网点问题。咱们区，问题较大。这几年在咱们这儿盖了许多楼房，形成了两个小区，几十栋高层建筑，几万人口。一下子增加这么多人，商业压力很大，群众也有意见。电台、晚报等新闻单位转来不少群众来信。我也收到一些提意见的信。看来必须尽快解决。我同商委的同志研究了一下，明年商业工作的重点是：加快小区商业点建设，在楼群中开三至四个综合商店，再搞一批代销点；在中小型商业门店中，当然也包括服务、饮食、修理业，我们把这些也都包含在商业中了，推行租赁制，以这种改革，促进服务质量的提高，改进服务态度。具体工作计划在这次会以后报道，明年初召开一次全区的商业工作会议进行部署。

阎区长：下面请于××同志谈。

于××：市里召开的发展奶牛、改善牛奶供应会议以后，区里决定在山坡乡区办三个奶牛场，各乡也要发展集体或户养奶牛。经过近二年的努力，咱们区奶牛业发展很快，给市里提供了新的奶源，受到市领导的表扬和群众的称赞。当前饲料成了问题，特别是精饲料，粮食供应不足。各乡还可以自己想点办法，区办的三个场，困难更大。这三个场的牛奶产量占全区的 1/2 以上，因此，急需解决他们的问题。当然乡办的集体牛场和一些养牛专业户也有这个问题，但目前还能维持，从现在抓起，不会产生大的影响。解决的办法我看还要粮食局设法调拨。张局长，吴主任，你们看怎么办好？（张、吴表示可以帮助解决。）

阎区长：请钱××同志谈谈。

钱××：本月一日、二日市人大代表一行八人来我区视察教育工作。他们走访、视察了十六年小学，对各校工作的成绩给予了充分的肯定，对学校领导、老师、学生提出的一些问题做了解答。有的代表还接受了学校的邀请，答应抽时间给师生做报告。视察结束后，代表们提了一个很重要的意见，要求区里立即解决前山、子母堡、洼地三个小学的危险教室的翻修问题。这三所小学各有两三个教室是危房，有倒塌的危险。

阎区长：金××同志，你立即给三个小学打电话，这些教室马上停止使用，并在周围设立屏障和危房标志，必须确保安全。具体办法过一会我们研究。××同志接着讲。

钱××：解决这三个学校的危险教室问题已迫在眉睫。现在主要是经费不足，我的意见是无论怎么困难也得先翻修。修教室期间，学生们可以分二部制上课。我讲完了。

阎区长：对这三件事。我讲以下意见，然后大家讨论。

（一）商业会议明年初开。同意商委意见，明年工作重点是：推行租赁制，先在中、小型门店搞；加快网点建设，除了依靠我们自己的力量，还要发动群众，多办些代销点，货源我们保证，形成一个网。

（二）奶牛场饲料问题，保证区办的三个场。请粮食、畜牧局同志协商解决。一定尽力优先解决这三个场的问题，保证一定量的牛奶供应。乡里要因地制宜，早做规划，尽快解决饲料供应问题，不要等到不能维持时才办。这件事情请张局长、孙局长协助乡里办好。

孙××：饲料问题我们一定尽力解决，饲料公司已有准备。

阎区长：好。饲料公司还是有远见的，优先解决区办的三个奶牛场的问题。

（三）三所小学危险教室问题我应该检讨，这么严重的问题，不及时解决会出乱子的。

这件事,先停止使用,教育局立即筹款,请城建部门协助,找最好的施工队,在短期内翻修好。修房期间可以实行二部制,不要影响学生上课。过两天,请金××同志跟我到这三所学校看看。大家对这三件事这么办有什么意见,请发表。(大家表示同意这么办,并补充了一些情况。)没有不同意见,这就这么决定了。散会。

五、公文病文诊断

1. 请指出下面这份通知存在的问题并加以修改。

关于举办英语口语强化班的通知

市直属各部门,各企事业单位办公室:

市政府办公室决定 4 月 5 日起举办英语口语强化班,为的是提高翻译人员的业务素质和办公效率。

参加强化班的同志请提前来信联系同时交足学杂费 300 元。

培训时间三个月,7 月 5 日结束。参加强化班的同志食宿费自理。

培训地点在市政府招待所三楼会议室,主要学习英语速记、英语听力及英语口语表达等课程。培训结束后,经考试合格发给结业证书,作为我市考核翻译人员业务水平的一项依据。请各单位领导对参加培训的同志做好思想工作,安排好他们的生活。

这是办公室提高办事效率的重要措施之一,各单位要密切配合,共同把我市的办公室工作做好。

××市人民政府办公室
20××年×月×日

2. 请指出下面这份通报存在的问题并加以修改。

××省人民政府表彰李××的通报

各市人民政府,各县(市、区)人民政府,省政府各部门、各直属机构,各大企业,各高等院校:

20××年×月,在深圳举行的第×届全国跆拳道锦标赛中,我省运动员李××不畏强手,敢打敢拼,勇夺跆拳道 74 公斤级冠军,成为我省摔跤史上首个全国冠军,实现了我省男子跆拳道的历史性突破,为我省争了光,为表彰李××及其教练员为我省体育事业做出的突出贡献,大力弘扬他们的勤苦训练、顽强拼搏、勇攀体育高峰的精神,省政府决定,授予运动员李××及其教练员××同志"××省先进工作者"荣誉称号,享受省级劳动模范待遇。

××省人民政府办公厅
20××年×月×日

3. 请指出下面这份报告存在的问题并加以修改。

××银行苏州市分行关于增加游客客房和床位投资的报告

市计委：

　　随着旅游事业的发展，急需增加接待游客的客房和床位，如何做到投资少一些、效果好一些、周期短一些？我们最近对这一问题进行了调整，情况反映如下：

　　新建宾馆有一定必要。这些宾馆无论在设备、管理上都可以达到现代化要求，如新建的荣泰宾馆、华侨饭店等。但新建宾馆投资多、见效慢，国家资财也有困难。事实上目前全市接待的床位只有×××张，远远满足不了需要。

　　过去本市有些较好的办法，如20××——20××年间，市有关部门曾对新竹宾馆等六个宾馆在原有基础上进行扩建和改造，总投资×××万元，共增加客房×××套间，床位×××张，增加外汇收入×××万元，做到了投资少、效果好。根据以上情况，我们建议：

　　1. 增加客房和床位，除了新建以外，是否可对现有的宾馆再扩建和改造？是否可对市内一些设备条件有基础的公寓或大楼加以改造呢？

　　2. 新城饭店西楼的房屋基础较好，如果增加三层，扩建投资××万元，无须增加其他配套设施，就可以增加客房间数，估算每年可以增加外汇收入×××万元。如果新建一个同样规模的饭店，就要投资×××万元。

　　3. 新联大厦车库，如果在顶上加层，估计投资××万元，就可以增加客房×××套，相当于一个中型宾馆的客房总数，每年可增加外汇收入×××万元。

　　特此报告。

××银行苏州市分行
二〇二一年一月五日

4. 请指出下面这份请示存在的问题并加以修改。

关于推荐陈雨等九位同志参加××考察活动的请示报告

××省：

　　根据你办《关于组织××省第九届对外交流考察活动的通知》精神，经我局研究决定，同意推荐陈雨等9位同志参加××考察活动，名单附后：

　　陈　雨　　××所所长
　　李　强　　××行高级会计师
　　……

　　报告当否，请批示。

××市财政局
2021年2月10日

5. 指出下面这份函存在的问题并加以修改。

公　函

××大学校长办公室：

　　首先，我们以××学校的名义，向贵校致以亲切的问候。我们以崇敬和迫切的心情，冒昧地请求贵校帮助解决我校当前面临的一个难题。

　　事情是这样的：最近，我们经与贵校××学院磋商，决定派6位老师到该院进修学习，只因该院宿舍破损，至今未能整修完毕，以致本院教工的住房和学生的宿舍破旧拥挤。我校几位进修教师的住宿问题，虽几经协商，仍得不到解决。我校几位教师出省进修学习机会难得，时间紧迫，任务繁重，要使他们有效学习，则住宿问题是亟待解决的。

　　为此，我们在进退维谷的情况下，情急生智，深晓贵校府高庭阔，物实人齐，且具有宽大为怀，救人之危的美德。于是，我们抱着一线希望，与贵校商洽，能否为我校进修教师的住宿问题提供方便条件。但不知贵校是否有其他困难，如有另外的要求和条件，我校则尽力相助。若贵校对于住宿一事能够解决，我校进修教师在住宿期间可为贵校教学做些义务工作，如辅导和批改作业等，这样可以从中相得益彰。我们以校方的名义向贵校表示深深的恩谢。

　　以上区区小事，不值得惊搅贵校，实为无奈，望谅解，并希望尽快得到贵校的答复。

　　此致

敬礼

××职业学校（公章）
二〇二一年九月三日

6. 指出下面这份纪要存在的问题并加以修改。

××××学会会议纪要

时间：2021年9月3日

　　参加人员：常务副会长张××，副会长李××、王××，办公室主任吴××、副主任钱××，活动中心主任万×。

　　会议内容：

　　一、确定了学会的办公地点。根据2015年8月1日会议决定，张××、李××同志对学会办公地点进行了考察，经过比较，认为城市大学办公条件优越，适合作学会的办公地点。会议决定，从即日起××××学会迁到城市大学，挂牌办公。通信地址：××市××区×××路××号。联系电话：××××××××。

　　二、学会与城市大学商定，由城市大学给学会提供办公室、办公桌椅、电话和必要的办公费用。利用城市大学的教学条件，双方共同组织举办秘书培训班等。

　　三、增补了学会副会长。为便于开展工作，建议增补胡××为学会副会长，负责学会的后勤保障和日常管理，先开展工作，以后提请9月份常务理事会确认。

　　四、制定了今年的活动计划。（略）

××××学会
二〇二一年九月三日

项目三
财经事务文书

◎ 了解工作计划的基本知识,理解工作计划的作用。
◎ 了解工作总结的基本知识,理解工作总结的作用。
◎ 了解简报的含义、特点、分类等基本知识。
◎ 了解述职报告的含义、特点、分类等基本知识及其作用。
◎ 了解企业简介的含义和特点。

◎ 掌握工作计划的构成和写作规范,会拟写工作计划。
◎ 掌握总结的写作规范和语言特点;学会写工作总结。
◎ 掌握简报格式和写作要求,会编写简报。
◎ 掌握述职报告的写作规范和语言特点,学会写述职报告。
◎ 掌握企业简介的写作要求,学会写企业简介。

任务一 工作计划

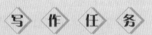

某市财政局决定在2021年下半年完成以下工作:
1. 继续狠抓财政收入,确保完成全年财政收入任务;
2. 进一步加强学习,提高整体素质;
3. 加大惠农政策宣传力度,完成全年惠农资金的发放;
4. 依法管理资金,强化财政监督;
5. 配合县审计局搞好全镇近三年征地资金的审计;
6. 积极搞好市级文明单位的创建,并确保各类创建成果。

针对以上工作思路,某市财局所全体工作人员决心务实工作,发扬"团结、务实、齐奋进,艰苦、拼搏、创一流"的精神,激发干部的工作积极性、主动性和创造性,不折不扣圆满完成全年各项工作任务,努力开创新时期财政工作的新局面。

根据以上内容,请为该市财政局拟写一则工作计划。

一、工作计划的概念

工作计划是指单位或个人在一定时期内实现一定目标,制定相应措施和步骤的事务文书。日常的工作、学习、生活中,制定周密的计划可以确保任务的更好完成,并对日后工作的展开起着明确的指导、督促、保证作用。

计划是计划文书的统称。常见的"规划""安排""设想""打算""方案""纲要""思路""要点""意见"等,都是人们对今后工作、学习、生活做出的部署和安排,因此也都属于计划这个范畴。一般来说,"规划"是比较全面的、长远的,带有战略性、发展性的计划,是蓝图式的,是富有理想性和鼓动性的计划。"安排""打算"则是适用时间较短,内容比较具体的计划。"安排"是就某一内容单一的工作所制定的临时的、时间较短的而且比较具体、切实的计划。"打算"是针对预计近期要做的一些具体工作,在对某些具体指标或措施等问题考虑不周全时使用的一些计划类文体。"设想"是初步的、非正式的计划。"要点"、"方案"、"意见"往往是领导机关借以向所属单位布置一定时期的工作,交待政策,提供工作方法时采用,也有计划的性质。

二、工作计划的特点

(一)预测性

计划既然是对未来一段时间内实践活动预定目标的构想或策划,那么必然是通过充分的调研后,在对当前的具体情况和未来的发展趋势分析判断的基础上所做出的对于未来实践活动的预测和设想,所以具有一定的预测性。

(二)可行性

制定计划的目的在于指导实践,因此计划所列目标必须从实际出发,研究出计划实施的最佳方案,以确保计划切实可行,尤其应避免好高骛远。另外,鉴于工作实际中无法预测的意外事件可能对计划产生不良影响,计划目标要预留一定的可变通的空间。

(三)目的性

制定计划是为了保证工作任务有条不紊地开展和最终圆满地完成,因此,计划的目的一定要明确,在计划的时间内,要做什么、怎么做,做到什么程度、达到什么效果,都要明明白白、一清二楚。

(四)针对性

任何一份计划都是在一定的时间内,针对特定的地区、单位或个人的实际情况,综合考虑其针对的对象的各种主客观因素制订的。因此,计划具有很强的针对性。

(五)约束性

在经过充分的研究和调研后,计划一经制订,在其针对的区域或部门就有了权威性,相关单位或个人在一定的时间内,必须切实贯彻执行。所以计划具有指导性,并对相关单位或个人具有普遍的约束力。

三、工作计划的分类

工作计划按不同的标准,可划分为不同的种类。

按性质分,有综合性计划和专题性计划。综合性计划是对本地区、本部门、本单位一定时期的全面工作进行预想和安排。专题性计划是对本地区、本部门、本单位的某方面或某项工作进行预想和安排。

按范围分,有国家计划、地区计划、单位计划、科室计划、班组计划等。

按时间分,有长期计划(5年以上)、中期计划(2—4年)、短期计划(1年以内);短期计划又分为年度计划、半年计划、季度计划、月份计划、周计划等。

按形式分,有条文计划、表格式计划、条文和表格兼用式计划。条文式计划是用文字对计划内容分条分项地进行叙述说明;表格式计划主要是用表格的形式体现计划的内容项目;条文和表格兼用式计划一般以文字叙述说明为主,指标、数字较多的项目则使用表格展示。

四、工作计划的结构和写法

计划的基本结构由标题、正文、落款三部分组成。

(一)标题

标题的写法包括全称式和简称式两种。

全称式标题是要素式标题,由计划单位名称、计划期限、计划内容和计划名称构成,如《朝阳学校2016—2017学年第一学期工作计划》《××市税务局2016年税收工作计划》。综合性计划或需上报的计划常用这种写法。

简称式标题是将全称式标题的某个要素省略后形成的标题;或省略制定计划单位的名称,如《2016年度财务收支计划》;或省略计划适用的时间,如《团支部工作计划》;或同时省略计划单位的名称和计划适用的时间两个要素,如《科研工作计划》。综合性计划一般不使用省略式标题,尤其是上报的文件式计划;计划范围较小或专题性计划,可根据情况使用。

(二)正文

一般由前言、主体和结尾组成。

1. 前言

前言是计划的开头部分,要说明制定计划的指导思想,概括单位的基本情况及制订计划的政策依据;或说明制订计划的目的、缘由。一般计划的开头模式通常使用"为了……,根据……,结合……,特制定计划如下。"如:"根据全国金融工作精神和上级的具体部署,结合我县金融工作的实际情况,为了全面完成2016年的工作任务,制定工作计划如下。"这部分是整个计划的纲要,要说明"为什么做"的问题,表达要简明扼要、点到为止,不宜过多展开。

2. 主体

主体是计划的核心和主干,要具体写明目标任务、措施办法和实施步骤三个方面内容,要回答"做什么""怎么做""何时完成"等问题,可称之为计划的"三要素"。

(1)目标任务,即"做什么",是计划要完成的具体事项。计划的任务和目标要写得具体、明确,尽量用数字来量化指标,不能含糊其辞、模棱两可、责任不清。对于一些难以用具体数字表达的工作任务也要有明确的要求,提出要分几个方面,每个方面应达到什么程度。

(2)措施办法,即解决"怎么做"的问题。措施办法是实现目标、完成任务的具体保证。计划制订出来是要执行的,只有把具体的措施办法与目标任务结合起来,才能保证计划的执行和完成。措施办法一般从组织领导、任务分工、政策保障、工作制度、物质条件等几个方面考虑。要根据目标任务,做周密恰当、有针对性的安排。

(3)实施步骤,即回答"何时完成"的问题。计划的执行和完成,有一个先后顺序问题,因此在写作计划时,要把各项任务完成的时间分配好,什么时间,要完成哪些任务,应有一个明确的考虑,这样才能保证计划的执行有条不紊。步骤和时间的安排要科学化,过紧或过松都不利于计划的顺利执行。

3. 结尾

结尾部分是对全文的总结,往往要表明决心,或者提出要求、希望、号召等,或者指出在执行计划时应注意的事项。有的计划这部分也可省略不写。

(三)落款

一般在正文右下方写明制订计划单位名称及制订日期。如标题中已有单位名称,也可只写制订日期。需上报或下发的计划,必须加盖单位公章。

五、工作计划写作的注意事项

(一)预见科学

制订计划要有科学的预见,依据对客观实际情况的精确分析,对未来一定时期的工作目标做出预想性安排。然而,这种安排无论多么周密、多么具体也只是预想,在实际执行过程中可能有一些难以预见的因素干扰计划的实施。因此在制订计划的时候要适当留有余地,不要满打满算,以便在情况变化时能有所变通、调整、修改。

(二)实施可行

计划是为了实现一定的目标而制定的,因此制定计划要从实际出发,实事求是,既不能因循守旧,也不能脱离实际,片面追求高速度、高指标。衡量计划的成功与否,要看它是否合乎客观实际,是否对具体工作有指导作用。因此在写作时应吃透两头,掌握大量材料,加以整理、分析、研究,并结合自身的特点,进行综合平衡,处理好长远与目前、全局与局部的关系,才能制订切实可行的计划。

（三）内容明确

计划是管理的先导,是检验效果的依据,因而计划工作中的目标、任务、步骤、措施、方法都必须十分明确,不能模棱两可。即使是比较长远的计划,也应该有一定的目标、措施,而不能只是一般号召,泛泛而谈。

【例3-3.1】

市永生造纸厂2021年质量工作计划

随着我国经济体制改革的深入发展,企业外部环境和条件发生了深刻的变化,市场竞争越来越激烈,质量在竞争中的地位越来越重要。企业管理必须以质量管理为重点,提高产品质量是增强竞争能力、提高经济效益的基本方法,是企业的生命线。2012年是我厂产品质量升级、品种换代的重要一年,特制订本计划。

一、质量工作目标

1. 一季度增加2.5米大烘缸,扩大批量,改变纸页湿度。

2. 三季度增加大烘缸轧辊一根,进一步提高纸页的平整度、光滑度,要求此项指标达到QB标准。

3. 四季度改变工艺流程,实现里浆分道上浆,使挂面纸和小泥袋纸板达到省内外同行业先进水平。

二、质量工作措施

1. 强化质量管理意识,进行全员质量教育,培养质量管理骨干,使广大职工提高认识,管理人员方法得当。

2. 成立以技术厂长为首的技术改造领导小组,负责提高产品质量以及产品升级所需设备、技术改选工作,负责各项措施的布置、落实和检查工作。

3. 建立自上而下的质量保证体系和质量管理制度,把提高产品质量列入主管工作厂长、科长及技术人员的工作责任中,年终根据产品质量水平结算奖金,执行奖惩办法。

4. 本计划已纳入2021年全厂工作计划,厂部负责检查监督、指导实施,各部门、科室要协同配合,确保本计划的圆满实现。

市永生造纸厂
二〇一九年十二月十日

【案例评析】 这是一篇市永生造纸厂2021年质量工作计划的安排。这份工作计划非常具体,首先明确了制订缘由,提出了工作目标,之后撰写了落实计划的措施和具体步骤。整篇计划结构完整,层次清楚,计划切实可行。语言简练明了,内容先后有序,有条不紊。

任务二　工作总结

某县财政局2021年上半年工作中出现了几个问题：

一是财政收入形势严峻，增收难度进一步加大，国库资金调度困难；

二是个别村组因债务纠纷、移民调地或其他原因，农业税无法落实到位，也有个别乡镇存在农业税代签现象；

三是预算外资金落实"收支两条线"管理规定方面还不够深入，一些违纪现象仍时有发生等。

根据以上内容，请以该县财政局名义拟写一则工作总结。

一、工作总结的概念

工作总结是单位或个人对前一阶段工作、生产等情况进行回顾检查、分析研究，从中找出成功的经验、失败的教训，引出规律性的认识，为今后工作提供指导和借鉴的一种事务文书。

工作总结和工作计划是一对相辅相成的文种。工作计划是工作总结的前提和依据，工作总结是工作计划的检验和结果，两者互相制约、互相依存，同时又互相促进。但是两者又有区别：

（1）工作计划是在工作之前制订的；而工作总结则是在工作到一定阶段或计划完成后进行的。

（2）工作计划的内容是为完成一定任务所作的步骤、方法和措施，重在叙述说明；工作总结则是对一定阶段的工作或计划执行情况的分析和评价，重在理论概括。

（3）工作计划所要回答的问题是做什么、怎么做以及应该做到什么程度；工作总结要回答的问题则是已做了什么、做得怎样。

二、工作总结的特点

工作总结的目的就是要通过实践，提高认识，掌握事物的发展规律，用以指导今后的实践活动。工作总结的主要特点是：

1. 理论性

总结的过程，就是感性认识上升为理性认识的过程，在分析事实材料的基础上，比较、归纳、提炼出正确的观点，从而提高认识，肯定已取得的成绩，吸取教训，更好地指导今后的实践活动。

2. 客观性

总结是针对某个组织或个人计划完成情况的总结，应该以客观事实为依据，真实、客观地分析情况、解决问题、总结经验，不允许虚构和编造。

三、工作总结的种类

工作总结按不同的标准，可划分为不同的种类。

根据范围划分，有单位总结、部门总结、班组总结、个人总结等。

根据时间划分，有年度总结、半年总结、季度总结、月份总结、阶段性总结等。

根据内容划分，有综合性总结和专题性总结。

综合性总结和专题性总结是总结的基本类型。综合性总结又叫全面性总结，是对单位、部门或个人在一定时期内整个工作情况的综合概括和全面反映。综合性总结一般是定期的，如学期总结、年度总结等。撰写这类总结要反映全面，突出重点。专题性总结又叫专项总结，是对某项工作或工作的某个方面进行的单项总结，多用于介绍典型经验，所有又称为经验总结。专题性总结一般是不定期的。撰写这类总结，要注意内容集中，有理论深度。

四、工作总结的内结构和写法

总结的基本结构由标题、正文、落款三部分组成。

（一）标题

总结的标题有三种：

1. 完整式标题

完整式标题是由工作总结的单位名称、工作总结的时限、工作总结的内容和文种几部分组成。如《×××公司2016年第一季度工作总结》《××市财政局2015年工作总结》等。

2. 主题式标题

主题式标题是根据总结的内容，简洁地概括出总结的基本观点，揭示总结的主旨。标题中不出现文种，即"总结"的字样。如《做好财务预算 提高经营效率》《股份制使企业走上快速发展之路》等。

3. 双标题

一般由正标题与副标题组成。正标题概括主要内容和揭示主题，副标题补充说明单位、时限、工作内容。如《加强劳务管理促进经济发展——市2021年劳务输出管理工作总结》《抓改革促管理增效益——×××食品厂2021年工作总结》等。

（二）正文

正文由前言、主体、结尾三个部分组成。

1. 前言

即总结的开头，为基本情况的概述部分。简明扼要地介绍工作的依据、指导思想，简述工作的过程，说明主要做法、主要成绩和主要经验，为主体内容的展开做好铺垫。以上内容不需要面面俱到,而是应根据具体情况有所侧重。

2. 主体

主体部分是总结的核心内容,包括成绩和经验,问题和教训等方面的内容。

(1)成绩和经验。重点阐述做了哪些工作,如何做的,有什么成绩,取得什么效果,有什么经验和体会。在写作中,要从大量工作实践中挖掘出深层次的内容,透过现象揭示本质,将具体的工作实践上升到理论认识的高度,总结出有规律性的东西。

(2)问题和教训。总结工作中尚存在的问题及应吸取的教训。成绩固然重要,问题教训也不能忽视,既要看到成绩,又要看到问题,才能对以后工作有一个全面正确的认识。

综合性总结和专题性总结主体内容写作要求不同。综合性总结三个方面的内容要具备,专题性总结以介绍经验为主,重点写经验体会,一般不写缺点和问题。

3. 结尾

综合性总结的结尾一般是提出今后的打算,明确今后的努力方向。这部分内容是建立在已有的成功经验和失败教训的基础上的,因此,要有针对性,不能喊口号、说空话、流于形式。专题性总结的结尾一般是归纳概括全文。

主体部分常用的结构有以下三种:

(1)纵式结构。

按时间顺序或事物的自然顺序安排结构,即将工作实践的全过程以开展的先后顺序分为几个阶段,然后分别归纳分析。使用纵式结构要注意工作发展的阶段性及一定的逻辑顺序;要注意各个阶段工作实践的前后连贯性。

(2)横式结构。

按材料间的逻辑关系安排结构,即将工作实践活动分成几个方面,分别加以归纳分析。使用横式结构要注意按照内在逻辑关系组织材料。

(3)纵横式结构。

将纵式结构和横式结构结合起来使用。总结的总体结构体现工作实践发展的时序性和阶段性,每个阶段又根据事物内在逻辑关系分为几个部分。

(三)落款

落款包括署名和成文时间。以单位名义写的总结,单位名称一般写在标题之下,写单位全称或规范化简称;个人写的总结,署名在正文后的右下方。日期在署名之下。

▶▶ 五、工作总结的写作要求

1. 注重积累,资料充分

总结是对工作的回顾,因此,要注重材料的平时积累。把日常工作的重点记录下来,写总结时候通过翻阅材料,进一步熟悉所总结工作的整个过程,这是总结工作的基础,更是分析经验教训的基础。

2. 实事求是,探索规律

实事求是,不能表面地理解为讲实话,而应把"是"理解为探求规律、探求深层次的普遍而有效的经验。总结绝不是材料的简单堆砌,而是要从客观事实出发,进行深入的分析、研究,从中提炼概括出规律性的东西来,这是总结的目的所在。

3. 注重特点,抓住个性

总结要有特点,一个地方、一个部门、一个单位必定有自己的工作情况,有与其他地方或部门、单位的工作相区别的方面,即与众不同之处。因此一份总结的好坏,很关键的衡量标准是是否写出其地方、部分或单位的"个性"。

【例3-3.2】

××省××技工学校
团委2019—2020学年第二学期工作总结

在学校董事会和党总支的正确领导下,在学生处的关心和支持下,在全校师生的共同努力下,我校团委紧紧围绕学院中心工作,全面贯彻党的教育方针和政策,认真落实上级团委交给的各项工作,做好青年团员的思想教育工作,积极开展各项丰富多彩的文体活动,大力开展学生社团活动,组织学生参加各项社会实践,搞好重大节日的庆祝活动,促进学生德、智、体等素质的全面发展,为学校各项工作作出了应有的奉献。现将本学期的工作总结如下:

一、加强团组织队伍建设,完善机制。

1. 建立健全各项制度,不断完善团的基层组织建设。

2. 进一步加强团干部队伍建设,开展对团干部的培训工作,以提高各级团干部的理论水平和工作能力。

3. 指导学生会、团委顺利地完成了换届工作,通过竞聘建立一批高素质的学生干部队伍,树立学生干部在广大学生中的威信,培养学生会及团委在校党总支领导、在校团委指导下,独立开展工作的能力,紧密围绕自我教育、自我管理、自我服务的"三自"方针,更好地为广大学生做好服务工作,切实地起到桥梁纽带作用。

二、以加强学生社团组织建设为切入点,构建新的校园文化体系。

1. 建立和完善学生社团组织,充分发掘广大学生参与社团的兴趣,根据社团特点,进行分类指导;并由院校团委指导各社团依据各自章程,开展丰富多彩的校园文化活动。

2. 举行了首届校园文化艺术节,共开展了英语演讲比赛、十佳歌手大赛、主持人大赛、"三人"篮球赛等十一个项目,取得了满意的成绩。

3. 切实做好校园广播站工作,本学期对广播站进行了全面改版,开设了"校园之声"等栏目,紧紧围绕"安全、文明、和谐"等方面对学生进行教育,强化学生认知,营造"积极、文明、健康、向上"的校园氛围。

三、抓好党建带团建工作,全面提高学生的思想道德修养和自身素质。

1. 做好"党建带团建、团建促党建"工作,做好推荐优秀团员入党工作。制定并完善推优工作细则,配合各级党组织了解和掌握入党积极分子的各项情况。在发展青年团员入党的工作上,做到党团一致,为党组织输送新鲜血液。本学期共开展了两期入党积极分子培训,并圆满结束,收到了一定的效果。

2. 扩大学生党员在全校学生当中的影响,树立先锋模范作用,积极宣传学生党员的优秀事迹,在学生中造成良好的影响,从而对其他学生进行正面教育。

总之,在2019—2020年第二学期,我校团委在学校领导的大力支持下,充分地发挥了中国共产党的助手和后备军的先锋模范带头作用,用心为广大师生服务,为学校的发展做出了应有的贡献。今后,我们将更加努力,争取团委工作再上一个新台阶。

××省××技工学校团委
二〇二〇年七月

【案例评析】 这是一篇学校团委学期综合总结。开头简明扼要地概述了工作的依据和重要成效。主体部分具体阐述了这一学期的主要工作、工作的做法和实效。材料的组织采用了横式结构,工作分为三个部分,每部分又分为几个方面。结构清晰、条理。结尾简短、有力。

任务三 工作简报

写 作 任 务

某大学法学院的学生自发成立了班级爱心互助基金会。他们利用休息时间打工,创收所得由爱心基金会统一支配。爱心基金会的建立,帮助了学院许多家庭困难的同学顺利完成了学业,深受好评。社会各界的关心,使爱心基金会的基金不断增加,加强爱心基金会的内部管理已迫在眉睫。对此,学校专门发了一期简报。

根据以上内容,请以学校名义拟写一则工作简报。

一、简报的概念

简报,是党政机关、企事业单位和社会团体编发的用于汇报工作、反映情况、信息的一种摘要性的内部文件,也叫"情况反映""简讯""动态""内部参考"等。简报不是文章的一种体裁,因为一份简报,可能只登一篇文章,也可能登几篇文章。这些文章,可能是报告、专题经验总结、讲话稿、消息等。

二、简报的特点和作用

(一)特点

简报是一种具有汇报性、交流性、参考性、时效性等多方面性质和特点的文字材料,其特点可概括为新、准、快、简、真。

1. 新,抓住最新鲜、最有代表性、最有价值的问题来写。
2. 准,反映内容准确、材料准确、语言准确。
3. 快,反映情况及时、迅速。
4. 简,简单扼要,不宜过细地叙述事情的整个过程,文字要简洁。
5. 真,反映情况必须真实,不能有丝毫虚构和夸张,更不能歪曲和捏造。

（二）作用

1. 下情上报,提供决策依据

通过简报向上级机关汇报工作、反映情况和问题,能使上级及时了解下级工作中出现的新经验、新情况、新问题,为制定方针、政策提供参考和依据,以避免主观盲目性,增强决策的民主性和科学性。

2. 上情下达,指导开展工作

向下发送简报,可以起到传达领导意图、指导下级工作的作用。还可以通过推广先进经验,树立典型,督促后进,使基层工作出现新面貌。

3. 左右沟通,加强联系协作

单位与单位、部门与部门、系统与系统之间可通过沟通信息、交流经验、加强联系,相互促进,彼此协调、支持,把工作做好,以求得更好的经济效益和社会效益。

三、简报的种类

1. 按简报的性质,可分为综合简报和专题简报

（1）综合简报是对某个系统、某个部门、某个单位在一段时间内各方面工作情况的综合报道和全面反映,内容具有综合性,它要求既有一定的广度,又有一定的深度。

（2）专题简报是反映某个部门、某个单位某一专项工作的具体情况和问题,内容单一、集中,要求写作上具有一定的深度。

2. 按简报的内容,可分为工作简报、动态简报和会议简报

（1）工作简报,也叫情况简报,主要是用来反映单位、部门、行业的工作情况和生产情况,包括工作成绩、经验、问题和教训,也可用来表扬先进或批评错误。工作简报的重点在于掌握工作进程,交流经验,促进工作任务的完成。

（2）动态简报,也称信息简报,主要用来迅速及时、简明扼要地反映各部门、各领域的新情况、新动态,反映事物发展变化的新趋势。动态简报的内容新颖,信息量大,时效性强。

（3）会议简报是召开大中型会议或重要会议时用来反映会议情况、会议进程、会议交流内容及会议成果的简报,主要作用是向有关领导和与会人员通报会议情况,组织引导会议的进行。一般由大会秘书处编发或主办单位协助编发。会期较短,内容单一的,一般只发一期;会议较长、内容较多的,可分阶段分期编发。

3. 按简报的发编时间,可分为定期和不定期简报。

四、简报的格式、内容及写法

工作简报由报头、报核、报尾三部分组成。

（一）报头

报头也称版头，位于简报首页上部，约占首页版面三分之一，下用红色间隔线与报核部分隔开（间隔线两端与版心等齐）。报头一般包括简报名称、期号、编发单位、印发日期、密级及编号等格式要素。

（1）简报名称，位于报头上方正中，用套红大号字体显示，醒目大方。一般由反映简报内容或性质的概括性文字和简报或信息、简讯、动态等组成，如"外贸工作简报""财政动态""文化信息"。

（2）期号，位于简报名称正下方，按序标出，如"第×期"，有的简报还将总期数用圆括号在期号的右侧标出。

（3）编发单位，位于报头左下方，红色间隔线之上，顶格写明编发单位名称。

（4）印发日期，位于报头右下方，编发单位右侧，年月日要齐全。

（5）密级，有的简报内容比较重要，不可对外揭露，因此要在报头标明密级。一般在报头的左上角标明保密的级别，并加标志★，如"机密★""秘密★"或"内部刊物"；保密时限在标志后写明，如"1 年"或"2 个月"之类。

（6）编号，类似于法定行政公文格式中的"份号"，只针对有保密要求的简报，是对保密要求的同一期简报印数的顺序编号，位于报头右上角，与密级相对。

对于大多数简报来说，报头部分一般写明简报名称、期号、编发单位、印发日期几个格式要素即可。

（二）报核

报核，也称为报身、报体、版面，是简报的主体部分，是简报要传达的内容信息集中所在。这部分涉及的格式要素主要是目录、按语、标题、正文和署名。

1. 目录

用于文字材料较多、信息量较大的简报，单篇文章的简报无须写目录。目录位于红色间隔线之下，标题之上，居中排印。目录不是简报的必备格式要素，要视情况而定。

2. 按语

按语，也叫编者按，是简报编发者对所编发的简报进行评论、提示或补充说明的文字。并不是所有简报都需加按语。位于报头下面（若有目录，在目录之下）、正文标题之上。一般有三种写法：

（1）说明性按语。一般用来交代简报文章的来源出处，尤其是转发外单位的材料更要交代清楚，同时表明编发意图，如写明"可供参考"之类的话。

（2）提示性按语。一般用来提示简报的中心内容，帮助读者把握简报精神，加深理解。

（3）评价性按语。一般用来说明编者对所发简报的看法，说明赞成什么、反对什么，引导读者掌握政策界限，做好工作。

按语是代表编发单位的观点,而非编发人员的个人意见。因此,写作要有针对性、指导性、画龙点睛;语言应简明、准确、得体。

3. 标题

标题要概括正文部分的核心内容,简明醒目,标题的写法类似于新闻标题。可用单标题,如《有关人士对明年宏观调控的建议》《电"猫"捕鼠　护粮又致富》。也可用双标题,如《深入实际　在"社会大学"中受教获益——我校开展学生暑期社会考察活动》。简报标题应力求准确、简洁、新颖、醒目,有吸引力,要揭示文章的中心,启发引导读者了解简报内容。

4. 正文

简报内容具体展开的部分,也是简报真正具有写作意义的部分,它一般包括开头、主体和结尾三个部分。

(1) 开头,也叫导语,是对简报报道的主要事实或基本观点最为简明集中的概括,导语部分要突出报道事实的核心点,要将最重要的信息传达给读者,以引起读者的高度关注。这部分的写法有概述式、结论式、描写式和提问式等。

(2) 主体,简报的主体要紧扣开头,围绕简报的主题归纳情况或问题,用具体典型的材料展开叙述、说明或议论,它是开头内容的具体化和继续。这部分要将报道的内容、事件的经过、事实的具体情况,叙述得一清二楚,以使读者对报道的真实情况有一个清楚、完整、具体的认识,但要注意不要与导语部分表述的内容重复。常见的简报问题结构有两种:一是按时间顺序,即按事件的发生、发展和结果这一自然顺序来安排结构。二是按逻辑顺序,即按内容之间的内在联系(因果关系、主次关系、并列关系或递进关系)来安排结构。

(3) 结尾,也是简报的结束语。一般是对主体部分内容的补充或深化,可以概括主体,加以强调,加深读者的印象,或指出事实的意义,或揭示事件的发展趋势,或提出希望和要求。有的简报文章主体部分事实已明,结尾也可不写。

5. 署名

说明文章是何人提供,或说明稿件来源,并用圆括号标上,若是编发机关自己写的,可不另外标明。

(三) 报尾

报尾位于简报末页下端,写明简报发送的范围及印发的份数。发送范围位于左端顶格排布。因发送单位与本单位的关系不同,可分别"报"上级;"送"平级或不相隶属单位;"发"下级单位。印发份数位于报尾右下方间隔线之下。

```
┌─────────────────────────────────────────────────────────┐
│ 密级★                                            编号     │
│                                                         │
│                   简报名称                               │
│                   期数(总×期)                            │
│                                                         │
│                                         编发单位名称     │
│                                          印发日期       │
├─────────────────────────────────────────────────────────┤
│                      目录                                │
│  1.                                                     │
│  2.                                                     │
│  3.                                                     │
│  按语：                                                  │
│                                                         │
│                      标题                                │
│                                                         │
│                                              供稿者     │
├─────────────────────────────────────────────────────────┤
│ 发送范围                                    共印××份     │
└─────────────────────────────────────────────────────────┘
```

五、编写简报的要求

（一）新颖

新颖是指内容要新，要选择重大问题或工作中出现的新情况、新问题、新经验，以及带有倾向性的苗头进行编写，要善于发现问题，挖掘出事物的本质意义。

（二）准确

准确是指材料要准确、真实、可靠。要力争亲临现场，亲自调查，对时间、地点、人物、事件和前因后果、引用的数据等,都要一一核实准确,需要对工作情况做出估价时,要客观、讲究分寸。

(三)适时

适时是指编写简报要适合时宜,什么时候抓什么材料,要审时度势,决定取舍,做到有的放矢,有针对性。特别要注意简报的时效性,对工作中的新情况、新问题、新经验要及时反映,快写、快编、快发。

(四)简明

简报要简,否则就不成为简报,用简报明快的语言把问题说清楚。

【例3-3.3】

××银行省分行营业部简报
第四期

××银行××省分行营业部　　　　　　　　二〇二一年三月二十三日

省分行营业部内审体制改革收效明显

撤销驻片稽核办,将支行审计职能、审计人员全部上收,成立审计中心,直接负责全辖14个支行148个营业网店的内审工作,这是省分行营业部按照"扁平化"管理要求,进一步加大内部审计监督力度,强化县级支行经营职能所做的一次大胆改革和有效尝试。省分行营业部审计中心自去年9月成立以来,工作取得了明显成效。

一、人员结构得到优化,队伍素质明显提升。为了组建一支素质高、业务精、作风正、能打硬仗的内部审计队伍,省分行营业部本着公开、公平、公正的原则,通过业务理论考试、微机汉字录入、面试和组织考核,在全辖范围内招聘了12名业务骨干充实到审计队伍中来,使审计人员队伍的整体素质有了明显的提升,专业结构也有了明显的改善。审计人员由原来的33人精减为18人;平均年龄由原来的40岁降到35岁;本科以上学历人数所占的比重由原来的25%上升至67%;人员的专业结构也较以前更趋于合理,在会计、信贷人员的基础上,增加了国际业务和计算机等专业人员,使审计队伍的综合审计能力得到进一步增强。

二、管理链条明显缩短,工作效率明显提高。以往要召开一个会议,从电话通知到会议结束少说也要两天。若是印发、转发文件,更是煞费周折。遇有大宗审计项目要实施时,还须从各驻片稽核办抽调人员,可谓费时、费力、费财。中心成立后,审计人员集中上班,集中管理,原来冗长的管理链条被缩短,无论是传达贯彻有关精神,还是组织实施审计项目,均可做到及时到位。同时,省分行营业部不断加大科技投入,专门为审计中心增配了微机6台、笔记本电脑8台,使中心的工作效率得到了大大提高。中心成立以来,共组织实施了17名高级管理人员的离任审计和任期目标责任审计,完成了各支行2020年内控评价和业务经营目标真实性的审计以及10个自办、持股经济实体脱钩情况的审计,均能在较短时间内做到最好。

三、审计范围得到拓宽,监审力度明显加大。以往内审工作偏重于现场审计,只对原始凭证、记账凭证等原始资料和打印出的业务账簿、报表等有形资料进行审计,而不能对软、硬盘上的业务数据库等资料进行审计。对有形资料的审计通常也只是采用抽样审计的方式,存在着较大的局限性和片面性。中心成立后,充分运用通审软件,加大计算机的非现场审计力度,使每个部门、每个岗位乃至业务操作的每个环节,始终置于动态监管之下,既提高了审计工作效率,又降低了审计成本,还扩大了审计的覆盖面。以往日常业务的审计监督基本上由各驻片稽核办承担,在具体审计监督工作中,尤其是违规处罚时,却又碍于人情面子和种种干预,使一些该整改、该处罚的问题难以整改、处罚到位。中心成立以后,所有的审计活动均有审计中心统一派员组织实施,从而使正常的审计工作不再受支行干预,内部审计监督职能得以充分发挥。据统计,自中心成立以来,共查出各类违规问题368个,及时整改176个,处罚违规责任人员34人,罚款8650元。查处力度明显加大。

总之,体制改革使内部审计监督职能得到了充分发挥,进而促进了省分行营业部的各项业务快速、健康、有序发展,取得了2020年实现全国净利润16009万元、居全国二级分行第27位、综合业务经营考核全省第一的可喜成绩,真正发挥了为业务经营保驾护航的作用。

(审计中心×××)

本期发送:省分行办公室,营业部行级领导、机关各部室、各支行,银行卡中心,票据中心

【案例评析】 这是一份工作简报,标题直言其事,开头部分(第一自然段)概括改革的主要做法。主体(第二、三、四自然段)承接开头展开阐述,将体制改革后的新变化一一反映出来,有数字、有事例。结尾部分(第五自然段)总括式地写了成果。层次分明,叙述清楚,起到了简报沟通情况、交流经验的作用,可供我们借鉴。

任务四 述职报告

写作任务

王明是某市农村合作银行的前台柜员工作人员。2020—2021年任职期间,能够任劳任怨做好日常工作,做到优质文明服务,提高窗口服务质量,增强安全意识,积极做好存款揽收工作,全面完成支行下达的各项业务指标。

根据以上内容,请以王明名义拟写一则述职报告。

一、述职报告的概念

述职报告是担任一定领导职务的干部或专业人员,向自己的选举任命机构、上级领导、专家组、本单位的职工群众汇报个人在一定时期内恪守尽职和施政情况、德能素质的自我评述性文书。

述职报告和总结两种文体都需要对一定时期内的工作情况进行客观的回顾和科学分析,并对未来进行一定的规划或展望。这两种文体在具体的写作上极其容易混淆,但两者的区别也是明显的,主要表现在三个方面:

(1)两者的制作主体有所不同。总结的主体可以是单位、集体,也可以是个人;述职报告的主体则是在一定的工作岗位上承担相关职责的个人。

(2)两者要回答的问题不一样。总结的写作角度是全方位的,即凡属于重大的工作业绩、出现问题、经验教训,今后的工作设想等都可以写;述职报告要求侧重写个人执行职守方面的有关情况,往往不与本部门、本单位的总体业绩、问题相掺杂。

(3)两者的行文目的不同。总结的写作注重工作的做法、过程与情况,强调的是在此基础上提炼出的规律性认识;述职报告注重工作中方法的运用、工作体会,以及各方面对工作本身和成效的客观评价,强调的是成绩、是否称职的问题。

二、述职报告的特点

(一)自述性

要求报告人述说自己在一定时期内履行职责的情况。因此必须使用第一人称,采用自述的方式,向有关方面报告自己的工作实绩。这里的所谓实绩,是指报告人在一定时期内,按照岗位规范的要求,为国家做了些什么事情、完成了什么指标、取得了什么效益、有什么成就和贡献、工作责任心如何、工作效率怎样等情况实实在在地反映出来。

(二)自评性

要求报告人依据岗位规范和职责目标,对自己任期内的德、能、勤、绩等方面的情况,做自我评估、自我鉴定、自我定性。述职人必须持严肃、认真、慎重的态度,既要对自己负责,也要对组织负责,对群众负责。对工作的走向,前因后果,要叙述清楚;对所叙述的事情,要概述,让人一目了然,并从中引出自评。

（三）报告性

要求报告人明白自己的"身份",放下官架子,以被考核、接受评议和监督的人民公仆的身份,履行职责做报告。要认识到,自己是向上级汇报工作,是严肃的、庄重的、正式的汇报,是让组织了解自己,评审自己工作的过程,因此,语言必须得体,应礼貌、谦逊、诚恳、朴实,掌握好分寸。

三、述职报告的种类

1. 按内容划分

综合性述职报告,指报告对一定时期所做工作的全面、综合的反映。

专题性述职报告,指报告内容是对某一方面的工作的专题反映。

单项工作述职报告,指报告内容是对某项具体工作的汇报。

2. 按时间划分

任职述职报告,指对任职以来的总体工作进行汇报。一般来说,时间较长,涉及面较广,要写出一届任期的情况。

年度述职报告,指一年一度的述职报告,需写本年度的履行职责情况。

临时性述职报告,指担任某一项临时性的职务,写出其任职情况。

3. 按表述形式划分

口头述职报告,指需要向选区选民,或本单位职工群众述职的,用口语化的语言写成的述职报告。

书面述职报告,指向上级领导或人事部门报告的书面述职报告。

四、述职报告的结构和写法

述职报告一般由标题、称呼、正文和落款四个部分组成。

（一）标题

述职报告的标题,常见的写法有三种。

1. 文种式标题

只写《述职报告》。

2. 公文式标题

由姓名、时限、事由和文种名称构成。如《2019—2020年试聘期述职报告》《×××2021年任支行行长职务的述职报告》。

3. 文章式标题

用正标题,或正副标题配合使用。如《尽职尽责尽心尽力——×××的述职报告》、

《加大改革力度提高综合实力——如何完成好劳动人事制度的改革工作》。

(二) 称呼

即主送机关或称谓。书面报告的称呼,需写明主送单位名称,如"××党委""××组织部"等;口述报告的称呼,需写明对听者的称谓,如"各位代表""各位同志""各位领导、各位同志"等。

(三) 正文

述职的正文,由开头、主体、结尾三部分构成。

1. 开头

开头又叫引语,一般交代任职的情况的介绍和工作情况的简评。包括何时任职,变动情况及背景;岗位职责和考核期内的目标任务情况及个人认识;对自己工作尽职的整体评估,确定述职范围和基调。如某开发区区长述职报告的开头,"我于2012年3月以来担任本区区长职务,在全市2012年经济方针'努力搞活对外关系,大力发展旅游经济'的指导下,我做了如下工作,现予以报告",这部分要写得简明扼要,让听者有一个大体印象。

2. 主体

主体部分,一般围绕职责要求,具体而有条理地陈述自己的德、能、勤、绩四个方面。

(1) 德,即思想作风,主要包括任职期执行党和政府的路线、方针、政策的情况,遵纪守法的情况,自己事业心和敬业爱岗精神,自己的集体意识、团队协作精神、工作作风等。

(2) 能,工作能力,主要指自己履行现岗位的基础理论和专业知识是否扎实,自己分析问题的能力、开拓能力、创新能力等。

(3) 勤,即工作纪律与实干精神,主要包括工作情况如何,任职期间如何按岗位要求履行职责。

(4) 绩,即工作成绩,主要包括工作中解决了哪些具体问题,取得了哪些成果。可以正面陈述自己的业务实绩,获得哪些奖励,得到哪些专家、领导、同行的肯定等。也可以适当地通过与其他单位、过去同一时期的工作的对比,进一步强化自己的工作实绩。

主体部分可选择以下几种常见的结构:

横式结构:即按照事物的性质和逻辑关系组织材料,多角度、全方位地表现述职人的工作情况。这种结构的关键是要安排好述职人的各项工作的内在逻辑关系,分清主次,摆正因果。

纵式结构:主要用于工作阶段较为明显的工作岗位的陈述中。一般按照时间的先后和事物发展的自然顺序安排内容。

3. 结尾

述职报告的结尾常以惯用语收束。如"以上报告,请审查""特此报告,请审阅""以上述职,请领导和同志批评指正"。

(四) 落款

在正文末尾的右下方,需写明述职人姓名、述职日期或成文日期。署名可放在标题之下,也可放在文尾。

五、述职报告写作的注意事项

（一）突出重点

述职报告的写作要全面,但不能事无巨细。因此,应抓住核心问题,突出重要成绩,总结主要经验、教训。凡重点部分要精心组织材料,写得详细、具体、充分、全面;次要部分可略写或一笔带过。

（二）突出个性

述职者的岗位层次不同,述职内容自然各异。即使同一职务的述职者也会因分工不同有不同的工作重点,至于工作方法,就更是各具特色。因此,述职者要突出自己工作的特色,显示自己的工作个性,避免千人一面的写法。

（三）客观评价

写述职报告,不管是叙述成绩还是问题,都要客观、公正、实事求是。写成绩,不虚夸,恰如其分,符合客观实际;讲问题,直截了当,不掩饰,抓住要害;讲经验,有理有据,严谨求实,一分为二。

【例 3-3.4】

××集团公司总经理述职报告

各位代表、同志们:

我是心怀着对我们企业的深厚感情而工作的。这种感情来自公司对我的培养,来自于全体员工对我的信任和支持。我深知带领全体员工促进企业持续长远发展,振兴壮大企业,增加员工收入责任重大。因此,我一直为此而努力工作着。现在,我向大会述职,请予以审议。

一、履行职责情况

2021年,在集团公司的正确领导下,经过全体员工的共同努力,我们在企业管理、投标揽活、项目管理、文化建设、稳定发展等方面都取得了可喜的成绩,完成企业总产值＊亿元;招揽任务＊亿元;全年人均劳动生产率达到＊万元;员工年均收入＊万元。公司的综合实力增强,社会信誉提高。回顾一年多来的工作,主要有以下几方面:

1. 认真学习贯彻"三个代表"重要思想及党的十六届三中全会精神,在实际工作中深刻领会党中央确定的各项工作方针的深刻内涵和新时期加强两个"务必"的重大意义,以及"八个坚持、八个反对"的精神实质,把思想和行动统一到党中央的路线方针政策上来,创新发展。

2. 注重企业文化建设,提倡"诚信、情感、责任和程序"八字管理理念,主张"以人为本,守法诚信",引导广大员工"以企为家,共同发展"。人是生产力中最活跃的因素,是企业振兴发展的源泉和根本动力,只有公司全体员工把聪明才智充分发挥出来,并应用到公司管理与生产经营中去,公司才能发展;只有公司提供宽松敞亮的舞台,员工的人生价值才能够得以施展和实现。因此,我们要依靠员工促进企业发展,就要培育先进的企业文化,引导员工把"诚信、情感、责任和程序"贯穿于整体工作中,发挥才智、敬业爱岗、求真务实、规范操作,通过宣传、培训以及制度建设,强化项目管理,推行"质量、环境保护、职健安全"三位一体标准化作业程序等措施,促进各项目在安全、质量、工期等方面全面兑现对业主的承诺,为公司树立良好的信誉,为共同事业的长远发展打下基础。

　　3. 加强民主管理,以真诚和友谊建立良好的同事关系和社会关系,风雨同舟。一是从职工关心的"热点""难点""疑点"入手,深入实际地解决好公司经营管理与改革发展等重大问题,做好领导干部廉洁自律以及有关职工切身利益方面的工作。二是注重维护公司领导班子的团结。大厦之成,非一木之材;大海之润,非一流之归。团结班子成员,形成既有分工又有合作、坦诚相待、合作共事、齐心协力干事业的良好氛围,做到目标一致、职责互补、荣誉共享,重大问题、重大事项都能事前沟通,会前通气,充分听取意见,集思广益,发挥整体合力,改进工作,促进发展。

　　4. 不急功近利,从长远着眼,坚持理论联系实际,扎实开展管理调研工作。作为公司总经理,不但要具备这个岗位所需要的一切素质,还要把握各方面的信息,保持对事物发展规律的敏锐感觉,使思想观念与时俱进,把理论知识、市场规律与企业管理实际相结合,才能领导公司不被激烈的市场竞争所淘汰。因此,去年我充分运用国家政策、法规,依法开展财务监督、审计监督、质量监督和效能监察。把长线工作与短期的具体工作相结合,深入分析公司管理、项目管理工作中的思想政治、人事管理、机构设置、标准化程序贯彻、合同管理、设备管理等工作的不足,从企业长远发展的角度,初步确定了深化企业管理改革的方案。之所以开展这项工作,是因为我们的项目管理任务逐年增加,但在市场竞争日趋激烈的情况下,项目利润越来越少,改革创新、挖潜增效势在必行。

　　5. 高度重视经营开发工作。招揽足够的施工任务是企业开展其他一切工作的前提,如何扩大施工份额,是我们应该不断探索的永恒课题。今年,经与公司班子成员协商:我们决定加大投入,多种渠道多种方式并行,实行重点地区、重点项目重点追踪,班子成员分片负责的经营方针,取得了可喜成绩。与此同时,我们不断召开经营开发会议,通过会议引导经营开发工作人员吸取教训、总结经验、调整投标思路和策略、增加责任感,促进经营开发工作能够适应市场变化,以达到提高经营开发管理水平和中标率,拓宽经营范围和施工领域的目的。

　　6. 始终把思想作风建设摆在第一位。自担任公司总经理以来,我不断提升思想素质、开阔视野、充电扩能,始终把上级和公司广大员工赋予我的权力当作一种责任和义务,坚决贯彻执行党和国家政策法规以及上级的指示、决定,一切从公司以及广大员工的利益出发,从不以个人私利侵害公司和员工的利益,做到了敬业勤政、廉洁奉公、关心群众疾苦,并以此影响、教育自己的家人。

　　二、存在的问题和今后努力方向

　　总结我个人的工作,离上级的要求与企业发展还有一定差距。表现在政治理论不够丰富、业务知识学习少;表现在我们企业管理行为、员工个人行为与企业经营管理理念之间存在很大的差距;表现在企业管理、项目管理与市场规律不相符;还表现在企业改革之后,即将产生的一系列的其他问题。当然,个人总结难免片面,我诚恳地请求大家对我多提意见和建议,促进企业发展和我个人进步。

事物的发展总是在推陈出新。不充电,个人素质难以提升;不改革,企业难以展开腾飞的双翼。今后,我将加强学习,提高思想觉悟、工作能力和管理水平;我将与公司领导班子一起带领全体员工深化企业改革,解决包括企业管理、项目管理、经营开发等在内的一系列问题,促进企业健康长远发展。

在此,我有信心和班子成员一道,广泛采纳大家好的建议,融入我们企业改革的各项管理办法中去,完善经营战略,一心为公、廉洁自律、求真务实、开拓创新、奋发进取,为公司在2014年里夺取更加辉煌的业绩而努力奋斗!

谢谢大家!

述职人:×××
2021 年×月×日

【案例评析】 这篇述职报告首先对自己的工作做出了客观评价,一上来就表明了诚恳的态度。主体部分对自己履行岗位职责的情况从六个方面进行了述评结合的汇报,语言简明、平实、不拖泥带水。接下来对工作中存在的问题进行了分析,并说明了今后的努力方向。最后,简要归结,表明做好工作的信心。内容全面,层次清晰,结构完整。

任务五 企业简介

写 作 任 务

力帆实业(集团)股份有限公司,始于1992年,历经24年艰苦奋斗,已发展成为以新能源产业为战略发展方向,融科研开发、发动机、摩托车和汽车的生产、销售(包括出口)为主业,并投资金融于一体的大型民营企业。力帆已十余度入选中国企业500强。2010年11月25日,力帆股份在上海证券交易所成功上市,股票代码为601777,首次公开发行2亿股,募集资金29亿元人民币,是中国首家上市A股的民营乘用车企。

根据以上内容,请以力帆实业(集团)股份有限公司名义拟写一则企业简介。

一、企业简介的概念

企业简介就是对一个公司或者企业做一个简单全面的介绍,以客观、严谨的文字介绍企业的情况和风格,让别人初步了解企业的基本情况,同时能给客户留下一方面的深刻印象。

二、企业简介的特点

（一）客观性

企业简介的内容必须真实、客观、准确地反映企业的实际情况，其内容要符合企业的真实原貌。对企业文化、企业的经营理念、发展战略等不能夸大其词。

（二）说明性

企业简介主要是说明的表达方式，对企业的特点和文化、企业的经营理念、发展战略等内容逐条予以说明，做到条理清楚，次序分明。一般很少用议论和叙述的表达方式。

（三）个性化

每个企业都有自己的特点，这些不同主要呈现在企业的文化、经营理念、发展战略等方面。在说明这些内容时候要突出企业的特色，显示企业的个性。

三、企业简介的写法

企业简介一般由标题和正文两部分组成。

（一）标题

企业简介的标题一般有两种：一种是"企业名称"+简介，如"北京未来广告公司简介"；一种直接写"企业简介"，如"企业介绍"或"企业简介"。

（二）正文

正文是企业简介的主体部分，常采用说明性语言表达，多为短文式样。正文一般包括四部分内容：

1. 企业基本情况

用精炼简短的文字概括介绍企业基本情况，如企业的名称、企业的法律性质、企业的经营范围和服务类型、项目、企业的经营业绩等。内容要真实。

2. 企业经营的主营产品(服务)

详细介绍企业的主营产品(服务)包括企业属于什么行业，企业的服务类型是什么，有哪些服务种类，企业服务的特点和优势在哪里等。所写内容要实事求是，不可为了博得眼球而夸大其词。

3. 企业文化特色和企业的发展愿景

对企业的经营理念和企业的发展战略作详细的介绍，要求实事求是，突出个性，用崇高、进取的企业理念感染、影响公众，树立良好的企业形象。

4. 企业的联系方式

具体准确地介绍企业的经营地址、电话、传真、网址等联系方式，以便有需求方可以联系。

四、企业简介的写作要求

（一）突出重点，防止疏漏

要针对企业客户的需求，抓住企业的特点，突出企业的文化等重要内容，同时要找出企业的"独特之处"，将其说准、说深、说透。

（二）把握分寸，实事求是

写前要对企业进行实地调查了解，数据要经过核实，写出准确、符合实际的企业简介。企业简介要全面严谨。

（三）语言要准确简明，通俗易懂

准确，即运用概念、判断要准确，不可含混不清；简洁，即简洁明晰，没有多余的字句，不拖泥带水；生动，即要用富有生气与活力的语言来介绍企业，把企业介绍得富有吸引力，通俗易懂。

【例3-3.4】

中山阿洛奇美第家具有限公司简介

中山阿洛奇美第家具有限公司成立于1998年，注册资金100万，是广东中山一家专业从事玻璃制品设计加工的企业。产品设计理念源于意大利经典原创家居产品，自20世纪90年代以来，产品收到世界各国的喜爱，如英国、西班牙、法国、德国、美国、迪拜和巴西、韩国等30多个国家和地区。经过我们不断改善的优良品质、优雅的风格和出色的搭配效果在海外获得了供不应求的大好市场，赢得了大批国外家居饰品进口商的青睐和首肯。

十多年的发展历程，公司始终坚持"创新、品质、服务、节约、敬业、感恩"12字理念。吸收新创意，严把质量关口，全方位的服务跟踪，坚持做出高品质产品。本着"追求、员工、技术、精神、利益"10字宗旨。现拥有一批精干的管理人员和一支高素质的专业技术队伍，舒适优雅的办公环境和60多亩的全新现代化标准厂房。我们以质量为生命、时间为信誉、价格为竞争力的经营信念，立足于珠江三角洲。

【案例评析】 这是一篇家具公司的简介。内容简单扼要，主要从两个方面来介绍公司。第一段概括了企业的基本情况，第二段详细介绍了企业的理念、宗旨，写出了企业的特点。语言准确简明，突出了企业的文化特点。

小 结

事务文书是指机关、团体、企事业单位或个人为处理日常工作事务、解决问题而使用的文书。它主要发挥上传下达以及单位之间或本单位内部的信息沟通作用。

事务文书的写作有其独特之处，主要表现在以下三个方面：格式上，事务文书没有特别规范、固定格式;内容上,事务文书主要反映单位、部门内部的工作情况;表达上,事务文书以叙述、说明、议论为主,偶有描写,因此语言风格准确、质朴又不乏形象、生动。

本章主要介绍计划、总结、述职报告、简报、企业简介等常用事务文书的写作,要求通过学习和写作训练,明确常用事务文书的构成要素与写作规范;掌握常用事务文书的写作方法,能够撰写符合要求的常用事务文书。

思考与练习

一、选择题

1. 比较全面的、长远的、带有战略性的计划是(　　　　)。
   A. 规划　　　　B. 工作要点　　　　C. 工作方案　　　　D. 打算
2. 下列计划类文种中,内容涉及时间最长的是(　　　　)。
   A. 安排　　　　B. 设想　　　　C. 计划　　　　D. 规划
3. 下列有关简报的分类中,不属于工作简报的一项是(　　　　)。
   A. 专题性简报　　B. 经常性业务简报　　C. 问题简报　　D. 中心工作简报
4. 下列文种中,重在说明的是(　　　　)。
   A. 计划　　　　B. 总结　　　　C. 简报　　　　D. 企业简介
5. 总结的内容一般必须写明以下几个方面(　　　　)。
   A. 原因—结果—过程—性质
   B. 成绩—缺点—经验—教训
   C. 目的—任务—做法—方式
   D. 步骤—方法—措施—结果

二、改错题

1. 阅读一份学习计划,指出存在的问题,并进行修改。

个人学学习计划

计划是十分重要的,有了切实可行的计划,就可以减少盲目性,增强自觉性,使我们顺利地完成预定的学习目标。特制订寒假学习计划如下:

(1) 我的学习基础差,在寒假中我要将教材的内容提前预习。

(2) 在实训方面,我要加强动手能力。

(3) 要强化成本会计的计算能力。

(4) 参加寒假总的社会实践。

(5) 复习上一个学期的学习内容,巩固学习基础。

2. 下面是某银行年终总结中,总结的缺点与不足部分,请指出存在的问题,并进行修改。

一年来,我们工作中还存在以下主要缺点和问题:

(1) 对银行如何适应中国加入WTO后的新形势及银行在改革开放中所起的作用,认识迟,行动慢,往往是认识落后于形势。

(2) 在职工政治思想工作方面,还有薄弱环节。如"双红"竞赛,开展不平衡,有的科室抓得差,一般地讲内勤比外勤好,责任在领导。

(3) 同先进的兄弟行比较,工作质量需要提高,出现了 5 笔核算事故,25 万元现金差错,企业物资积压不但没有减少,反而比年初增加 450 万。

这些缺点和问题,我们在今后的工作一定要注意克服和改进。

三、简答题

1. 计划与总结有什么联系与区别。

2. 图示简报的格式。

3. 述职报告的主体部分一般要写清哪些内容?在写作方法上,如何使主体部分的内容更具有说服力?

四、写作实训

1. 惠丽公司是一家销售家具的公司。近年来,公司注重产品质量,特别是注重售后服务,产品已在各地市场上占有一定的份额,得到了许多用户的好评,今年又取得很好的销售业绩。在公司十周年庆来临之际,公司决定邀请社会各界人士来公司联谊,答谢客户对公司的支持。活动选在百盛大酒店举行。

(1) 请你制订一份公司联谊活动方案。

(2) 由于公司的精心准备,联谊会取得了很好的效果,公司决定编发简报,进一步宣传这次活动。请你以公司名义编发一份简报。

2. 请你根据以下材料,以刘强的身份写一份个人述职报告。

刘强是某大学一名学生干部,担任学习部部长职务。他在 2019 年 7 月—2020 年 7 月任职期间,能够任劳任怨地做好日常工作,与教务处和各班学习委员联系密切,使教学情况与学生学习中出现的问题及时得到反映和解决。共邀请本学校与其他大学专家教授举办全校讲座 3 次,专业讲座多次。并于 2019 年 10 月成功组织了全校大学生百科知识竞赛,得到师生好评。同时,作为学生部主要负责人,还起到了紧密团结内部成员,带来大家共同努力发挥学习部的应有作用。

3. 查询你所在地某一金融企业的资料,为其写一份企业简介。

项目四

财经专用文书

知识目标

◎ 了解财经专用文书的性质和特点,掌握各类财经专用文书的行文规则。

◎ 掌握财经消息、经济合同、产品说明书、商务谈判方案等财经专用文书的写作格式和写作要求。

◎ 熟悉各类财经专用文书的适用范围,理解掌握各类财经专用文书的写作要求及格式。

能力目标

◎ 能够分析各类财经专用文书的区别,正确选择合适的文种进行写作。

◎ 能够按照财经专用文书的写作内容和写作要求写作常用的财经专用文书。

◎ 能根据行业企业具体案例熟练写作财经消息、经济合同、产品说明书、常用商务信函、招投标书、商务贷款申请书、企业所得税减免申请书等。

任务一 财经消息

写作任务

监管趋紧　校园贷平台"清存量":纷纷转战消费金融

今年以来,校园贷平台基本进入"清存量"阶段。

道德风险频发的校园贷即将出现退潮吗?起码校园贷平台都在转型做校园人群之外的消费金融。

9月27日,名校贷CEO曾庆辉宣布,推出名校贷升级白领版,开拓白领人群。无独有偶,此前9月5日,曾经以校园业务切入学生市场的趣分期宣布退出校园分期市场,彻底告别校园贷,转而进军针对非信用卡用户的消费金融。而更早些时候,今年年初原本从校园分期消费业务起步的分期乐商城向白领和蓝领人群开放。

值得注意的是,今年上半年,河南一名大学生因在数家校园贷平台上多头借贷,最终无力偿还跳楼自杀,引发舆论对校园贷的抨击。惨剧过后,银监局、教育部、各地金融办以及自律组织对网络借贷中的校园贷平台不断施加压力。

于是,校园贷,曾经的蓝海,可能将成强弩之末。

今年4月,银监会联合教育部发布了《关于加强校园不良网络借贷风险防范和教育引导工作的通知》。从地方自律上看,继重庆、广西和深圳之后,广州互联网金融协会于9月7日向各网络借贷信息中介机构下发了《关于规范校园网络借贷业务的通知》,要为校园贷戴上"紧箍咒"。校园贷重压之下面临转型。

对于"校园贷已死"的看法,也有反对观点。盈灿咨询高级分析师张叶霞对澎湃新闻表示,校园贷的发展历程总体来说跟当初的大学生信用卡类似,经历了短时间的高速发展之后,逾期问题和负面舆情使得社会媒体迅速聚集在这个细分领域,最终引来监管关注,政策压力加大,"这样是会对校园贷市场产生比较大的影响,包括趣分期的退出,但也并不意味着这个市场空间就没了。预计在未来的一段时间里,校园贷会更多地通过结合消费场景来做这块市场"。

此前,盈灿咨询联合融之家发布《2016中国消费金融行业报告》,报告预计,到2016年中国互联网消费金融的市场将超过9 000亿元,到2018年将达到3.82万亿元。

(彭湃新闻网 2016年10月3日)

请分析财经消息有哪些特点?写作时应该注意哪些要求?

▶▶ 一、财经消息概述

1. 财经消息的内涵

财经,狭义的认识就是财政、金融两个方面,是理论+数字+政策的内容。随着经济的发展,人们对财经范围的认识也越来越广,从广义上看,它不仅仅是财政、金融方面的内容,还包括证券、投资理财、工商贸易等多个方面的内容,甚至凡是与经济有关的内容都可以归到财经里去。

财经消息是属于新闻的一种类型是指用简洁明快的语言,迅速及时地对国民经济、生产建设和群众日常经济生活中新近发生的,有意义的事进行报道的一种应用文体。能够及时、准确地对国内外经济生活中出现的新情况、新成就进行报道,或者对经济生活中的一些工作成就、典型经验与教训进行反映,从事件中引出道理、总结经验,用以指导全局性工作。

2. 财经消息的种类

(1)财经动态消息。

财经动态消息是反映新事物、新情况、新动向的主要消息体裁。是对某部门、某单位或者某一经济事件做概括性报道,如生产动态、建设成就或有价值的经营管理方面的最新消息等。动态消息有的是对刚发生的事件的报道,有的是对事件的连续报道。动态消息有文字简短、内容广阔、时效性强等特点。

（2）财经简讯。

财经简讯其实就是篇幅特别短小的财经动态消息，通常只有一两百字，有时甚至只有几十个字。主要用来报道一些重大的突发性财经方面的消息，也可用来报道社会各个领域的简况。以篇幅短小，结构简单，叙事简明，一般一事一报为最大特点。财经简讯以短小的篇幅把一个财经新闻事实转告读者。

（3）财经综合消息。

财经综合消息是围绕一个中心，把不同地区、不同战线、不同部门的有关财经工作的新情况、新成就、新经验、新问题等，综合起来加以报道的一种消息。财经动态消息报道的大多是一时一地一人一事，财经综合消息则是把若干相关信息集中在同一中心下进行报道，反映某一方面情况、成就、经验、动向和问题。即报道的不是发生于一时一地的具体事件，而是对较长时间和较大空间范围的某一重要问题、某一方面工作进行综合性报道。财经综合消息报道容量大，有声势，能对实际工作和读者产生较大影响，财经综合消息应当有材料，有观点，有分析，有综合，做到材料和观点统一、分析和综合相辅相成。材料要扎实，观点要鲜明，分析要透彻，综合要抓住本质。

（4）财经述评消息。

述评消息，是以叙述新闻事实为主，加上作者对新闻事实的恰到好处的评论。财经述评消息则是针对国内外的经济事件或者国内某一地区、部门财经工作中的某些现象、倾向、成绩或问题进行报道和述评。具有有述有评，边述边评，述评结合的特点。是介于财经消息和财经新闻评论之间的一种报道形式，一般采用夹叙夹议或先叙述后议论的写作手法，或针对某种思想倾向，或对实际工作有普遍意义的重要问题，或为群众普遍关心的社会问题，述事论理，分析评论，在感性认识和理性认识两个方面上指导财经工作。

二、财经消息的特点

财经消息具有新闻的一般特点，又有自身的独特性。

1. 政策性

许多财经消息，旨在配合党和政府一个时期内的经济政策，进行解释和宣传，其内容本身带有很强的政策性。

2. 专业性

财经消息是一种专业性很强的报道。在对经济领域发生的情况进行报道时，往往要涉及一些业务性的问题，所以有一种说法：财经新闻报道往往写的"内行不愿意看，外行看不懂"，实际上反映了财经新闻专业化的特点。

3. 实用性

财经消息的服务性，主要体现在信息的服务上。既包括市场行情，物资供求状况和生产状况，也包括经济决策、法规，管理状况等，还包括自然资源状况、科技发展和规划状况，以及不同地区人们的消费心理及习惯等。这些丰富生动的财经信息，不仅是国家，企业参与经济竞争的"眼睛",也是领导群众生产消费,反映群众呼声的重要渠道。在现代经济生活中,财经消息中的许多宏观信息已成为决策者的重要参考资料。

4. 简洁性

简洁性体现在财经消息的篇幅长短和文字处理上。它要求文章篇幅短小,在几句话或几百字以内完整、准确地介绍事实;要求文字表述简练、单一,不刻意追求形象生动,不刻意点缀修饰,不啰嗦。

三、财经消息的结构

财经消息的结构比较固定,简单,最常见的消息结构是倒金字塔式结构。"倒金字塔式结构"的特征是:最重要的内容放在开头,次重要内容放在后面。即整条消息根据某一事实的各个方面的内容,按重要程度来安排叙述的层次和段落,将最重要或最精彩的部分置于最前面。财经消息一般由标题、导语、主体、结尾、背景材料5个部分组成。

1. 标题

标题是财经消息的眼睛,标题拟写得好,可以吸引读者。要求用简洁的语言概括内容的精华,以此吸引读者,激发读者的阅读兴趣。

财经消息的标题在形式上比一般文章的标题多样,一般文章大多使用单行标题,最多加一个副标题,财经消息则有单行、双行或三行标题。

(1) 单行标题。

单行标题只有一个标题,它是对消息内容的高度概括,简洁明了地反映消息内容的主旨,如图4-1所示。

图4-1 "单行标题"示例

(2) 双行标题。

双行标题由正标题、副标题两行构成。正标题是消息的主标题,反映一则消息的主要事实和中心思想。副标题如在正标题之前则叫引题,标在正题上面,作用是交代背景,烘托气氛,引出正题;副标题如在正标题之后则叫副题,标在正题下面,一般用来补充、注释和说明、印证主题。双行标题示例如图4-2所示。

图 4-2 "双行标题"示例

备受关注的沪通铁路大桥建设进入快车道。10月14日,记者在大桥施工现场看到,28号、29号两个主桥墩已经稳稳扎进滚滚长江。"世界体量最大的南塔沉井开始封底施工,南岸钢桁梁由双悬臂架设进入单悬臂架设阶段。"中铁大桥局沪通大桥项目部二分部书记胡华报出最新进展。

作为沪通铁路全线的控制性工程,沪通长江大桥主跨长度达1 092米,比苏通大桥主跨长4米,是世界首座跨度超千米的公铁两用桥。其中大桥主塔高325米,相当于100层楼高。

(3) 三行标题。

三行标题由引题,正题和副题组成三行标题内容比双行标题内容丰富,一般用于比较重要的消息。拟制时同样要注意到三行标题之间的配合。例:

我国空间技术取得新成就。(引题)
一枚火箭发射三颗卫星。(正题)
这组空间物理探测卫星准确入轨工作正常。(副题)

2. 导语

导语是指财经消息的第一自然段或第一句话,是一则消息中最重要事实的概括。如果消息只有一段,那么开头一句话一般就是导语,如果消息有几段,那么第一段一般就是导语。有些导语有两段或两段以上,则称为复合式导语。

导语的内容主要是交代与新闻事实有关的要素,即时间、地点、人物、事件、原因和如何发生的这六个要素,简称"六要素"。

根据财经消息的写作目的、报道内容和角度的不同,导语的形式也不同。

(1) 叙述式。

叙述式即用简练的文字把消息中最主要的新闻事实简明扼要地写出来,这是最常用的一种形式。叙述式导语包括直叙式、概括式、对比式等。

(2) 提问式。

提问式导语,是先揭露矛盾,鲜明的地提出问题,再做简要的回答,引出读者的关注和思考。

(3) 描写式。

描写式即以形象生动的笔法把能反映消息、主要内容的场面和细节简明地描写出来,给读者鲜明、深刻的印象。常见的有特写式,见闻式。

（4）评论式。

评论式即消息开头便对新闻事实进行评论,增强消息的指导性。

3. 主体

主体是消息的主干部分,主体的任务是对新闻事实进行具体的报道,在内容上要求用有充足的、有说服力和感染力的材料表现消息主题。

主体结构形式和组织材料的方法一般有两种:一种是按照时间顺序安排层次,另一种是按照逻辑顺序安排层次。

（1）按时间顺序,根据事情发展的先后顺序安排层次。

（2）按逻辑顺序,根据事物的内在联系问题的发展逻辑来安排层次。

（3）时间和逻辑顺序相结合,把时间信息和逻辑顺序揉合在一起写。

4. 结尾

财经消息的结尾有小结式、启发式、号召式、分析式、展望式等。这些结尾写作与一般记叙文结尾的写作并无大的不同。结尾的作用是结束全文,加强对主题的表达,加深读者对消息的感受。结尾的写作要避免现成的口号、空洞的议论,要根据消息的内容来决定采用何种形式。

5. 背景材料

背景,指事件的历史背景,周围环境及与其他方面的联系等,它不属于新闻事实,却有助于读者理解新闻事实。常见的背景材料有三种:对比性背景材料、说明性背景材料、注释性背景材料。

（1）对比性材料,即对事物进行前后、正反的比较对照,以突出事件的重要性。

（2）说明性材料,即介绍政治背景、地理位置历史演变、生产面貌、物质条件的。

（3）诠释性材料及人物生平的说明,即用专业术语介绍历史典故或做解释,以帮助读者理解消息的内容。

四、财经消息的写作要求

1. 围绕经济生活选材

要求作者要了解经济学、管理学等相关知识,从专业的角度,客观、准确地对经济领域的新闻进行及时、深入的报道,能够对经济生活起到指导性的作用。

2. 要素要齐全

消息不可或缺的要素是时间、地点、人物、事件、原因和结果。这六大要素缺一不可,要把这六要素交代清楚,并且每一个要素要准确、真实。

3. 语言要准确通俗

财经消息的目的是为公众了解经济信息、洞察经济形势、进行经济决策提供参考,因此要用准确的语言报道真实的内容,同时要通俗易懂,便于大众接受并传播信息。

（1）少用高度概括的抽象语言。

（2）少用模糊语言,如最近、目前、大约、许多、大概、基本、明显等。

（3）慎用高级形容词、副词，如"很""最""普遍""一致""纷纷""非常""最……之一"等。

（4）少用生僻的术语和行业用语，如"浮动汇率广义货币供应量狭义货币供应量"等。

（5）注意时代和地区的差异，甚用方言网络用语、外来语言。

（6）多用大白话，多使用百姓语言、大众口语。使用常用的字、短语。

任务二 经济合同

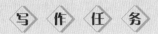

浙江强盛有限公司买卖合同

供方：浙江天东家具　　　　　合同编号：20××C字(321)号
需方：浙江强盛有限公司　　　签订地点：本公司
　　　　　　　　　　　　　　签订时间：20××年2月19日

根据我国合同法有关规定，供需双方经友好协商，共同制定以下条款，以资共同遵守。

一、产品名称、品种规格、数量、金额、交货时间

产品名称	型号	单位	数量	单价(元)	金额(元)	交货时间
办公桌	A86	张	30	500.00	15 000.00	2012.9.2
椅子	B55	把	50	80.00	4 000.00	2012.9.2

合计人民币金额（大写）：壹万玖仟元整

二、质量要求、技术标准：国家标准/行业标准。供方对质量负责的条件和期限：供方保证质量，实行"三包"。

三、交货办法、交货地点：供方免费直送至需方指定仓库。

四、运输方式和费用负担：货车运送，费用由供方负担。

五、包装标准、包装物的供应与回收和费用负担：供方负担。

六、给付定金的数额、时间：无

七、结算方式及期限：需方收货并验收合格后30日内付清壹万玖仟元整人民币。

八、如需提供担保，另立合同担保书，作为本合同附件。

九、违约责任：如供方不能按时交货，每拖延一天，由供方按货款总金额的百分之一赔偿需方的损失。需方必须按双方协商日期交付货款，若违约，每迟交付十天，由需方按货款总金额的百分之一赔偿供方。

十、解决合同纠纷的方式:一旦双方发生纠纷,自行协商不成时,到仲裁机构仲裁。

十一、本合同一式两份,供、需双方各执一份。

甲方	乙方
单位名称(章)	单位名称(章)
单位地址:	单位地址:
法定代表人:	法定代表人:
委托代理人:	委托代理人:
电报挂号:	电报挂号:
开户银行:	开户银行:
账号:	账号:
邮政编码:	邮政编码:

(节选自百度文库)

经济合同有什么特点?写作经济合同是要注意哪些问题?

▶▶ 一、经济合同的含义、类型和特点

1. 经济合同的含义

经济合同是合同的一种,它是平等民事主体的自然人、法人、其他经济组织之间,为实现一定的经济目的,明确相互权利和义务而签订的协议。

2. 经济合同的类型

(1)按合同的内容性质分,经济合同可分为买卖合同、供用电合同、赠与合同、借款合同、租赁合同、承揽合同、建设工程合同、运输合同、技术合同、保管合同、仓储合同、委托合同和行纪合同。

【例4-2.1】 赠与合同

赠与合同(公民类附义务)

甲方(赠与方):＿＿＿＿＿＿(姓名)
乙方(受赠方):＿＿＿＿＿＿(姓名)
双方根据《中华人民共和国合同法》就赠与事项达成如下协议

1. 赠与物的状况
(包括赠与物的名称、质量、数量、所在地等)
2. 甲方对赠与物应承担如下责任、义务＿＿＿＿＿＿
(明确甲方的权利担保,瑕疵担保义务及相关的责任)

3. 甲方享有_____的权利

（明确甲方的撤销权及其他权利）

4. 乙方为接肥赠与应履行下述义务

（甲、乙双方应对所附义务有明确约定,乙方应按约定履行义务）

5. 其他

甲方:_____ 姓名:_____ 住址:_____ 电话:_____

　　　　　　　签字:_____ 盖章:_____

乙方:_____ 姓名:_____ 住址:_____ 电话:_____

　　　　　　　签字:_____ 盖章:_____

　　　　　　　　　　　　　　　　　　　_____年_____月_____日

【例4-2.2】　租赁合同

房屋租赁合同

根据《中华人民共和国合同法》《中华人民共和国城市房地产管理法》及其他有关法律、法规之规定,在平等、自愿、协商一致的基础上,甲乙双方就下列房屋的租赁达成如下协议:

第一条　房屋基本情况。

甲方房屋(以下简称该房屋)坐落于_____栋;位于第_____层,共_____间,建筑面积_____平方米。

第二条　房屋用途。

该房屋用途为:除双方另有约定外,乙方不得任意改变房屋用途。

第三条　租赁期限。

租赁期限自_____年_____月_____日至_____年_____月_____日止。

第四条　租金。

该房屋月租金为(人民币)_____元整。

第五条　付款方式。

乙方应于本合同生效之日向甲方支付定金(币)_____元整。租金按季结算,由乙方于每(季)的第_____个月的_____日交付给甲方。

第六条　交付房屋期限。

甲方应于本合同生效之日起_____日内,将该房屋交付给乙方。

第七条　甲方对房屋产权的承诺。

甲方保证在交易时该房屋没有权纠纷;除补充协议另有约定外,有关按揭、抵押债务、税项及租金等,甲方均在交付房前办妥。交易后如有上述未清事项,由甲方承担全部责任,由此给乙方造成经济损失的,由甲方负责赔偿。

【例 4-2.3】 运输合同

货物运输合同书

日期：　　年　　月　　日

托运单位				收货单位			
地址				地址			
联系人		电话		联系人		电话	
货物名称	件数	重量(T)	体积(V)	托运价值	保险费	托运日期	
						到货日期	
						收货单位签　章	
全程运费总计				运费计算方式			
承运单位				装货地址			
有关证件				卸货地址			
特约事项	1. 托运方必须按以上事项，如实核准，如有虚报，在全程运输途中如有意外责任自负。 2. 承运方在确定运输事项后，在运输途中如有失误，造成货物破损、受潮、缺件等均由承运方负责，承运方不开拆检验。如运到目的地包装完好，承运方不负内容责任。 3. 承运方必须按托运方要求按时抵达目的地并办好交接手续。						
备注：			承运方签名： 日期：		托运方签名： 日期：		

第一联 托运方：白　　第二联 承运方：蓝

（2）按表达形式分，有条款式合同、表格式合同和条款表格结合式合同。

（3）按时间分，有短期合同、中期合同和长期合同。

（4）按责任人分，有单位合同和个人合同。

3. 经济合同的特点

（1）合法性。

经济合同的合法性表现在两个方面，一是合同内容必须合法；二是当事人一方必须具有法人资格，另一方可以是法人，也可以是个体经营户或公民个人。

（2）约束性。

经济合同是制约性文书，一经成立便具有法律约束力。约束性主要表现在两个方面：一是对当事人的约束，经济合同是为保证双方经济目的的实现而制定的双方必须遵守的协议，一经签订，双方就必须如约执行，不得随意违反。否则，就要承担法律责任。二是对其他人的约束，当事人之外的任何单位或个人都不得对合同关系进行干预和侵害。

（3）有偿性。

经济合同是平等主体之间根据平等互利、协商一致、等价有偿原则所达成的协议。如果一方违反合同就要以违约金或赔偿金的形式，补偿违约行为给对方造成的损失。

（4）对等性。

签订经济合同的双方,不论单位的大小、级别的高低,在协商时是平等的,在承担法律责任时,其法律地位也是平等的。

（5）双向性。

为了达到双方各自的经济目的,双方都必须享有要求对方的权利,同时也应承担保证对方权利实现的义务。

（6）书面性。

经济合同除即时结清者外,一般必须采取书面形式。一份有效的经济合同必须包括哪些基本条款,应如何表述,这些条款应以哪些形式表现,都有严格的规定。

二、经济合同的结构

一般经济合同有固定的格式一般包括标题,约首,正文,约尾四个部分。

1. 标题

标题写在合同的首行正中位置,写明合同的性质与文种,如《小麦订购合同》《××工程承包合同》《房屋租赁合同》等,不能只写"合同"二字。

2. 约首

合同约首部分包括合同当事人名称、合同编号、签订时间和地点。

合同当事人名称要写明法人名称或代表姓名或自然人姓名,法人名称要用全称,不得用简称。只有在约首的全称后用括号注明"简称甲方（以下简称为甲方）""简称乙方（以下简称为乙方）",才可以在正文用简称,不可简称为"我方""你方"。

个人之间签订的合同应注明当事人姓名和住所。

合同编号位于标题右下方书写,一般情况下,签约日期即合同生效日期。

3. 正文

正文是合同的主干和核心部分,一般包括以下三个方面。

（1）前言。用简明的语言文字说明签约合同的目的。一般的语言表达方式为"为了……,根据……的规定,经双方充分协商,特订立本合同,以便共同遵守执行"。

（2）主体部分。这是合同的核心。其内容由当事人约定,一般应包括以下条款：

a. 标的。

标的是合同当事人双方权利和义务所共同指向的对象。它可以是货物,也可以是劳务,有可以是工程项目或者智力成果等。在签订合同时,应将标的明确加以说明,如商品货物的标的就应该包括商品名称、规格型号、牌号及商标。

b. 数量和质量。

数量是标的在量的方面的限定,必须按国家法定的竞标标准和计量单位明确具体。质量是标的内在品质和外在形态的综合反映,它可以体现出商品产品或劳务的优劣程度。质量条款也必须符合我国标准化法和产品质量法的规定。数量和质量一般以国家标准为准；无国家标准的,以部委或行业标准为准；无法定标准的,可由双方协商确定。

c. 价款和报酬。

价款和酬金是合同一方以货币形式付给另一方标的的代价。价款和报酬体现了合同所遵循的等价有偿原则。在合同中,无论是价款还是报酬均应明确规定其数额。价款和酬金无特别说明的一般以人民币结算,凡有国家规定标准的,按国家规定执行,无国家统一标准的双方当事人可以自行协商。

d. 履行期限、地点和方式。

履行期限是指合同当事人完成合同义务的时间范围,它与合同的有效期限密切有关。有效期限是指合同具有法律效力的时间,过了这个时间界限,合同就失效了。因此,合同必须在有效期限内履行。

履行地点是指交付或提取标的物的具体地理位置,是分清双方责任的依据之一。因此,对地点的交代必须具体详细,在合同中不仅要注明省市及地区,还要注明更详细的地址。

履行方式是指双方当事人履行合同采取的方式方法,及当事人采用什么方法来完成合同规定的义务,主要包括完成方式、交付方式、验收方式、价款结算方式。

e. 违约责任及解决争议的方法。

违约责任是指由于合同当事人一方或双方过错,导致合同不能履行或不能按约定履行,按照法律法规和合同约定。支付赔偿金,继续履行合同等方式解决。合同在执行中,若有争议,双方应本着实事求是、平等协商的原则,协商解决。协商不成时,可将争议提交仲裁,如当事人对仲裁不服可在规定的期限内向人民法院起诉。

f. 附件。

有的合同要有必要的附件,附件一般包括表格、实样和图纸等,必须将其作为一个单独条款列于合同正文中。这一部分内容必须全面周密,明确具体,各条款之间切忌重复和相互矛盾。

4. 结尾

约尾包括合同附则,合同份数及保管方式等,但这部分内容多在正文中已经写明,因此,约尾的内容实际上主要是双方单位全称和法人代表姓名,加盖公章或合同专用章,双方代表签字。签订合同日期。如需审批,需写双方主管机关和签证机关的名称并加盖印章。数额较大、周期较长的合同还要公证。如有需要还需写合同当事人的地址、邮编、电话、邮箱、图文传真号码、银行账号等。

【例4-2.4】 我们看下面一则合同,它符合经济合同写作规范要求吗?

购 销 合 同

××县供销社经营科(简称甲方)

××工艺社销售科(简称乙方)

甲方为发展农副业生产,保证市场供应,经与乙方商定同意以下几点,特签订本合同,以资共同遵守。

货物名称:草帽、草席。

产品规格：按双方议定规格（后附）。

订购数量：草帽500顶，草席700条。

产品单价：草帽每顶2元，草席每条8元。

产品总额：6 600元。

交货时间：2020年12月5日。

交货地点：供销社仓库。

交货办法：由乙方负责将货物送到甲方仓库，不计运费。

付款办法：交付之日，用转账支票一次付清。

本合同自鉴定之日起经双方盖章后生效，本合同一式三份，双方及签证机关各执一份。

附件：产品规格（略）

甲方：××县供销社经营科（盖章）　科长：××（盖章）

乙方：××工艺社销售科（盖章）　科长：××（盖章）

公证机关：××工商管理局（盖章）

【案例评析】　按照经济合同写作的要求，我们发现这则购销合同有以下几处错误：

1. 立合同单位应该具有法人资格，去掉"经营科""销售科"（单位的职能部门）；
2. 前言应表明平等互利原则，去掉"甲方为"；
3. 总额要大写；
4. "不计运费"有歧义，改为"运费由乙方承担"；
5. 缺少违约责任；
6. 落款也相应去掉"经营科""销售科"；
7. 缺少签订合同的时间。

三、经济合同写作应注意的事项

（一）经济合同的内容必须合法，要符合国家的法律政策要求

经济合同所涉及的内容必须符合国家的有关法律、法规和有关职能部门或行业的管理规定，合同订立的程序、合同的形式直至合同的履行，都必须符合法律的规定。

（二）合同的条款要完备准确

必须按《经济合同法》规定条款来撰写。合同条款是对合同当事人权利和义务的规定，直接关系到双方的经济利益和经济责任，内容必须完备，明确避免遗漏残缺和含糊不清。

（三）书写合同时用词准确严谨

合同的语言表达要确切，规范严密。不允许出现含糊不清或模棱两可的句子或语言，以避免在合同的履行中出现不必要的争执和纠纷。合同中使用的概念，当事人应该有一致的理解，忌用模糊概念，以防歧义产生。经济合同的语义应该准确，应避免使用"希望""尽可能""争取"等模糊性用语，不说空话、套话。经济合同的数字应核对无误，金额应大写。

（四）经济合同的格式必须规范

撰写经济合同时，一定要按规定的文本格式和要求进行。合同的撰写，要严肃认真，不得随意涂改。合同如有错误或遇到特殊情况确需修改时，应将双方同意的意见作为附件附上。如在原件上修改，应加盖双方印章。

任务三　产品说明书

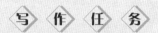

吡喹酮片使用说明书

药品名称：

通用名称：吡喹酮片

英文名称：Praziquantel Tablets

商品名称：吡喹酮片

成份：

本品主要成份为吡喹酮。

适应症：

为广谱抗吸虫和绦虫药物。适用于各种血吸虫病、华支睾吸虫病、肺吸虫病、姜片虫病以及绦虫病和囊虫病。

用法用量：

治疗吸虫病血吸虫病：各种慢性血吸虫病采用总剂量60mg/kg 的1～2 日疗法，每日量分2～3 次餐间服。急性血吸虫病总剂量为120mg/kg，每日量分2～3 次服，连服4 日。体重超过60kg 者按60kg 计算……

不良反应：

常见的副作用有头昏、头痛、恶心、腹痛、腹泻、乏力、四肢酸痛等，一般程度较轻，持续时间较短，不影响治疗，不需处理。少数病例出现心悸、胸闷等症状，心电图显示T 波改变和期外收缩，偶见室上性心动过速、心房纤颤……

禁忌：

眼囊虫病患者禁用。

警告：

未进行该项实验且无可靠参考文献。

注意事项：

治疗寄生于组织内的寄生虫如血吸虫、肺吸虫、囊虫等，由于虫体被杀死后释放出大量的抗原物质，可引起发热、嗜酸粒细胞增多、皮疹等，偶可引起过敏性休克，必须注意观察。脑囊虫病患者需住院治疗,并辅以防治脑水肿和……

药物相互作用:

尚不明确。

批准文号:

国药准字 H32021380

生产企业:

南京制药厂有限公司

药物分类:

驱肠虫/抗吸虫药

根据以上案例,请思考产品说明书有什么作用?需要注意哪些问题?

一、产品说明书的含义和作用

1. 产品说明书的含义

产品说明书又称使用说明,是一种向消费者介绍产品(包括服务)的性能、特征、用途、使用和保养方法等事项的文书,是以说明为主要表达方式,语言平易、朴实、易懂。产品说明书主要是指导消费者如何使用该产品,如果某项新产品问世后没有说明书,或说明不清楚,不准确,用户就无法了解和使用,即使产品的性能、技术再先进,也不能进行推广使用,产品说明书写作的成功与否,将直接影响产品的生产与效益。

2. 产品说明书的特点

(1)实用性。

产品说明书有着明确的实用目的,主要是以说明为主要表达方式,客观、真实、详细地向用户介绍产品的特点、性能用途、使用及维修方法等,帮助用户正确的认识使用该产品,为用户提供方便。

(2)知识性。

产品说明书的写作必须将产品的结构、性能、特征、功用等向消费者交代清楚,因此具有知识性的特点。

(3)条理性。

说明书的写作要抓住产品的具体特点,对产品的性能、用途和内容逐条予以说明,做到条理清楚,次序分明,以便于消费者正确理解产品的内容。产品说明书常常按照产品结构的空间顺序或使用产品时的操作信息进行说明,也可按照消费者认识产品的递进过程进行说明,一般很少用议论和叙述等表达方式。

(4)科学性。

产品说明书的内容必须真实、客观、准确地反映产品的实际情况,要以客观的态度介绍产品的情况,必须实事求是,不得有虚假或欺骗行为。不能夸大其词,应遵守商业道德,对用户负责，维护消费者的合法权益。

二、产品说明书的种类

1. **根据表达形式的不同**

（1）文字式说明书。

文字式说明书，就是按照商品构造的规律或操作顺序等，用条文的形式来介绍说明商品的性能、构成、使用方法等，一般日用生活品常用此法。示例如图 4-3 所示。

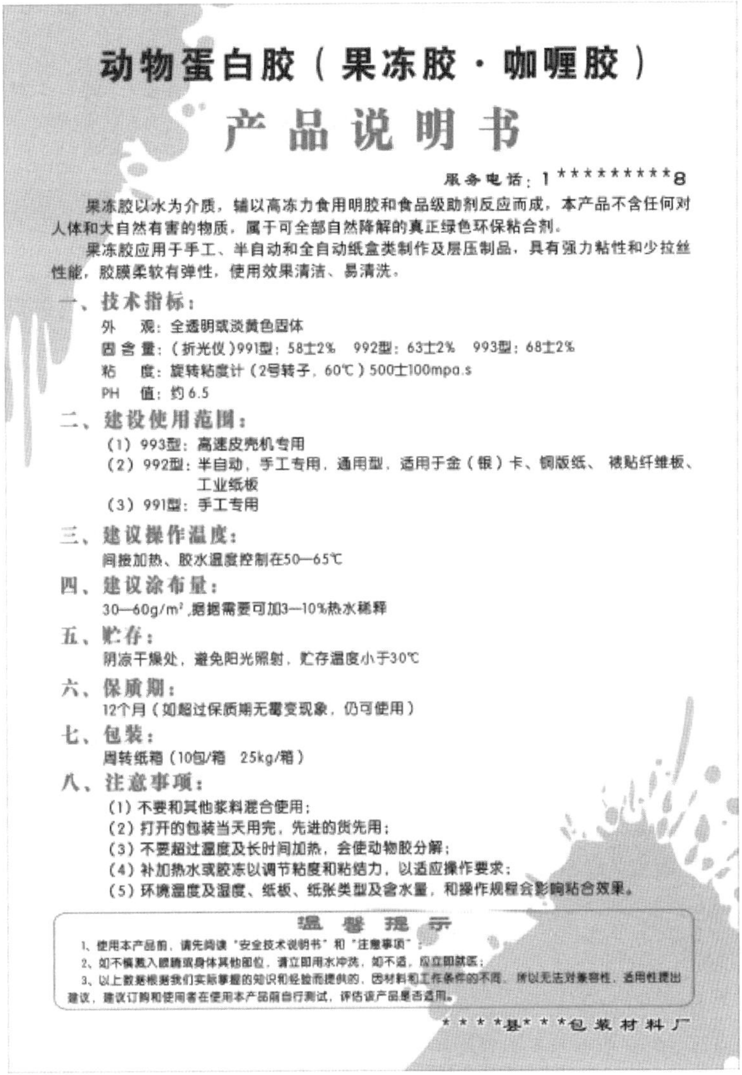

动物蛋白胶（果冻胶·咖喱胶）

产品说明书

服务电话：1**********8

果冻胶以水为介质，辅以高冻力食用明胶和食品级助剂反应而成，本产品不含任何对人体和大自然有害的物质，属于可全部自然降解的真正绿色环保粘合剂。

果冻胶应用于手工、半自动和全自动纸盒类制作及层压制品，具有强力粘性和少拉丝性能，胶膜柔软有弹性，使用效果清洁、易清洗。

一、技术指标：

外　观：全透明或淡黄色固体

固含量：（折光仪）991型：58±2%　992型：63±2%　993型：68±2%

粘　度：旋转粘度计（2号转子，60℃）500±100mpa.s

PH　值：约 6.5

二、建设使用范围：

（1）993型：高速皮壳机专用

（2）992型：半自动，手工专用，通用型，适用于金（银）卡、铜版纸、裱贴纤维板、工业纸板

（3）991型：手工专用

三、建议操作温度：

间接加热、胶水温度控制在50—65℃

四、建议涂布量：

30—60g/m²，据需要可加3—10%热水稀释

五、贮存：

阴凉干燥处，避免阳光照射，贮存温度小于30℃

六、保质期：

12个月（如超过保质期无霉变现象，仍可使用）

七、包装：

周转纸箱（10包/箱　25kg/箱）

八、注意事项：

（1）不要和其他浆料混合使用；

（2）打开的包装当天用完，先进的货先用；

（3）不要超过温度及长时间加热，会使动物胶分解；

（4）补加热水或胶冻以调节粘度和粘结力，以适应操作要求；

（5）环境温度及湿度、纸板、纸张类型及含水量，和操作规程会影响粘合效果。

温馨提示

1、使用本产品前，请先阅读“安全技术说明书”和“注意事项”；

2、如不慎溅入眼睛或身体其他部位，请立即用水冲洗，如不适，应立即就医；

3、以上数据根据我们实际掌握的知识和经验而提供的，因材料和工作条件的不同，所以无法对兼容性，适用性提出建议，建议订购和使用者在使用本产品前自行测试，评估该产品是否适用。

****县***包装材料厂

图 4-3　“文字式说明书”示例

（2）表格式说明书。

若被说明的商品需要说明的事项较多,用文字不易说清楚,可以采用表格式的写法,如药物、食物的构成成分等。示例如图4-4所示。

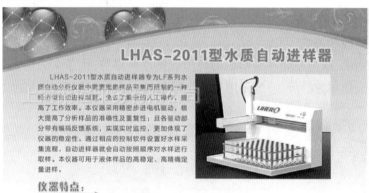

图4-4 "表格式说明书"示例

(3)图表式说明书。

图表式就是画出要说明的事物的构图,再用文字加以指示和说明。对于构造较为复杂,又必须让用户了解其各部件的功能及使用方法的产品,一般采用图表式的写法,如家用电器、大型仪器设备等。示例如图 4-5 所示。

图 4-5 "图表式说明书"示例

(4) 综合式说明书。

综合式就是将条文式、表格式和图文式结合使用的说明书,它适用于机器、仪表、电器等较为复杂的产品。示例如图4-6所示。

图4-6 "综合式说明书"示例

2. 根据传播方式的不同

(1) 包装式说明书。

直接写在产品的外包装上的说明书,其说明的文字较为简短,主要适用于一些常用的普及型产品,如食品袋上、药物的包装盒上等。

(2) 附件式说明书。

采用附件的形式,将产品说明书专门印制,有的甚至装订成册,装在产品的包装内,如手机使用说明书、仪表使用说明书、汽车导航使用说明书等。

3. 根据写作方法的不同

(1) 概括式说明书。

有些产品说明书,如饮料、食品等的说明书并不需要向消费者介绍其饮用、使用方法和注意事项,也无须说明其性质和功能,只要做简单的概括性描述即可。

(2) 描写式说明书。

有些产品为了吸引消费者的注意力介绍自身优势和特点,往往在产品说明书里采用形象生动的文字详细地对产品加以介绍。

(3) 说明式说明书。

日常生活中见到的产品说明书很多都是说明型的,因为产品的成分、构造、用途、保管、使用并非为消费者所熟悉。如儿童使用奶粉的说明书,一般都包括名称、配方、使用方法、功能效果、贮藏等几个方面内容,另外大多数药品的说明书也属于说明型产品说明书。

三、产品说明书的格式和写法

产品说明书的格式通常由标题、正文和附项三部分组成。

1. 标题

产品说明书标题一般包括产品的名称、品牌型号和文件名称等要素,使顾客一看就知道是关于什么产品的介绍,如达克林软膏说明书。产品名称,一般使用大号宋体,排在第一行中间的显著位置上。常用的标题的写法有以下几种:

(1)直接用产品名称做标题,如《小护士洗面奶》;

(2)产品名称+说明书两部分组成标题,如《云南白药气雾剂说明书》;

(3)产品名称+说明内容+说明书三部分组成标题,如《××电水壶使用说明书》。

2. 正文

正文是产品说明书的重点和核心部分,是对产品进行详细的说明,一般分为性质说明和指导说明,通常要说明产品的功能、用途和使用方法,有的还要说明产品的原理、型号特点和保管、故障排除维修及有关的注意事项和保养方法等。

产品说明书的正文往往包括以下几方面的内容:

(1)产品的概况(如设计目的、用途、适用范围、使用对象等);

(2)产品的性能、规格、用途;

(3)产品的安装使用方法、注意事项;

(4)产品的保养方法和维护方法;

(5)应该让消费者了解掌握的其他需要说明的内容。

以上这些内容要素可视产品具体情况取舍或变动前后顺序。某些结构复杂,需要消费者全面了解的产品,对于其使用方法一般都写得比较详细,需要装订成册,如汽车的使用说明书。

3. 附项

产品说明书的最后要标明产品生产企业的名称、地址、电话号码等,有些产品还需要写清维修地址、联系电话等及定点销售单位的地址和联系方式。

四、产品说明书的写作要求

随着科学技术的进步,产品更换代很快,新的功能、配置不断推出,有些产品说明书早已跟不上时代和形势的变化,为了维护消费者的合法权益,让产品说明书真正发挥作用,我们应掌握产品说明书的一些写作要求和技巧,以便写出较为规范的产品说明书。

1. 把握分寸,客观真实

产品说明书要全面严谨,不仅要介绍产品的优点,还应将产品的不足以及因操作不当可能产生的问题告诉消费者。不能为了扩大宣传弄虚作假,蒙蔽、欺骗消费者。如药品一般来说有治疗作用也有副作用,不可只写治疗作用而省略副作用。

2. 条理清晰,突出重点

产品说明书写作应该严格按照所说明产品的自身结构和内在规律性,根据其条理性加以介绍,这样才能将其特征、性能交代清楚,便于消费者阅读理解,从而得到消费者的认同,并可能由消费者为产品免费宣传,起到事半功倍的效果。

3. 语言要准确,简明通俗易懂

产品说明书面对的消费者多种多样,他们的文化水平不一,接受能力各异,这就要求产品说明书的语言简明易懂,能够适应各个层次消费者的需求。

任务四 商务信函写作

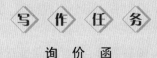

询 价 函

××先生:

　　从贵处商会获悉贵公司行名和地址,并得知你们是一家大的钢铁出口商,具有多年的经营经验。此类产品属于我公司业务范围,特此致函,以期建立兴旺互利的贸易关系。

　　若贵公司能保证价格可行、品质优良、交期迅速,我们将大量订货。为此,特请提供你们最新的全套目录和各项出口产品的价目表。如蒙尽速办理,当不胜感激。

　　至于我们的信用情况,可向当地的中国银行查询。谅能惠予合作,预置谢意。

谨上

××公司

请思考:商务信函的写作和普通信函有什么区别?

▶▶▶ 一、商务信函概述

1. 商务信函含义

商务信函属于商务礼仪文书范畴,是指企业与企业之间,在各种商务场合或商务往来过程中所使用的简便书信。其主要作用是在商务活动中用来建立经贸关系、传递商务信息、联系商务事宜、沟通和洽商产销;询问和答复问题、处理具体交易事项。其种类包括联系函、推销函、订购函、确认函、索赔函、催款函等多种。

2. 商务信函的结构

商务信函一般由信头、正文、信尾三部分组成。

(1) 信头。

信头即信函的开头,由发信人名称及地址、标题、函号、称谓、收信人地址和单位等

组成。

（2）正文。

正文是商务信函的主体，叙述商务往来联系的实质问题。正文写作要求内容单纯，一文一事，文字简明，事实有据，行文礼貌。

正文结束以后，一般用精练的语言将主体所叙之事加以简单概括，并提出本函的有关要求，强调发函的目的。如请求函的结尾语是"拜托之事，承望协助解决为盼"，希望回函的结尾语是"不吝赐函，静候佳音"等。

（3）信尾。

信尾部分包括祝颂语，发信人的署名或签名、用印，发信具体时间，随函附发的有关材料等四部分内容。

二、商务信函的写作要求

商务信函不同于文学作品创作。商务信函应清楚明确，不隐不曲。在写作商务信函的时候要注意以下几点：

1. 主题突出，观点明确

商务信函是为开展某项商业业务而写的，具有明显的目标，信函内容应紧紧围绕这一目标展开。不要涉及与主题无关的事情，以免冲淡主题，也不必像私人信函那样写入问候、寒暄一类的词语。

2. 面向对方，态度诚恳

为促进双方商务往来，所发信函应给对方一个好的印象，因此在写信之前要设身处地地在互惠互赢的前提下尽可能考虑对方的需求，还要考虑对方的地位身份、专业知识、文化程度、接受能力等，使对方正确理解并接受信中所谈内容。信函内容应实事求是，不要夸大其词，弄虚作假。

3. 语气平和，谦恭有礼

商函往来要尊重对方，讲究文明礼貌，如收到对方来函，应尽快给予答复，拖延回信的做法是不礼貌的。为了达到商务往来的目的，应注意写信的口吻和语气，商业信函的语气要求平和，要平等相对，不得用命令和变相威胁的语气，要做到不卑不亢、用词准确，不要用一些晦涩或易引起歧义词语，避免使对方产生误会或产生经济纠纷。

4. 清楚简洁，注意修辞

信函内容与形式都要做到清楚简洁。清楚简洁的书信最受欢迎，要避免使用长句冗词以及不必要的修辞，商业信函以实用为主，它不像文学作品那样讲究修辞，但必要的修辞也是可以的。不通顺和逻辑混乱的语句会影响意思的表达和信息的交流。

信函写好后要检查一遍，除核实内容是否完整，事实是否准确外，还要检查语句是否有毛病，信函是否能为对方所理解和接受，经检查认为满意后再签名发出。

三、常用财经信函写作介绍

（一）推销函

1. 推销函的概念

推销函是向对方销售产品而使用的一种业务信函。

2. 推销函的结构

（1）标题。

标题可以写成"推销函"，也可以写成"推销××（产品）函"。

（2）正文。

① 开端语，主要说明发函目的，要求简明扼要地告诉客人我们是怎样得知他的需求信息的。

② 产品介绍，要求详细地描述所推荐产品，越全面越好，重点突出产品的特色。

③ 详细介绍产品品名、性能、材料、价格、产品规格、包装规格、技术参数、生产时间、样品提供等情况。

④ 价格要求在概括产品的优点时提出，报价时要用小单位。

⑤ 望能够得到客人的评价及回复，如有任何疑问，欢迎随时沟通。

⑥ 结尾语要求能尽量激发消费者的购买欲望，并留下公司的详细联系方式。

（3）落款。

落款要写明发函公司，标明年、月、日。

【例 4-4.1】

推 销 函

尊敬的××公司：

  我方从《解放日报》的广告上获悉，贵公司最近在苏州开设了一家机械设备制造公司，并已顺利投入生产。我方是一家有良好声誉的轴承生产企业，有意向贵方提供最新型的、耐用、价格合理的神力牌轴承系列产品。我方相信，这些产品会满足贵公司的生产需要。随信附上的是目录与价目表。希望有机会向贵公司提供优质的产品。

  此致

敬礼！

  附：联系方式

  价格表

  产品目录

神力集团南通轴承有限公司
2021 年 03 月 11 日

【案例评析】 推销函是向对方销售产品而使用的一种业务信函，在写作时要简明扼要,一目了然。推销的文字不要多,函不要太长。记住:越简单越好。而在实际工作中我们常常出现用太多的文字来说明我们自己公司的背景或者是荣誉等,其实这是很大的败笔。因为,买家每天都会收到很多推销邮件,很少有时间来研究你的公司背景。那么买家何时才会研究我们公司的背景呢?可能是在想和我们真正发生业务合作时才会用时间研究公司的背景资料。然而,到这种地步不可能是第一封邮件能做到的,也不是第一封邮件要去做的。

(二)询价函

1. 询价函的概念

询价函是买方向卖方询问某项商品交易条件所写的信函。

2. 询价函的结构

(1)标题。

标题一般写明"询价函"三字即可。

(2)称谓。

称谓在顶格写上受函人(公司)名称。

(3)正文。

正文主要写明向卖主索要主要商品目录本,价格单商品样品样本等也可以询价单和发订单的方向询问某项商品的具体情况。最后要明确提出"以上意见可否,请函复""敬请函复""特此函告"等。

(4)落款。

落款要写明发函公司和具体日期,并要加盖公章。

【例4-4.2】

询 价 函

_____:

我公司拟购下表所列材料,现请贵公司报价。

序号	产品名称	规格型号	标准	单位	数量	单价	交货期	到货地点
1	强力钢珠MCE-6024			盒				
2								
3				箱				
4				桶				

1. 报价应注明运费由哪方承担。

2. 我公司结算方式为:货到验收合格后,由卖方开具专用发票,买方应付给卖方相应货款。

3. 报价单请注明到货时间。

请贵公司收到询价函后速回复!

联 系 人:张可

联系电话:0514-57513392

单　　位:××集团南通轴承有限公司

三、报价函

1. 报价函的概念

报价函是卖方向买方提供某项商品有关的交易条件所写的信函。

2. 报价函数的结构

(1)标题。

标题一般写明"报价函"三字即可。

(2)正文。

正文包括产品介绍、产品信息、结算方式、包装运输等内容。

(3)结束语。

结束语如"恭候佳音"等。

(4)落款。

落款要写明发函公司和具体日期。

【例4-4.3】

报 价 函

客户名称:江苏××机械制造有限公司　　发件单位:××集团南通轴承有限公司

传真电话:0513-6351337　　　　　　　　传　　真:0514-57513392

收件人:陈　光　部长　　　　　　　　　　发件人:刘于吉

江苏××机械制造有限公司:

感谢贵司长期以来对××集团工作的大力支持和对神力轴承的信任!在你们的关心支持下我们的工作得以正常、有序地开展。在此,对贵公司的大力支持与合作表示诚挚的谢意!

现将我公司所能提供的轴承产品型号规格报价如下:

序号	产品名称	产品型号	品牌	单位	数量	含税单价(元/套)	合计金额	备注
1	滚动轴承	6207	C&U	套	1	××	××	
2	滚动轴承	6000	C&U	套	1	××	××	
…	…	…	…	…	…	…	…	
6	合　　计				5	×××	×××	

神力集团将秉承"诚信是基石,双赢是动力,团结、合作是一条最好的路"的经营理念,坚持向客户提供精品的原则,努力提高产品品质和服务质量。凭借着双方的诚挚与努力,我们的合作一定会更加成功、愉快!

顺颂商祺!

××集团南通轴承有限公司

20××年6月18日

【案例评析】 报价函是卖方向买方提供某项商品有关交易条件所写的信函,主要是介绍产品的有关信息,如质量规格标准,可以提供的数量、结算方式、包装运输等方面的内容。

四、订购函

1. 订购函的概念

订购函是指买卖双方经过反复磋商,在彼此均接受了交易条件后由买方向卖方出具的商品订购函件。

2. 订购函的结构

(1)标题,写明"订购函"三字即可。

(2)正文,一般都应包含商品名称、牌号、规格、数量、价格、结算方式、包装、交货日期、交货地点、运输方式、运输保险等内容。

(3)落款,写明发函公司和具体日期。

【例4-4.4】

订 购 函

××先生:

贵公司20××年×月×日的报价单收悉,谢谢。贵方报价较合理,特订购下列货物:

ESCL冰箱5台	单价1200元	总计6000元
ESDL冰箱5台	单价1100元	总计5500元
ESEL冰箱5台	单价1000元	总计5000元
ECCL冰箱5台	单价800元	总计4000元

结算方式:转账支票

交货地点:××市××港口

交货日期:20××年×月×日前,请准时运达货物。

我方接收到贵方装运函,将立即开具转账支票。

请即予办理为盼。

神力集团南通轴承有限公司
20××年04月13日

【案例评析】 这则订单的要求很明确,对款项的支付也有明确的承诺,是一封比较好的订购函。

五、索赔函与理赔函

(一)索赔函

1. 索赔函的概念

索赔函是指买卖中的任何一方以双方签订的合同条款为根据,具体指出对方违反合同的事实,提出要求赔偿损失或维护其他权利的书面材料。

2. 索赔函的结构

(1)标题。标题的形式比较灵活,既可以根据实际情况写成包括索赔事由+文种的完全标题。

样式,如《关于××的索赔函》,也可以简明扼要的写成不包括索赔事由而只写文种的简单标题形式,如《索赔函》。

(2)编号。编号是为了联系与备查用,写在右上角,一般由年号、字号、顺序号组成。

(3)受函者。受函者要写受理索赔者的全称。

(4)正文。正文的内容包括:缘由,提出引起争议的合同及其争议的原因;索赔理由,具体指出合同项下的违约事实其根据:索赔要求和意见,根据合同及有关国家的商法、惯例,向违约方提出要求赔偿的意见或其他权利。

(5)附件。为解决争议,可以将有关的说明材料。证明材料来往的函电作为附件。

(6)落款。落款要写明发函公司和具体日期。

【例4-4.5】

索 赔 函

南通××物流有限公司:

2020年5月1日,我公司委托贵公司将一百六十一箱的滚动轴承,由南通发货至上海,我公司于2020年5月2日到贵司提货发现货物只有一百六十箱,缺失一箱。经清点,缺失货物为滚动轴承(型号ZC-6305)五十个,人民币总价值为一千五百二十五元。我公司向贵公司郑重要求赔偿此次缺失货物总价值的费用损失。

以上是我公司的最低要求,请贵公司于10个工作日内将上述赔偿金额支付到我公司账户上。

顺祝商祺!

×追×集团南通轴承有限公司
2020年5月9日

(二) 理赔函

1. 理赔函的概念

理赔函是指合同争议和纠纷产生后,违约一方受理遭受损失一方的赔偿要求的信函。

2. 理赔函的结构

(1) 标题。标题的写法与索赔函相同。

(2) 正文。正文包括引述来函要点、表明乙方态度、提出处理意见三部分内容。

(3) 落款。落款要写明发函公司和具体日期。

【例4-4.6】

理 赔 函

××集团南通轴承有限公司:

贵公司于5月9日的来函已收悉。信中提到的一箱滚动轴承丢失的问题,我公司立即进行了全面调查,发现是由于运输过程中工作人员不慎将其遗失。这是由于我公司工作失误造成的,对此我们向贵公司表示诚挚的歉意。

我公司对于贵公司在信函中提出的有关要求和处理意见完全接受。对于因此造成的贵公司不必要的损失,我公司将负责赔偿,我公司将在最短时间内责成有关人员办理此事。

这件事的发生给我公司的管理工作敲响了警钟。我公司将在生产管理中进一步强化责任意识,杜绝此类事件的再次发生。

特此函复。

南通××物流有限公司
2020年5月12日

【案例评析】 这则理赔函非常明确地承认了己方应该承担的责任,没有推诿,没有狡辩,也提出了解决的措施,以及表示了加强管理的承诺,有利于事情的解决。

六、催款函

(一) 催款函的概念

催款函是一种催交款项的文书,是交款单位或个人在超过规定期限,未按时交付款项时使用的通知书,即有商务性质又有法律内涵。

(二)催款函的结构

1. 标题和编号

如果催收的是紧急的款项,可在标题前写上"紧急"二字。标题一般要注明编号,便于查询和联系。

2. 催款和欠款单位的名称和账号

催款函要清楚、准确地写上双方单位的全称和账号,必要时,要写明催款单位的地址、电话及经办人的姓名,若是银行代办催款的,还必须写明双方开户银行的名称及双方账号名称和账号。

3. 催收内容

这是催款函的主体部分,应清楚、准确地写明双方发生往来的原因、日期、发票号码、欠款的金额及拖欠的情况,以便使受文单位明确情况,及时交款。

4. 处理意见

催款方在催款函上提出处理办法和意见,这种意见一般都是从以下三个方面予以说明:

① 要求欠款户说明拖款的原因。
② 重新确定一个付款的期限,希望对方按时如数交付欠款。
③ 再次逾期不归还欠款将采取的措施,如收取逾期罚款。

5. 落款

落款要写明催款单位的全称,并加盖公章,然后注明发文日期。

【例4-4.7】

催 款 函

敬的客户:

非常感谢贵公司给我公司的支持与帮助!

截止年月份,贵公司所欠货款_____元(大写),我公司至今仍未收到。

由于欠款时间已达年以上,按贵我双方协定现已严重超出了付款期限,财务不能结账。或许贵司领导由于工作繁忙,一时耽搁未付,请贵公司接到此通知后及时支付货款。

诚信是基石,双赢是动力,望贵公司收到此函后能及时将所欠货款汇至我公司账户。

收款单位:神力集团南通轴承有限公司

账户:

账号:

顺祝商祺!

神力集团南通轴承有限公司
年 月 日

【案例评析】 这则催款函有理、有据、有节,先是阐明本单位的意思,然后对对方失信的原因也委婉地表示理解,为双方继续合作留了余地。

任务五　招标书和投标书

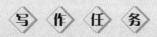

××市质量技术咨询培训中心网站建设招标书

1. 招标邀请

××市质量技术咨询培训中心网站建设项目进行公开招标,先邀请有意参加本次招标活动的投标人参与本项目。

- 项目名称:××市质量技术咨询培训中心网站建设
- 投标须知:详见2
- 项目时间:两个月
- 投标截止时间:20××年7月18日下午5:00。

投标单位必须在此时间前,将投标文件直接递送或邮寄到投标地点,逾期的投标文件将被拒绝。

- 投标地点:××市六榕路65号六榕大厦七楼××市质量技术咨询培训中心办公室,邮编:510180
- 开标地点:××市六榕路65号六榕大厦七楼××市质量技术咨询培训中心办公室

2. 投标须知

2.1　投标费用

投标方需承担与本投标有关的自身所发生的所有费用,包括标书准备、提交以及其他相关费用。无论投标结果如何,招标方不承担、分担任何相关费用。

2.2　投标书要求

投标方在投标之前必须认真阅读本招标书所有内容,投标方因未能遵循此要求而造成的对本招标书要求投标方所提供的任何资料、信息、数据的遗漏或任何非针对招标书要求项目的报价均须自担风险并承担可能导致其标书被招标废弃的后果。

2.3　投标书组成

- 投标书
- 网站建设详细的设计方案和实施计划
- 网站栏目设置方案及网站首页设计样稿(电子版)
- 服务承诺条款(包括调试、维护、培训)
- 费用估算表
- 对项目响应时间给出详细说明

- 附件：
1. 授权书
2. 资格证明文件
3. 投标单位情况介绍

2.4　投标书形式

a. 投标方须准备1份投标书原件及4份副本，并分别在封面上的明显位置标明"原件"及"副本"字样。当原件与副本内容不一致时作废标处理。

b. 所有投标书(原件及副本)须打印成册，由法定代表人或其他授权人签署。

c. 投标书中不得有任何擦涂、更改痕迹。若须更改错漏，须由投标书签发人在更正处加签。

d. 投标方提交的所有资格证明资料不得有假。

e. 招标方不接受电传或电报等不密封的投标书。

2.5　开标

收标截止日后三日内开标，届时招标方将审查投标书是否完整，并以此进行初审，所有不符合要求的投标书将作为废标处理。

请根据以上案例模拟写一份招标书。

一、招标与投标概述

1. 招标与投标的含义

招标是由招标人发出招标通告，说明需要采购的商品或发包工程项目的具体内容，邀请投标人在规定的时间和地点投标，并与所提条件对投标人最为有利的投标人订约的一种行为。

投标是投标人应招人的邀请，根据招标人规定的条件，在规定的时间和地点向招标人的标以争取成交的行为。

2. 招投标的程序

（1）发布招标广告、启示或邀请书；

（2）欲投标者出示有关证件和材料，填写报名登记表，递交投标申请书；

（3）招标方对投标者进行资格审查；

（4）招标方宣布或通知资格审查合格者，送发招标书；

（5）招标方介绍招标企业情况或商品要求；

（6）投标方撰写投标书，把投标书密封送招标方；

（7）组织投标方公开演讲、答辩；

（8）招标方组织审标、议标、评标、定标；

（9）招标方向中标者发中标通知书；

（10）招标方向未中标者退投标书。

二、招标书

1. 招标书的含义

招标书又称招标说明书、招标通告、招标启事,是招标人为了征召承包者或合作者,而对招标的有关事项及要求做出合理的解释和说明,利用投标者之间的竞争,从而达到优选投标人的一种告知性文书。这是订立合同的一种法律形式。一般正式投标书都采用广告、通知、公告等形式发布。

2. 招标书的特点

(1) 规范性。

规范性即招标书的制作过程和基本内容要符合《中华人民共和国招标投标法》的基本规定和要求。

(2) 公开性。

公开性即招标需本着公开、公平、公正的原则进行,招标书要公开发表或向所有投标者提供,中标结果也要发表或向所有投标者通报,整个过程具有透明性和公开性。

(3) 竞争性。

招标书的发放就是吸引竞争者的加入,而从投标者中优选合作者的做法也决定了招标书具有竞争性。

3. 招标书的种类

(1) 按内容及性质分,可分为企业承包招标书、企业租赁招标书、工程建设招标书、劳务招标书、大宗商品交易招标书、科研课程招标书和技术引进或转让招标书等。

(2) 按范围分,有面向企业内部系统内部的招标书和面向全社会的公开招标书,或本地区招标书和外地招标书,非竞争性招标书和排他性招标书等。

(3) 按时间分,可分为长期招标书和短期招标书。

4. 招标书的结构

写作招标书的目的是邀请投标人参加投标,招标书的写作比较概括,不必写得很详细,具体条件可另用招标文件说明发送或出售给投标人,招标书的内容主要包括:招标单位和招标项目名称、招标项目的具体要求、投标资格与方法以及技术质量时间等要求,投标开标的日期地点和应交费用等。招标书的结构一般由标题、正文和结尾三部分构成。

(1) 标题。标题通常由招标书、单位名称、招标项目名称构成,在形式上可分为单标题和双标题。

单标题如《××生物工程高等学校消防工程招标公告》,或者《招标公告》等。

双标题包括正标题和副标题。正标题标明招标单位名称和文种的名称,副标题点明招标项目,如《××贸易公司国际招标公告——××配套工程》。

(2) 正文。一般用条文式,也有的用表格。正文是对于投标的条件和要求,招标开标的日期等投标人应知事项做简要概括,分条列出。招标公告的正文应当写明招标单位名称、地址、招标项目的性质和数量、实施地点和时间,以及获取招标文件的办法等各项内容,其写作结构一般由开头和主体两部分组成,开头部分,也就前言或引言,简要写明招标的缘由、目的或依据,招标项目和商品。主体是招标公告的核心,要详细写明招标内容、要求及有关事项。有的招标公告还带有附件,将一些复杂的内容,如项目数量、工期、设计勘察等资料作为附件列于文后或作为另发的招标文件。

(3) 结尾。落款主要包括单位名称、地址、联系电话、传真、邮政编码、电子邮箱等。必要时还需写上开户银行及账号。

5. 招标书的写作注意事项

(1) 内容合法合理,切实可行。招标书的要求和应知事项,要符合国家有关法规法律政策规定,技术质量标准要注明国际标准、国家标准、部颁标准或者是企业标准;招标方案既要科学、先进,又要适度、可行。

(2) 语言表述应简明、准确。遵循招标公告的制作要求,语言简洁、用词准确,文字、数据、图表精确无误,尽可能使用精确语言,而少用模糊语言,没有歧义。

(3) 重点明确,内容完整。招标项目是招标书的核心内容,对其有关情况、招标范围具体要求等都要写清楚,如建设工程项目应写明工程名称,建筑规模技术质量要求进度要求,对建筑材料的要求等内容要全面、科学、严谨,不应有任何遗漏。

【例4-5.1】

××学校消防维保服务项目招标公告

根据《中华人民共和国消防法》和《江苏省消防条例》等规定,结合学校情况,现对学校消防维保服务项目进行公开招标,诚邀符合相关资格条件的投标人(供应商)前来投标。

一、项目编号:ycswxx20××-10

二、招标内容:学校消防维保服务项目　　预算金额:10万元/年

三、投标人资格条件

投标人必须符合《政府采购法》第二十二条之规定并具备以下条件:

1. 投标人资质类别和等级:投标人必须是经工商行政管理机关注册的企业法人,且具有行政主管部门核发的资质证书(投标时须提供营业执照及资质证书原件,以供备查)。

2. 拟派项目经理应具有相应的资格证书。

四、招标文件发放(获取)

发放时间:20××.8.18.9:00—20××.8.23.16:00

发放地点:盐城市××高等学校招标采购中心

五、投标截止时间及要求:投标人请于8月24日上午9:00前将投标文件装订密封加盖公章后,送至××高等学校招标采购中心。

六、投标保证金

本次采购投标保证金金额为:伍仟元人民币。

七、招标人情况

招标人名称:盐城市××高等职业技术学校

采购单位联系人:刘老师　电话:13726227551

盐城市××高等学校
20××年8月19日

【案例评析】　招标书的写作要符合国家有关法规法律政策规定,技术质量标准要注明遵循的有关标准,语言要简洁、用词准确,文字、数据、图表等表述要精确,对招标项目、招标范围、具体要求等有关情况都要写清楚。本例中的招标事项、具体要求等内容都已经阐述清楚,投标企业可以根据这份招标书制作相应的投标书进行投标了。

三、投标书

1. 投标书的含义

投标书又称投标说明书,简称标书。它是指投标人应招标者之邀,为了中标而按照招标人的要求,具体的向招标人提出订立合同的建议,是提供给招标人的备选方案。投标和招标是相对应的,先有招标后有投标。

2. 投标书的特点

(1) 针对性。

投标书的内容都是按照招标书提出的项目、条件和要求而写,针对性强。

(2) 求实性。

投标书对投标项目的分析、对己方优势的介绍、拟采取的措施和承诺等都具有实事求是、求真不虚假的特性。

(3) 合约性。

投标书以实现合作、签署合同为目的。

3. 投标书的种类

投标书有各种不同的分类。按投标方人员组成情况,可分为个人投标书、合伙投标书、集体投标书、全员投标书和企业(或企业联合体)投标书等。按性质和内容,可分为工程建设项目投标书、大宗商品交易投标书、选聘企业以经营者投标书、企业租赁投标书和劳务投标书等。

4. 投标书的结构

投标书的内容与招标书相对应,要对招标的条件和要求做出明确的答复和说明。投标书的结构一般由标题、称谓、正文、附件、落款几部分组成。

(1) 标题。

标题一般由投标方的名称、投标项目和文种组成,如《千和建筑公司承包××学院农业实训大楼工程投标书》。也可由投标方的名称与文种两部分组成,如《××建筑工程公司投标书》,也可用文种直接做标题,如《投标书》。

(2) 称谓。

称谓也就是招标单位名称,即投标书的主送单位,要顶格书写招标单位的全称,后加冒号,与书信的称谓和写法相同。

(3) 正文。

投标书的正文有的只需用简洁的文字直接表明态度,写明保证事项即可;有的也可根据需要介绍一下本单位的情况,或者写明其他应标条件及要求招标单位提供的配合条件等;必要时也可附上标价明细表。正文可分为前言、主体和结尾三部分。

① 前言。前言又称引言,用来简明扼要的说明投标方的名称、投标的方针、目标及中标后的承诺等内容。

② 主体。这是投标书的核心部分,要依据招标书的要求,认真细致地写好。不同类型的标的投标项目需要写明的指标是不同的。要具体写明投标项目的内容和指标,实现指标的具体措施以及其他需要说明的应标条件和事项。另外,投标单位对招标方的建议,如希望对方给予配合、创造条件的也可一并表达,这部分可用条款是表格式和条款表格集合式,但无论采用什么形式,都必须做好报价,尽量减少投标风险。

③ 结尾。投标书一般都有附件。如担保单位的担保书,正文主体附带的必备表格等。以建筑工程投标书为例,附件包括工程量清单和单位工程主要部分的标价明细表、单位工程的主要材料、设备标价明细表。

(4) 落款。

投标书要写明投标单位的名称、法人代表姓名并盖章、地址、联系电话、传真、邮政编码、联系人等,以便招标单位进行联系,还要注明投标日期。表格式投标书一般是由招标单位编制的,投标方只需按要求填写即可。

投标书一般还要制作封面,封面上要写明标题,如单位工程投标书,然后按顺序写明投标工程名称、投标单位名称、投标单位负责人姓名,下写投标日期。

5. 投标书的写作注意事项

(1) 情况要了解清楚。

起草投标书前一定要了解清楚各方面的情况:一是全面了解招标公告的内容,特别是其所提供的招标项目的有关情况,如招标范围、规定招标方式等;二是全面了解招标项目的市场情况,要对招标项目进行周密的调查研究和准确分析,掌握市场信息,做到知己知彼,成本核算要合理,报价要适当,这样既能展示自身的竞争能力又能在中标后获得一定的经济效益。

(2) 要实事求是

投标方必须在认真研究招标书的基础上,客观估计自身的技术、经济实力和相应的赔偿能力,经过专家的充分论证后,再决定是否投标。投标者对自身条件和能力的介绍要实事求是,不虚夸,不溢美。投标书中提出的措施、办法要切实可行。

(3) 内容表述要明确具体规范

投标书的内容关系到能否尽可能中标,要注意与招标书相对应,对工程目标、造价、技术、设备、质量等级、安全措施、进度等做出明确的回答和说明,数字要精确,单价、合计总报价均应仔细核对,投标书的体式也要完整无缺。

(4) 要讲究时效性。

招标单位招标的目的在利用投标人之间的竞争以达到优选买主和承包租赁合作者的目的。招标书中都明确确定了时限,过时不候。所以,投标一定要讲究时效性,要在规定的时限内写好并送出投标书才有可能中标。

【例 4-5.2】

投 标 书

致：

根据项目(采购编号:)招标文件的要求,我投标人正式授权下述签字人(姓名)代表投标人(投标单位名称)和投标人法定代表人、本项目项目经理,提交投标文件 __1__ 套(正本1份,副本2份)。

根据招标文件的要求,遵照《中华人民政府采购法》、《中华人民共和国招标投标法》、《盐城市政府采购实施细则》等有关规定,我单位经研究接受招标采购单位招标文件提出的各项条件,有关内容分述如下：

经考察现场并仔细研究了上述工程的招标文件、图纸及相关资料全部内容后,我方愿以最终报价人民币(大写)<u>叁佰玖拾伍万贰仟柒佰捌拾元</u>(小写3 952 780 元)的总价,并按上述招标文件、图纸及相关资料的条件要求承包上述工程的实施、完工和维修。其中文明施工费<u>23 892</u>元。

一旦我方中标,我方保证按照招标文件规定的开工日期,即：

_____年____月____日开工至20××年____月____日,共计____天(日历日)内竣工并交付全部工程。工程质量达到国家施工验收规范合格标准。

如果我方中标,我方将按照规定提交履约担保。

我方的金额为人民币<u>伍万元</u>的投标保证金(现金)与本投标文件同时递交。

我方同意本投标书在招标文件规定的投标有效期截止前一直对我方有约束力,且随时按此投标书中标。

投标人同时宣布同意如下：

1. 已详细审阅招标文件,将严格按照本项目招标文件的规定参与本次招标活动,保证报价文件不偏离招标文件的规定。

2. 同意投标文件具有法律约束力,报价如被确定为中标报价,保证按招标文件的规定与采购人签订合同。

3. 保证所提供所有资料的真实性和有效性,并同意随时按要求提供可能另外要求的与投标有关的任何证据或资料。

4. 保证如被确认为成交人,能够严格按照与采购人签订合同的规定及时完成各项工作,并满足采购人其他的合理要求。

5. 无条件地、不可撤销地保证向采购代理机构支付总额人民币伍万元(￥50 000元)的投标保证金,承诺如有下列情形之一时,采购代理机构有权不予退还:

(1) 开标后,我方在投标有效期内撤回投标;

(2) 提供虚假材料谋取中标;

(3) 在收到中标通知后,我方未能按中标通知书规定的时间和地点与采购人签订合同。

投标人概况如下:

单位名称(公章):

单位地址:

法定代表人签章:

投标代理人签章:

项目经理签字:

联系电话:

签发日期:_____年___月___日

【案例评析】 这份投标书严格按照招标书的要求制作,回答了招标书中提出的有关要求,实事求是地介绍自身条件和能力,提出了切实可行的措施和办法,是一份比较完整和客观的投标书。

任务六　商业贷款申请书

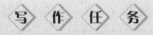

贷款申请书

广州农商银行冼村支行:

广州市××公司成立于1994年,主要从事××业务,公司近三年来处于稳健发展阶段,为了完善及扩大经营,我司向广州农商银行冼村支行申请××元综合授信,望批准!

××公司
20××年×月×日

请根据贷款申请书写作的要求将上面这则案例补充完整。

▶▶▶ 一、贷款申请书的定义

贷款申请书是指贷款人因经济活动需要向有关职能机关或金融机构提出贷款要求的事务性文书。

二、贷款申请书的种类

按写作方式,有短文式和表格式两种。

三、贷款申请书的格式和写法

短文式贷款申请书的格式和写法如下:

1. 标题

贷款申请书标题的完整格式由申请贷款单位、事由和文种组成,如《××公司关于扩大生产线的贷款申请》;有的由事由和文种组成,如《装修贷款申请书》。

2. 主送单位

指贷款批准的部门或机构。标题下第一行顶格写。

3. 正文

正文主要包括以下几方面内容:

（1）陈述贷款单位的基本情况及经营状况,包括地址、生产经营品种、资产金额、近期生产效益等。

（2）贷款的依据和贷款的必要性、重要性、迫切性。

（3）贷款的用途、金额、期限。

（4）贷款后可获得的经济效益。

（5）偿还贷款的办法、来源和期限。

4. 结尾

写明贷款单位名称和日期。

表格式贷款申请只需按要求准确填写即可。

【例4-6.1】

贷款申请书

_____支行:

　　_____有限公司创建于_____年,至今已有_____多年历史。公司拥有_____条生产线年产_____产品_____万吨。公司_____年获得中国质量认证中心认证取得_____质量体系认证书。严密完善系统的管理体系,确保了公司能连续稳定生产各系列高质量产品,并不断创新,提升企业竞争力。公司所在地紧临(机场\港口\高速路\铁路),海陆交通发达,有利于国际国内市场开拓,公司获得_____生产许可证,生产的产品销售到全国_____多个省地市,应用于_____行业。目前产品价格有一定上涨,处于供不应求的局面,公司盈利水平明显提高。公司现有员工_____人,各类专业技术人员_____人。占地_____余亩,注册资本_____万元,资产总额_____万元,年均销售收入可达_____亿元,实现税金

_____万元,已经迈入新一轮快速发展的新平台。_____年市场趋好给公司创造了难得的发展机遇。公司决定同时进行设备挖潜和新技术改造,扩大产能,以满足市场不断增长的需求。

今年主要原材料价格涨幅较大,同时公司预计_____年下半年销量都会有一定增加,库存原材料无法满足扩大后生产需求,需要增加流动资金以扩大原材料库存,保障生产。

因此特向贵行提请流动资金贷款_____万元,用于购进原燃料储藏物资。公司用新增销量所增加的收益及折旧资金作为还款来源,以公司所有的土地使用权及生产厂房\设备作为抵押。贷款使用期为两年。希望贵行给予我公司授信和贷款支持,帮助我公司实现新的发展!

此致

敬礼!

申请人:

申请日期:

【案例评析】 这是一份企业申请贷款的请求书。在申请书中企业陈述贷款单位的基本情况及经营状况,阐明了申请贷款的必要性、重要性和迫切性,也说明了偿还贷款的办法、来源,以及预期可以获得的经济效益。这样银行在收到这份申请书后就有了一个初步的判断,有利于下一步的审核和考察。

任务七　企业所得税减免申请书

减免所得税申请新和县国税局

　　新和县尤鲁都斯巴格镇新星蓝鸽农民专业合作社成立于2014年8月20日,注册地址:新和县尤鲁都斯巴格镇吐热艾日克村1组。法定代表人:肉孜·吐尔地。注册资金50万元。公司类型:专业合作社。经营范围:农产品种植与销售;蔬菜种植与销售;畜牧养殖与销售以及畜生产经营有关的技术服务;家禽养殖与销售;家禽饲料加工与销售;农业生产资料的购买,贮藏(农药除外)农业技术信息服务。根据中华人民共和国所得税法第27条文件规定,农、林、牧、渔业项目所得符合《财政部国家税务局关于农民专业合作社有关税收政策的通知》关于免征、减征所得税的要求,特申请办理所得税减免请你局给予办理手续,为盼!

新和县尤鲁都斯巴格镇新星蓝鸽农民专业合作社
2014年12月10日

请思考企业在申请减免所得税时要注意哪些事项?

一、含义

企业所得税减、免申请书,是指企业根据国家政策或遇有特殊情况而向税务部门申请减、免的文字材料。企业所得税的纳税期限,是由税务机关根据纳税人应纳税额的大小分别核定,并要求按日、按旬、按半月预缴的,而且应在纳税期满后 3 日内缴纳完毕;预缴税款又是按季结算。纳税人应分别于月底或季终后 10 日、20 日内报送纳税申请表办理结算,年终办理汇算清缴。年度终了应于 35 日内填报纳税申请表,办理多退少补手续。减、免申报书必须在规定清缴时间前呈送,否则会受到税法的有关规定处罚。

二、结构与写法

企业所得税减、免申请书由减、免税申请审批表和申请报告书两大部分组成。

1. 申请报告书

申请报告书由标题、受文单位、正文、签署和附件五部分组成:

(一) 标题

写明《关于免缴国有企业所得税的申请》即可。

(二) 受文单位

写明文件的编号及收文税务机关名称。税务机关为税务部门征收局。

(三) 正文

写明申减、免税的项目、税种、税款、减免期限和原因,重点是由申请减免理由和申请减免要求两大块组成。撰写申请理由时,要认真研究税收政策,从下述两个方面提出充分理由:首先要根据财政部规定,研究本企业生产的产品是否属于减、免税范围;其次要提出本企业所遇到的特殊情况,并说明它给本企业所造成的特殊困难,申请一次性或定期减、免税。撰写申请减、免税要求时,要注意写明申请减、免税的时间区限,有的要写明减、免税款额。

【例 4-7.1】

我单位19××年×月在民政部门和××厂的扶植下办起来的,现有职工××人,其中残疾人××人,占生产人员总数的50%。根据×民发[19××]第××号文件《关于保护和支持社会福利企业安置残疾人员就业的若干问题的规定》、×政发[19××]第××号文件《×××市残疾人安置管理办法》和国家税务局对安置残疾人员就业的有关规定精神,特申请免缴所得税。时间自××年×月×日起至×月×日止。

【案例评析】 该例文言简意赅地写明了申请免缴所得税的理由根据和期限。

(四) 尾部

由结尾用语、签署和附件构成。

工业企业申请产品减免税,必须附送有关成本表;商业、服务业以及事业单位申请减免税,必须附送经营情况表。

结尾用语一般使用"请审批""请批准为盼"。签署写明申请单位全称和申请日期,并加盖单位公章。写明随申请书递交的附件名称、件数,并标明序号。

三、写作要点提示

1. 申请减免所得税的理由要充分

减免税申请书的理由有:政策性减免、社会减免、灾情减免、企业因经营困难申请减免等。要根据减、免所得税的政策规定,有针对性地写明企业的特殊困难。

2. 必须如实填写表格所列各项内容

包括:

(1) 纳税单位名称全称;

(2) 纳税单位负责人姓名;

(3) 营业执照号码;

(4) 生产经营业务范固;

(5) 申请减免税前一年度生产经营情况;

(6) 申请减免税时缴纳其他各税情况;

(7) 本年生产经营计划和计划利润;

(8) 申请减免税的产品或经营业务;

(9) 预计减免税款;

(10) 附送资料。

【例4-7.2】

江苏黄海农贸有限公司关于2013年度从事农林牧渔业项目
所得免征企业所得税的申请

东丰县国家税务局新城税务分局:

我公司位于东丰县城东路121号,有固定经营场所。法人代表:刘海华。经营范围:大蒜、果蔬购销、冷藏、初加工,在中国工商银行东丰支行开立基本结算账户。注册资金300万元,于2011年2月6日在东丰工商行政管理局注册登记,注册号为120873452,于2011年2月12换发税务登记证,税号为003892672。

2013年我公司经营的大蒜等蔬菜经挑选、切割、预冷、分级、包装等简单加工处理,实现销售收入1 200 000元,大蒜2013年度收购468吨。对于大蒜等蔬菜的简单加工,属于《财政部国家税务总局关于发布企业所得随优惠政策的农产品初加工范围(试行)的通知》(财税[2008]149号)第一类(种植业)第三条(园艺植物初加工)第一项的蔬菜初加工范围,根据《企业所得税法》第二十七条第一项规定,企业从事农林牧渔项目的所得,可以免征、减征企业所得税,同时,《企业所得税法实施条例》第八十六条第一项进一步规定,企业从事农产品初加工的所得,免征企业所得税,我公司经营的大蒜等农产品,属于农产品初加工范围,其免征所得税为5 104.19元。

根据《国家税务总局关于印发〈税收减免管理办法(试行)〉的通知》(国税发[2005]129号)第五条之规定,我公司的农产品初加工所得免征企业所得税的税收优惠政策,属于事前备案类项目,请登记审核。

江苏黄海农贸有限公司
2014年1月12日

【案例评析】 这则减免所得税的申请内容和结构都符合要求,实事求是地提出了申请理由,是一份比较好的申请。

小　结

经济合同这类文书的写作格式非常固定,包括招投标文件在内,几乎所有经济合同类文书的格式都被固定下来,我们要做的就是找到正确标准照章填写。说明书的目的就是准确地介绍产品,在撰写时要时刻体现说明性,让读者通过它真正地了解商品,正确地使用商品;同时在说明的过程中要尊重事实,用准确、简明、通俗易懂的语言恰如其分地加以说明,不能任意杜撰。

商务信函属于商务礼仪文书范畴,是企业与企业之间,在各种商务场合或商务往来过程中所使用的简便书信。买的是在商务活动中和贸易合作对象建立经贸关系、传递商务信息、联系商务事宜、沟通和洽商产销;询问和答复问题、处理具体交易等事项。

随着金融体制的改革和人们的消费观念的更新,贷款已走进人们的生活,贷款申请书已成为应用比较广泛的一种文体,它是单位和个人在资金紧缺的情况下与金融部门沟通的工具。贷款申请书要表明对资金的需要,使对方能清楚了解贷款者所需贷款的用途,便于审批。

思考与练习

一、简答题

1. 财经消息有哪几个种类?
2. 财经消息的一般特点是什么?
3. 在写作财经消息是要注意哪些事项?
4. 请说出经济合同的类型。
5. 经济合同的特点有哪些?
6. 在拟订经济合同时应注意的事项有哪些?
7. 产品说明书的特点是什么?
8. 根据写作方法的不同可以将产品说明书分为哪几种类型?
9. 请简要说出商务信函的含义及常用财经商务信函的种类。

10. 招投标的程序是什么?

11. 简要说出招标书的结构。

12. 在制作投标书是要注意的事项有哪些?

13. 贷款申请书的格式和写法是怎样的?

14. 如何写作企业所得税减、免申请书?

二、写作实训题

1. 合同语言须准确、周密,以防止产生歧义,造成纠纷。请指出下列合同语言中不确切的地方,并加以修改。

(1) 某公司从黑龙江省进口原木,合同中规定的质量标准为"直径50厘米以上"。

(2) 某合同中规定:"交货地点:上海。"

(3) 某合同中的"违约责任"中写道:"乙方如不能按期交货,每延期一天,应偿付甲方5%的违约金。"

(4) 某技术合同的"成交金额与付款时间、付款方式"写道:"项目开发经费十万元。甲方在合同签订后向乙方汇出三万元;乙方交付开发成果鉴定证书后,甲方付清全部余款并汇入乙方开户银行账号。逾期不付,将按加息20%收取滞纳金。"

2. 撰写一则房屋租赁合同。

江苏省家康商务公司与南通市蓝海湾房地产公司就其租赁蓝海湾房地产公司位于南通市濠湖大道566号蓝湾商务大厦一、二层门面达成意向。租赁门面3 000平方米,毛坯,无装修。租期6年,年租金40万元,每年年初一次性支付本年度租金。

要求:请代南通市蓝海湾房地产公司拟写一则房租租赁合同。

3. 撰写一则商品购销合同。

盐城职业技术学院筹建电子商务综合实训中心与深圳星火科技公司就其购买联想启天 M7150 计算机(100 台)达成初步意向。计算机每台价格3 500 元,安装到位。

联想启天 M7150(E6600/2G/500G)参数细节如下:

主要性能	电脑类型	商用
	CPU	Intel 奔腾双核 E6600
	CPU描述	双核心/双线程
	硬盘容量	500GB 查看硬盘报价
	内存容量	2GB 查看内存报价
	CPU频率	3.06GHz

4. 试指出下面这份合同存在的问题,并写出修改稿。

建筑工程承包合同

甲方:西丽化工厂

乙方:华西建筑公司

为建筑西丽化工厂西厂房,经双方协商,订立本合同。

① 化工厂委托承建方在甲方左侧建造西厂房壹座,由华西建筑公司按照甲方提供的规格、图样建造。

② 全部工程造价(包工包料)为人民币玖拾贰万柒仟元元整。

③ 甲方在订立合同后尽快付给乙方全部建造费的百分之六十,其余百分之四十在西厂房竣工并验收合格后抓紧结清。

……

④ 乙方建造的厂房如不符合附件一图样及国家有关规定标准,由乙方负责返修,返修费由乙方承担。如工程不能按时完成,由乙方按全部建造费的千分之一赔偿甲方的损失。甲方必须按双方协商日期交付建造费,若违约,由甲方按全部建造费的千分之一赔偿乙方。

⑤ 本合同一式叁份,甲乙双方及公证机关各执壹份。

本合同自签订之日起执行。

5. 商务信函写作。

学校欲添置一批教学实习用电脑1000台,让你负责采购。经过一系列工作,你最终选择了浙江志新网络科技有限公司的产品,产品安装后现在假设出了以下几种问题:因我方没有及时付款收到了对方的催款函,我方因部分桌椅有质量问题提出索赔,对方查证后出具理赔函,回收了部分不合格产品,并调换为合格产品,降低这部分产品原成交价的10%。

请你根据案例资料拟写询价函、报价函、订购函、催款函、索赔函、理赔函。

6. 阅读下列信函,回答文后问题。

××制革厂:

随函寄上貂皮小样六块,请查收。此种颜色①在韩国日本2015年是流行皮色,在接我样品后请贵厂协助抓紧试制②,要求各种颜色③生产两张寄我公司,以便供韩国日本客户确认和早日订货。请大力协助为盼。④

××进出口公司
20××年×月×日

问题:

(1) 请把具体的颜色补写在①处。

(2) ②句有多余的词,请删去。

(3) ②句语序不妥当,请改顺。

(4) ③句要求不明确,请改具体。

(5) 与④句同样的效果的礼貌用语,试举例。

7. 阅读下面这封信函,指出其存在的问题。

报 价 函

××公司:你们好!

你们×月×日的来信,我们已经收到了,从信中我们了解到你们公司向我们公司提出了增订××瓶罐头的要求。真对不起,由于市场竞争激烈,行情多变,一切商品买卖都随行就市,并且距上次供货已过半年,这么长时间了,现在的价格已涨至每瓶××元,不知道您公司还订不订货,一定要告诉我们,我们好早做打算。

20××年×月×日
××罐头厂

项目五

财经礼仪文书

◎ 掌握礼仪文书的性质和特点,了解礼仪文书的行文规则。
◎ 掌握各类礼仪文书的适用范围,掌握礼仪文书的格式。

◎ 能够按照礼仪文书的写作内容和写作要求写作常用礼仪文书。
◎ 能根据行业企业具体案例熟练写作欢迎词、欢送词、答谢词、感谢信、慰问信、邀请函、聘书、条据、自荐信。

任务一 欢迎词、欢送词、答谢词

在经贸活动中,企业间的交流、合作、洽谈生意,都少不了迎来送往的场合。这就需要用到欢迎词、欢送词和答谢词。这类礼仪文书往往具有临时性、应酬性、针对性、广泛性等特点。它篇幅短小,要力求点到为止。

▶▶ 一、欢迎词

写作任务

2021年9月××高等职业院校迎来了2021级新生,在全校新生大会上张校长发表讲话,向新生的到来表示欢迎,鼓励新一届学生继承学校"勤实践、多思考、强体魄、献爱心"的传统。培养面向未来的胸襟;培养社会责任感和爱国主义情操;学会尊重、合作和奉献。

根据以上内容,请以张校长名义拟写一则欢迎词。

（一）欢迎词的概念

欢迎词是在迎接宾客的仪式上或开会、举办宴会开始时，主人对宾客或会议代表的到来，表示热烈欢迎的讲话稿。

（二）欢迎词的分类

欢迎词从表达方式上分：

（1）现场讲演欢迎词。一般由欢迎人在被欢迎人到达时在欢迎现场口头发表的欢迎稿。

（2）报刊发表欢迎词。这是发表在报刊或公开发行刊物之上的欢迎稿。它一般在客人到达前后发表。

欢迎词从社交的公关性质上分：

（1）私人交往欢迎词。私人交往欢迎词一般是在个人举行较大型的宴会、聚会、茶会、舞会、讨论会等非官方的场合下使用的欢迎稿。通常要在正式活动开始前进行。私人交往欢迎词往往具有很大的即时性、现场性。

（2）公事往来欢迎词。这样的欢迎词一般在较庄重的公共事务中使用。要有事先准备好的得体的书面稿，文字措词上要求比私人交往欢迎词更正式和严格。

（三）欢迎词的特点

1. 欢愉性

中国有句古话"有朋自远方来，不亦乐乎"，所以致欢迎词当有一种愉快的心情，言词用语务必富有激情和表现出致词人的真诚。只有这样才可给客人一种"宾至如归"的感觉，为下一步各种活动的完满举行打下基础。

2. 口语性

欢迎词本意是现场当面向宾客口头表达的，所以口语化是欢迎词文字上的必然要求，在遣词用语上要运用生活化的语言，既简洁又富有生活的情趣。口语化会拉近主人同来宾的亲切关系。

（四）欢迎词的结构

1. 标题

标题一般由致词人、致词场合、文种三个要素构成，如"广东省省长×××在××会议开幕式上的欢迎词"，有时也可只写"欢迎词"三个字。

2. 称呼

称呼要求写在开头顶格处。要写明来宾的姓名称呼。如"尊敬的各位先生们、女士们""亲爱的××大学各位同仁"。

3. 正文

开头要写致词人以什么身份、代表谁、对谁表示欢迎，接着写来访或召开此次会议的意义、作用，或者述说两国或两个单位之间的友谊、交往，对过去合作成就的回顾或对此次活动的希望等。

4. 结尾

祝愿宾客来访或会议取得圆满成功,祝愿宾客与会议代表在访问期间、会议期间过得愉快。

5. 落款

包括署名和日期。

(五)欢迎词的写作要求

对欢迎对象的称谓要用全名,名字前要加"尊敬的"等字样,名字后要加头衔或"先生""女士"等词语。对外国元首来访,还应加上"阁下""殿下"等词语。

欢迎词要热情大方、不卑不亢。欢迎词一方面要使对方感到亲切、友好,另一方面对双方有分歧的问题,要坚持原则立场,不能迁就,应委婉、友好地表达出自己的原则,不至于造成令人不愉快的场面。

欢迎词的语言要简短,尽量合乎口语,同时要力求生动。

【例5-1.1】

第四届国际水产遗传学会议主席的欢迎词

女士们、先生们:

我非常愉快地代表大会组织委员会向应邀前来参加会议的全体与会者表示诚挚的欢迎。

本次大会将探讨水生生物、营养学、生理学、畜牧学中的各种遗传问题以及水生经济动物的疾病问题。会议的议题还将包括正在培养或有潜在培养价值的淡水、海水鱼类、两栖类、龟类、软体动物以及甲壳动物等。

我们还邀请诸位游览观赏武汉和中国其他地方的风景名胜。

我们深信本次第四届国际水产遗传学会议会取得圆满成功,并将是该领域最大的一次国际聚会。

请接受我们最热烈的欢迎!

张××

2021年5月12日

【案例评析】 这篇欢迎词,称呼得体,礼仪周全,开门见山,首尾呼应。总体来说,这是一篇格式规范,结构完整,层次清晰,内容充实,用语通俗平易,语气亲切友好的正式致辞。

二、欢送词

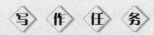

海王旅行社组织的"三亚五日游"活动圆满结束,导游张丽代表海王旅行社向全体游客表达感谢和欢送,欢迎大家再次到海南观光旅游。

根据以上内容,请以张丽名义拟写一则欢送词。

（一）欢送词的概念

欢送词是指客人应邀参加了活动,主人为表达对客人的欢送之意,在一些会议或重大庆典活动、参观访问等结束时的讲话。欢迎词作为一种日常应用文,是当代应用写作学研究的文种之一;是代表国家、政党,代表企事业单位、群众团体欢送国内外宾客时,或企事业单位、群众团体欢送要离去的同志时所使用的讲稿。

（二）欢送词的分类

按表达方式来分可分为现场讲演欢送词和报刊发表欢送词两种。

按社交的公关性质来分可分为私人交往欢送词和公事往来欢送词两种。

（三）欢送词的特点

1. 惜别性

欢送词是主人对即将离开的客人口头表达真情感情的用语,充满着主人对客人的惜别之情。让对方感受到主人的真情厚意。

2. 口语性

欢送词本意是现场当面向宾客口头表达的,所以口语化是欢迎词文字上的必然要求。在遣词用语上要运用生活化的语言,既简洁又富有生活的情趣。口语化会拉近主人同来宾的关系。

（四）欢送词的结构

1. 标题

标题一般由致词人、致词场合、文种三个要素构成。一般要标明谁在什么会上的欢送词,例如"向警予在欢送第八届留法勤工俭学学生会上的致词";外交场合,特别是重要外事活动中的欢送词,一般均采用这样完整的标题。一般社交场合中的欢送词,标题可省去演讲者,只标明在什么会上的欢送词。

2. 称呼

外交活动中的欢送词,对主宾的称呼用全称,即姓名后加职位、职称,以示尊重。社交场合中的欢送词,对主宾的称呼一般不提职位、职务,以示亲密友好。有时,在被欢送者的姓名前加上"亲爱的""尊敬的"等修饰语。

3. 正文

一般的内容构成是:开头,直接表达欢送之情意,有时也可对被欢送者表示祝福;主体部分,或对来宾访问成功和会谈成功表示祝贺与感谢,评价来宾访问与会谈的意义和影响;或回顾友好交往、合作的以往,评价被欢送者的工作、学习成绩和个人品格,表达惜别之情;或说明被欢送者所面临的新的工作、学习的意义等;结尾,向被欢送者表示祝愿。

4. 结尾

要写对宾客的惜别之情,表示对再次来访的期待,并祝愿一路顺风。

5. 落款

包括署名和日期。

(五) 欢送词的写作要求

欢送词的写作一般应遵照以下要求:

(1) 措词要注意礼貌、委婉。致欢送词应该礼貌待人,创造一个友好、亲切的气氛,表达感情要诚挚、真切,但又不能因为是友好往来,而放弃原则立场。要既坚持原则立场,又不出言伤人,因此,应该注意措词用句的委婉。

(2) 篇幅不宜过长。欢送词是一种宣读体的稿件,它是为特定的会议或场合所使用,因此,它要受会议或特定时间的限制。一般最长者也不过 2 000 字。

(3) 欢送词的写作要注重以情动人,多采用带有感情色彩的词语。致词中,演讲者可根据自己与被欢送者的关系、自己的身份和地位,向被欢送者提出勉励之词或共勉之词。

【例 5-1.2】

欢 送 词

尊敬的女士们、先生们:

首先,我代表×××,对你们访问的圆满成功表示热烈的祝贺。

明天,你们就要离开××了,在即将分别的时刻,我们的心情依依不舍。大家相处的时间是短暂的,但我们之间的友好情谊是长久的,我国有句古语:"来日方长,后会有期。"

我们欢迎各位女士、先生在方便的时候再次来××做客,相信我们的友好合作会日益加强。

祝大家一路顺风,万事如意!

王××
2021 年 9 月 20 日

【案例评析】 这篇欢送词短小精悍,简洁之至,送别之意尽在其中,符合欢送词写作的规范要求。结尾的欢送之语既是良好的祝愿,又与上面提到的送别基调相呼应。

三、答谢词

写 作 任 务

志成电子公司经理王凯一行五人代表公司首次到恒远集团公司访问,受到了恒远集团公司的盛情接待。三天时间里王凯一行对当地的电子业有了比较全面的了解,与恒远集团公司建立了友好的技术合作关系,并成功洽谈了电子技术合作事宜。

王凯认为电子业是新兴的产业,有着广阔的发展前景。恒远公司拥有一支由网络专家组成的庞大队伍,技术力量相当雄厚。此次两家公司建立友好的技术合作关系,必将推动志成公司迈上一个新台阶。而这一切,都得益于恒远集团公司的真诚合作和大力支持。

访问即将结束,经理王凯对恒远集团公司的盛情接待表示感谢,并祝恒远公司迅猛发展,更希望彼此继续加强合作,共创明天。

根据以上内容,请以志成电子公司经理王凯名义拟写一则答谢词。

(一) 答谢词的概念和分类

答谢词是在喜庆宴会、欢迎或欢送会、授奖大会,或对曾经帮助过自己的有关团体表示感谢的致词。

答谢词有两类:一类是在交往活动开始时,先由主人致欢迎词,接着就由客人致答谢词;另一类是在交往活动结束后,客人对主人的盛情接待与安排表示感谢,具有辞别的性质。

(二) 答谢词的结构

1. 标题

标题有两种形式:一是说明在什么场合下的答谢词,二是只写"答谢词"三字。有时,也可用"答词"作标题。

2. 称谓

另起一行顶格书写致谢对方的姓名、头衔,后加冒号。

3. 正文

首先要写对主人的盛情接待表示感谢,对主人方面做出的成绩和贡献表示赞颂,并表明自己对巩固和发展友谊的打算和愿望。

4. 结尾

再次表示感谢,并向对方表示良好的祝愿。

5. 落款

包括署名和日期。

(三)答谢词的写作要求

1. 客套话与真情

在礼仪场合,必要的客套话是不能省略的,比如"感谢""致敬"之类热情洋溢、充满真情的词语。

2. 尊重对方习惯

在异地做客,要了解当地的民情、风俗、尊重对方习惯。

3. 照应欢迎词

答谢词要注意与欢迎词的某些内容照应,这是对主人的尊重。即使预先准备了答谢词也要在现场紧急修改补充,或因情因境临场应变发挥。

4. 力求篇幅简短

欢迎词、答谢词都是应酬性讲话,而且往往是在一次公关礼仪活动刚开始时发表的,下面还有一系列的活动等着进行。因此,篇幅要力求简短,不宜冗长拖沓,以免令人生烦。

【例 5-1.3】

在申博成功庆祝大会上吴仪的讲话

尊敬的李岚清副总理和夫人、同志们:

在中国共产党第十六次全国代表大会胜利闭幕不久,我们又迎来了这一激动人心的时刻,世博会选择了中国,世博会选择了上海!2010 年上海世博会的申办成功,再一次证明我们伟大祖国在国际社会享有的声誉和赢得的信任,再一次证明中华民族强大的凝聚力和自强精神,再一次证明中国未来发展的光辉前景吸引和打动了全世界!

申办 2010 年上海世博会获得成功,归功于党中央、国务院的高度重视和直接领导,特别是江泽民主席和朱镕基总理亲自出面做工作,归功于改革开放带来的国家综合实力的显著增强和国际地位的不断提高,归功于全国各地、各族人民对申办工作的大力支持,以及中央有关部门、我驻外使领馆和世博会申办委员会各成员单位的通力合作。特别是上海市委、市政府和上海人民辛勤的劳动,扎实、高效、周密的工作,锲而不舍的精神和强烈的进取心,为世博会申办成功做出了重要贡献!可以说,申办的成功是我们大家齐心协力、团结拼搏的结果。

在此,我代表世博会申办委员会,向全国人民、港澳台同胞和海外华侨华人,向所有给予我们支持、帮助的国际友人和各界朋友,表示衷心的感谢和崇高的敬意!

中国作为世界上最大的发展中国家举办世博会,不仅改变了综合类世博会绝大多数在发达国家举办的历史,而且将极大地激励全国各族人民奋发有为,加快实现党的十六大确定的全面建设小康社会的奋斗目标,进一步促进我国改革开放和社会主义现代化事业的发展,我们要倍加珍惜这一宝贵的机会,精心筹备,努力推动中国的经济发展和社会进步,把国家建设得更加美好。

2010 年上海世博会申办成功,标志着举办世博会的各项准备工作真正开始了。从现在起到2010年世博会,还有大量艰苦的工作要做。我们要认真贯彻党的十六大精神,努力实践"三个代表"的重要思想,按照党中央、国务院的要求,开拓进取,扎实工作,信守承诺,全力以赴做好各项筹备工作,使2010年上海世博会真正成为一次成功的、精彩的、令人难忘的世博会。希望上海要抓住机遇,乘势而上,全面推进各项事业,加快建设社会主义现代化国际大都市的步伐,率先基本实现现代化。

同志们,在这个欢乐的时刻,让我们共同祝愿我们的祖国更加繁荣昌盛,祝愿我们的人民生活更加美好!

谢谢大家!

【案例评析】 这篇答谢词内容明确,谢意真诚,表达凝练、概括、有度。

任务二 感谢信、慰问信

一、感谢信

据《济南时报》:20××年4月19日晚,张先生回家时发现随身带的月票夹丢失。夹子里不仅有月票,还有身份证和一些重要的客户资讯。张先生回忆月票夹很可能丢在了72路公交车上。后来,在72路车队工作人员的帮助下,张先生"贵重"的月票夹失而复得。为了感谢72路车队,张先生制作了一封特殊的感谢信——一幅充满谢意的写真喷画,送给了济南公交72路车队。

根据以上内容,请以张先生名义拟写一则感谢信。

(一)感谢信的概念

感谢信是集体或个人对关心、支持、帮助过自己的集体或个人表示感谢而写作的信函。在社会生活中,当我们得到别人的关心、支持或帮助时,应该及时表达感谢之情。此外,在重大节日、纪念日或特殊情况下,要向有关单位或个人表示慰勉、祝贺之意,或邀请参加活动等,如不能亲自到场,就需要用书面形式来表示慰勉、祝贺或邀请之意,以联络感情。

(二)感谢信的特点

1. 真实性;
2. 感激性;
3. 表扬性。

(三)感谢信的种类

按内容不同,可以分为:一种是普发性感谢信,即对与本单位有过交往的众多单位表示谢意。另一种是专用性感谢信,专为某事向某单位或个人表示谢意。

按发表形式不同,可以分为:张贴式、广播式、书信式、登报式。

(四) 结构和写法

由标题、称谓、正文、结语、落款组成。

1. 标题

标题有三种形式。一是用文种"感谢信"作标题。二是由感谢对象和文种组成标题,如《致××医院的感谢信》。三是由写信方、感谢对象及文种组成的标题,如《中国足球队致全国球迷的感谢信》。标题的位置在第一行,居中、醒目。

2. 称谓

写感谢对象的名称。如果感谢对象是单位,写单位全称或规范化简称;如果感谢对象是个人,在个人姓名后加"同志""先生""女士"或职务等尊称。称谓后加冒号。称谓的位置在标题下空一行,顶格写。

3. 正文

要满怀感激之情写感谢信的内容,主要写三方面内容:第一,精要地叙述对方给予自己关心、支持和帮助的先进事迹,表达自己由衷地感激之情。第二,热情赞扬对方的可贵精神,评价对方精神境界及其行为的社会价值。第三,再次表示感谢和祝愿。正文的位置在称谓下一行,左空两个格写起。

4. 结语

又叫致敬语,以"此致敬礼"或"致以最诚挚的敬礼"作结。

5. 落款

包括署名和日期。在单位名称或个人姓名的正下方,写发信的日期。有些感谢信加公章,以示确凿。

(五) 写作要点

(1) 叙事要简洁,内容要真实,有关人物、事件、时间、地点、原因等要交代清楚。

(2) 评价和颂扬对方良好的行为及品德,要有高度,又要适度。

(3) 情感要真挚。文字要精练。

【例5-2.1】

感 谢 信

××电缆有限公司于××××年×月×日在南京举行隆重开业典礼,此间收到全国各地许多同行、用户以及外国公司的贺电、贺函和贺礼。上级机关及全国各地单位的领导,世界各地的贵宾,国内最著名的电缆线路专家等亲临参加庆典,寄予我公司极大的希望,谨此一并致谢,并愿一如既往与各方加强联系,进行更广泛、更友好的合作。

××电缆有限公司
董事长:×××

总经理：×××

×××× 年 × 月 × 日

【案例评析】 这则感谢信篇幅简短，写明了感谢事项，表达了写信人的感谢意图，用语恰当，感情真挚，符合感谢信写作要求。

二、慰问信

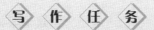

2003年上半年，我国部分城市爆发非典型肺炎的传染病，给这些城市的人民生命健康带来极大的危害，人们一度生活在极度的恐慌之中。人们不敢乘车，不敢出游，不敢上街，昔日热闹的商店此时门庭冷落，繁华的街市少有自在的行人，车站、码头、机场、学校、医院，处处笼罩在一片阴影之中，到处都是关于"非典"的宣传报道和莫名的传言。就在这样的时刻，救死扶伤的医务人员被神圣的使命推向了抗击"非典"的第一线。与病魔斗争的日子一天天过去了，治愈康复的病人一个个出院了，紧张的空气也慢慢舒缓了。我们感受到了白衣天使的伟大，感受到了他们的坚强。他们抛下家人、舍弃休息、忍受隔离、面临生死的动人情景在我们眼前不断浮现，他们坚持战斗、连续奋战、尽职尽责、不畏艰险的工作场面深深地触动了我们的情感。在生与死的考验中他们赢得了最终的胜利，也赢得了人们无上的敬意。

根据以上内容，请以市民的名义给医护人员们拟写一则慰问信。

（一）概念

慰问信是向对方表达关怀、慰问的信函。用电报形式称慰问电。它是有关机关或者个人，以组织或个人的名义在他人处于特殊的情况下（如战争、自然灾害、事故），或在节假日，向对方表示问候、关心的应用文。

（二）作用

能够体现组织的温暖，社会的关怀和人与人之间深厚情谊，给人以继续前进和克服困难的力量、勇气和信心。

（三）特点

1. 发文的单向性

慰问信通常是单向进行的，由一方慰问另一方。

2. 内容的针对性

慰问信是根据对象确定慰问信的内容和作用，行文目的和内容都很有针对性。

3. 情感的沟通性

慰问是通过或赞扬表达崇敬之情，或同情表达关切之意的方式来达成双方的情感交流和相互理解的。

（四）种类

可分为先进慰问、遇灾慰问和节日慰问三种。

1. 先进慰问

向做出重大贡献以及取得突出成绩的集体或个人表示慰问。这种慰问信侧重赞扬功绩，如对在抗震救灾和保卫国家和人民生命财产安全等重大社会活动中做出卓越贡献的人民解放军、公安干警等的慰问。

2. 遇灾慰问

对遭受意外灾难，蒙受严重损失，遇到巨大困难的集体或个人表示慰问。这种慰问信侧重同情、安抚和鼓励，如对灾区人民的慰问。

3. 节日慰问

这种慰问信侧重强调节日意义，赞扬有关人员取得的成绩或做出的贡献。如春节对英雄模范人物及军烈属的慰问；教师节对教育工作者的祝贺；"三八"节对妇女同志的问候。

（五）结构和写法

结构由标题、称谓、正文、结语、落款组成。

1. 标题

标题有三种形式：一是用文种"慰问信"作标题；二是由慰问对象和文种组成标题，如《致××的感谢信》；三是由写信方、慰问对象及文种组成的标题，如《北大学生致北京申奥代表团的慰问信》。标题的位置在第一行，居中、醒目。

2. 称谓

写慰问对象的名称。如慰问对象是单位，写单位全称或规范化简称；如慰问对象是个人，在个人姓名后加"同志""先生""女士"或职务等尊称。称谓后加冒号。称谓的位置在标题下空一行，顶格写。

3. 正文

正文的内容主要有两个方面：第一，具体叙述慰问信的背景、原因及有关形势和情况。第二，概述对方的先进事迹及其意义，表示赞扬、鼓励；或写对方克服困难，战胜灾害的有利因素，对遭受的灾难和不幸，表示慰问，给予鼓励。

不同类型的慰问信正文的具体写法：

先进慰问。其正文内容主要简述其取得的成绩以及意义，表示赞扬，鼓励其继续努力。常用"欣闻（喜闻）……非常高兴，特表示祝贺并致以亲切的慰问"等概述语句开头；然后写成绩是如何取得的，有什么意义，并赞扬其高尚品德；最后鼓励先进再接再厉，争创更大的成绩。

灾难慰问。其正文内容主要是表示同情和安慰，勉励其鼓足勇气，战胜困难，夺取胜利。常用"惊悉（获悉）……深表同情，并致以深切地慰问"等概述语句开头；然后写对方的境遇，鼓励其克服困难，勇往直前，夺取胜利；最后表示良好的祝愿和真诚的期望。

节日慰问。其正文开头概述节日意义，对有关人员表示亲切的问候；然后简叙其对社会的作用及贡献，阐述其肩负的责任，指出今后的任务；最后提出希望或表示良好祝愿。

4. 结语

又叫祝颂语,以"祝取得更大的成绩""祝节日愉快""顺致最美好的祝愿"作结。

5. 落款

包括署名和日期,在单位名称或个人姓名的正下方,写发信的日期。

(六) 写作要点

1. 要感情真挚

慰问信中的赞扬、慰藉、安抚和鼓励应情真意切,使对方受到感动,得到鼓舞。

2. 要语言恰当

慰问信应根据不同的慰问对象,使用不同的慰问语言,如对死难家属用"向你们致以最深挚的哀悼"来慰问;对英雄模范人物或做出重大贡献的集体和个人用"向你们致以亲切的慰问和崇高的敬意"来慰问。

【例 5-2.2】

春节慰问信

驻马来西亚中资企业:

新年甫至,金猴迎春。值此 2016 丙申猴年来临之际,中国驻马来西亚使馆经商处全体人员,向辛勤工作在中马经贸合作第一线的驻马来西亚中资企业员工及家属致以最诚挚的节日祝福!

每逢佳节倍思亲。节日期间,希望各企业负责人妥善安排好职工的业余文化生活,组织丰富多彩的文体活动,使每一位在海外工作的员工切实感受到党和国家的关怀。各企业特别是承包工程企业要加强劳务用工管理,妥善处理好劳资关系,切实保障劳务人员合法所得并维护其合法权益。安排好节日期间值班工作,确保通讯畅通,及时、妥善地处理各类突发事件,发生紧急情况要及时向使馆报告。

儿行千里母担忧,远在祖国的亲人们无时无刻不记挂着你们在海外工作的安全。希望各企业负责人高度重视安保工作,强化本单位安全保卫措施,加强员工安全生产教育和培训。特别是建筑施工单位,应专门组织人员,对施工现场进行安全隐患排查,并做好办公及住宅区的防火、防盗工作。强化员工安全意识,严禁酒后驾车,不在易发生危险区域活动,多人同行,防抢防盗,安全返工。确保所有员工在海外度过一个平安、欢乐、祥和的春节。

祝大家 2016 年春节快乐、身体健康、恭喜发财!

驻马来西亚使馆经商参处

2016 年 2 月 6 日

【案例评析】 这篇春节慰问信是驻马来西亚使馆经商参处写给驻马来西亚中资企业的,以此表达节日的问候。正文开头概述节日意义,对有关人员表示亲切的问候;然后阐述其肩负的责任和需要完成的任务。内容实在,重点突出,层次清晰,语气诚恳、真切,用语朴实、自然。最后以提出良好祝愿作结。

任务三　邀请函、聘书

一、邀请函

写　作　任　务

正中商贸公司为答谢客户一年来的支持和理解,将于20××年12月12日上午10:00在来客茂广场举办"正中商贸市场拓展暨感恩答谢会",并承诺现场订货会有优惠活动,到会嘉宾均有精美礼品一份。

根据以上内容,请以正中商贸公司名义拟写一则邀请函。

（一）邀请函的概念

邀请函,也称邀请信或邀请书,是单位或个人为了增进友谊、发展业务、邀请有关单位或人士参加庆典、会议及各种活动的信函。有些庄重的场合需使用请柬。邀请函使用广泛,凡召开各种会议,举行各种典礼和活动等,均可以使用邀请函。

（二）邀请函与请柬的区别

1. 内容容量不同

邀请函篇幅较长,内容容量大,当邀请的事项较复杂或需要向被邀请者说明有关问题时,使用邀请函。请柬的篇幅有限,内容容量小,当邀请的事项单一时,使用请柬。

2. 写作格式不同

邀请函采用书信格式,请柬一般有两种样式:一种是单面的,直接由标题、称谓、正文、落款等构成。一种是双面的,即折叠式:一为封面,写"请柬"二字,一为封里,写称谓、正文、落款等。"请柬"二字,一般应做些艺术加工,可以采用名家书法、字面烫金或加以图案装饰等。

3. 写作要求不同

邀请函一般用红色A4纸打印,或自行设计带有单位标志或富有文化特色的邀请函信纸。请柬在纸质、款式和装帧设计上,要注意艺术性,做到美观、大方、精致,使被邀请者体味到主人的热情与诚意,感到喜悦和亲切。

（三）邀请函的写法

邀请函一般由标题、称谓、正文、落款和日期等构成。

1. 标题

第一行居中写邀请函,也可以在邀请函前加上会议或活动名称,如"计量管理与质量管控培训活动邀请函"。

2. 称谓

另起一行顶格写清被邀请单位名称或个人姓名,其后加冒号。个人姓名后要注明职务或职称,或称呼"××先生""××女士"。

3. 正文

正文包括前言和事项两部分内容:

前言简要说明邀请目的,会议或活动的主题、时间和地点等。

事项部分要写明会议或活动的指导思想、具体内容和日程安排,对被邀请者提出的要求和希望,及参加会议或活动的注意事项等。

结尾用"敬请光临指导""敬请莅临"等习惯语,如需对方回复,可直接附上回执单。为方便邀请对象联系,还需附上邀请方的联系人、电话、地址等信息。

4. 落款

正文右下方写明邀请单位名称或个人姓名,下一行注明日期。

【例 5-3.1】

2014 第八届全国食品博览会邀请函

尊敬的女士/先生:

山东作为我国东部沿海地区的经济强省,GDP 全国第二,人口大省,是中国最大的糖酒食品生产基地,也是最大的消费市场,生产与销售连续十五年居全国首位,糖酒食品工业是山东省确定的七大支柱产业之一,为推动行业快速发展 2014 年 5 月继续举办"2014 第八届食品博览会",本届交易会不论规模和档次都将突破历届之最,欢迎广大厂商前来参展、参观!

一、举办时间:2014 年 5 月 23 日—25 日

二、举办地点:济南国际会展中心

三、主办单位:济南市人民政府、山东省经济和信息化委员会、山东省食品工业办公室、中国轻工业对外经济技术合作公司、中国国际贸易促进委员会山东省委员会

四、承办单位:山东省食品工业协会

五、协办单位:全国各省市食品协会

六、展期重大活动

1. 2014 国际食品安全与发展高峰论坛

2. 食品博览会名优品牌评选和表彰活动

3. 大型购物商场、超市、星级酒店采购洽谈会

4. 特色食品连锁加盟投资项目推介会

5. 绿色食品、有机食品产销对接座谈会

6. 肉类新技术、新产品推介会

7. 中国调味品企业营销创新论坛

8. 优质水产品产销对接专场配对会

大会组委会秘书处联系方式：

地　　址：中国·济南市高新区工业南路28号　　邮　　编：250013

电　　话：0531-58595811　　　　　　　　　传　　真：0531-82351150

E-mail：2801452339@qq.com

联系人：马××　　　　　　　　　　　　　　联系电话 1506336××××

诚邀您光临2014年第八届全国食品博览会。

第八届全国食品博览会组委会
2014年1月14日

【案例评析】　这是一份邀请参加食品博览会的信函。正文开头写明邀请的目的，因主体部分事项较多，采用分条列项的写法，依次写明邀请参加食品博览会的时间、地点、主协办单位、重大活动和联系方式。结尾用"诚邀您光临2014年第八届全国食品博览会"表示对被邀请者的尊重。

二、聘书

写作任务

南阳市社会科学院为增强农业服务能力，使农业气象服务信息更加具有针对性、实用性，拟成立专家顾问团，特聘请陈林教授为该团技术顾问，指导农业服务工作。

根据以上内容，请以南阳市社会科学院院长张欣的名义拟写一则聘书。

（一）聘书的概念

聘书也称聘请书，是一个单位在工作、学习、研究活动中，缺少一些必要的人员而聘请外单位的人员担任本单位的某个职务或承担某项工作时使用的文书。目前我国有不少单位，都实行了聘任制，因此聘请本单位的人员担任某个职务时也可使用聘书。

（二）聘书的结构

1. 标题

聘书往往在正中写上"聘书"或"聘请书"字样，有的聘书也可以不写标题。已印制好的聘书标题常用烫金或大写的"聘书"或"聘请书"字样组成。

2. 称呼

聘请书上被聘者的姓名称呼可以在开头顶格写，然后再加冒号；也可以在正文中写明受聘人的姓名称呼。常见的印制好的聘书则大都在第一行空两格写"兹聘请××……"。

3. 正文

聘书的正文一般要求包括以下一些内容：

首先，交代聘请的原因和请去所干的工作或所要去担任的职务。

其次,写明聘任期限。如"聘期两年""聘期自 2010 年 2 月 20 日至 2015 年 2 月 20 日"。

再次,聘任待遇。聘任待遇可直接写在聘书之上,也可另附详尽的聘约或公函写明具体的待遇,这要视情况而定。

另外,正文还要写上对被聘者的希望。这一点一般可以写在聘书上,但也可以不写,而通过其他的途径使受聘人切实明白自己的职责。

4. 结尾

聘书的结尾一般写上表示敬意和祝颂的结束用语。如"此致　敬礼""此聘"等。

5. 落款

在正文右下方写上聘请单位全称,加盖公章,在单位名称下写明年、月、日。

(三)聘书的写作要求

在聘书书写之前,聘请单位与被聘人双方充分协商讨论,在内容谈妥后再书写聘书,不能一厢情愿。聘书是代表单位对应聘者进行邀请的信件,一定要讲究礼貌,态度要热忱,切不可盛气凌人。如是手写的聘书,字迹要工整美观,不可潦草。

【例 5-3.2】

聘　书

兹聘请赵明征同志为红星家电集团维修部总工程师、主任,聘期自 20××年 5 月 1 日至 20××年 4 月 30 日,聘任期间享受集团高级工程师全额工资待遇。

红星家电集团(章)
20××年 5 月 1 日

【案例评析】　这则聘书短短几十个字,交代聘请的原因和请去担任的职务,写明聘任期限和聘任待遇。格式正确,简洁明了。

任务四　条据、自荐信

一、条据

写　作　任　务

刘海于 20××年 1 月 5 日向朋友张月借款一万元,约定半年后于 20××年 7 月 5 日归还,并且不计利息。

根据以上内容,请以刘海的名义给张月拟写一则借条作为凭证。

（一）条据的概念和分类

条据是人们在工作和生活中，为证明或说明某种事而留给他人的便条。条据可以分为说明性条据与凭证性条据两大类。

1. 说明性条件

（1）说明性条据的概念和特点。

说明性条据是人们处理临时性事务的一种便条，通常用来说明事实、陈述请求或交代事情。说明性条据的特点是：

① 适用的广泛性。说明性条据适用对象广、使用场合多，是人们日常生活和学习工作中使用频率比较高的一种文种。

② 格式采用信函体。说明性条据的格式比较规范，是一种简易形式的书信体。

③ 礼节性。从一定意义上讲，说明性条据属于公关文书，具有很强的礼仪规范，措辞一定要有礼貌而不失尊严。

（2）说明性条据的种类。

① 请假条。请假条时因病、因事而不能上课、上班，或不能按时上课、上班，或者不能参加某项预定活动时，撰写的用以说明原因、请求准假的条据。

② 留言条。留言条时拜访他人而对方不在时，留下的用以说明相关情况的便条。

（3）说明性条据的结构和写法。

说明性条据写作格式与一般书信大致一样，通常由标题、称谓、正文、落款四部分组成。

① 标题。标题用来标明条据的性质。如"借条""收条""欠条""领条"等，居中写在条据的首部。

② 称谓。称谓是收条人的称呼或姓名。如果收条人是领导或长辈，一定要用尊称。

③ 正文。正文开头空两格，多以"今借到""今收到""今欠""今领到"等字样开头，表明条据性质。然后写明条据内容，如借到何单位、何人多少钱或物，怎样归还和处理等。

④ 落款。条据的右下方，要写清经手人姓名，并加盖印章。日期要具体而准确，另起一行，写在经手人下方。

（4）说明性条据的写作要求。

① 一文一事。无论是哪一种说明性条据，事项内容都应该单一。如果条据中涉及多个事项，就有可能导致重点不明，影响收文人做出相应的处理。

② 力求简洁。说明性条据旨在传递信息，所以一定要开门见山、直奔主题，尽可能做到简洁明了。

③ 注意时效性。请假条所涉及的事项，是写条人遇到了无法解决的问题而向收条人进行解释、请求，所以必须注意行文的时效性。

【例5-4.1】

请 假 条

张科长：

  我因参加会计从业资格证考试，特请假一天(11月2日)，请批准。

  此致

敬礼

职工：王琳
20××年10月29日

【案例评析】 请假条的写法比较简单，只要将请假条的三个要素：请假事由、请假起止时间、请假人说清即可。这个例文，语言简明，层次清晰，写法规范。目前这种写法，已被人们普遍采用。

【例5-4.2】

留 言 条

张天：

  昨天开会的资料我已经整理好，放你桌上了，请你存档。

杨清
20××年5月3日

【案例评析】 留言条临场性比较强，写作时一定要根据具体的情况将需要说明和交代的内容条理清楚地陈述出来，言简意赅。

2. 凭证性条据

（1）凭证性条据的概念和特点。

凭证性条据，又称为凭证式条据，是为处理有关钱物问题而写的具有凭证性质的字条。凭证性条据的特点有：

① 凭证性。凭证性特点体现在两个方面：

a. 凭证性条据是当事人进行钱物往来的主要凭据。

b. 凭证性条据是一种简易形式的协议。当发生纠纷时，此条据可以作为有效物证提交给司法机关或仲裁机构。

② 时效性。钱物往来或处理时，要立字为据，以防产生不必要的纠纷。如果由于某种原因未能当时立据，一定要及时补写。

③ 严谨性。凭证性条据涉及当事双方的切身利益，在拟写时应当持严谨态度：一是确认钱物交往事实成立，才可以立下字据；二是对字据中涉及的内容事项一定要说明得清楚准确，形式规范。

（2）凭证性条据的种类。

① 借条。借条又叫借据，是指借到公家或私人的现金或物品后，写给对方的条据。

② 欠条。欠条是购买物品不能付款或只能部分付款时，或归还钱物不能全部归还而只能部分归还时，写给所欠单位或个人的凭证性条据。有时，在借用了钱物之后而补写的凭证，亦可称为欠条。

③ 收条。收条指在收到对方钱物时而专门拟写给对方的凭条。

④ 领条。领条即指领取钱物后，留给发放者保存的条据。

⑤ 发货条。发货条是财务手续不健全的个人或单位在出售产品、货物时，给顾客开的可以用作提货和报账凭证的条据。

（3）凭证性条据的结构和写法。

① 标题。凭证性条据的标题大致可以分为两种类型：

a. 直接将凭证性条据的种类用作标题，如"借条""收条""发货条"等；如果受人之托代办，标题前必须加一个"代"字，如"代收条""代领条"等。

b. 用条据的性质关系语"今借到""今领到"等作为标题。

② 正文。凭证性条据正文一般以性质关系语"今借到""今借到"开头，紧接着是"对方当事人或单位名称＋钱物名称和数量"的行文模式。如果标题是性质关系语，正文则不用再重复"今收到"等语。如果是借条和欠条，正文结尾处要注明归还日期。

③ 结语。结语用"此据"，以防他人增减作弊。

④ 落款。落款包括姓名和日期两项。

（4）凭证性条据的写作要求。

① 表达要具体。表达笼统含糊往往会影响凭证性条据的实效性。所以在拟写凭证性条据时，一定要具体写清所涉及的内容事项：大写欠款数额与物品数量；当事双方的名称要写全称；时间要写具体，涵盖年、月、日等要素。

② 用语、标点要严密，慎用多音、多义字。在写作凭证性条据时，要字斟句酌，注意用语的严密性和标点的准确性。对于多音、多义字最好不用，以防发生歧义。

③ 字迹工整，不得涂抹。凭证性条据的文面要保持整洁干净，不得涂抹。不得已而涂改过的凭证性条据，在文字更正处要加盖单位公章或亲笔签字。

④ 字据用具要讲究。凭证性条据尽量选用耐磨损的纸张和不易褪色的蓝黑钢笔拟写。

【例5-4.3】

借　条

今借到财务处人民币壹万元整，用于购买职工劳保用品。购回即按规定报销。此据。

借款人：王丽丽（盖章）
20××年2月1日

【案例评析】 这是一张典型的借条,在借个人或单位的钱物时,写给对方留作凭证。当归还钱物时,应把条据收回并销毁。

【例5-4.4】

欠　　条

今借工会人民币捌仟元整,一个月内还清。此据。

张惠民(盖章)
20××年1月6日

【案例评析】 这是一张典型的欠条,拖欠了个人或单位的钱物,写给对方留作凭证,当把拖欠的钱物还清时,应把条据收回并销毁。

【例5-4.5】

收　　条

今收到朝阳职业技术学校教室租金人民币叁万元整。此据。

收款人:王建强(盖章)
20××年12月3日

【案例评析】 这是在收到钱或物后写给对方留作凭证的条据。要写明收到何单位或何人钱或物的具体数量。

【例5-4.6】

领　　条

今领到学校教务科发给外语系教师参考书贰拾本。此据。

经手人:王东(盖章)
20××年3月5日

【案例评析】 这是一张领取钱物时写给负责发放钱物的人留作凭证的条据。领取物品名称和数额要书写清楚。

【例5-4.7】

发　　条

今售给为民医院手术床壹佰张,每张柒佰元,共计人民币柒万元整。此据。

经手人:开远公司(盖章)
20××年7月5日

【案例评析】 发条是个人或单位在出售产品、物品时,写给对方的一种凭证,通常是在财务手续不健全时使用。

二、自荐信

写 作 任 务

张天时,××职业技术学院会计专业的一名毕业生,在校期间,他学习认真,成绩优秀,并参加过多种社会实践活动。他从某知名招聘网站上获悉某会计事务所要招聘一批新人。经过比较,他认为该会计事务所工作环境较好,有适合自己专业特长的工作岗位,有意加入该公司。

根据以上内容,请以张天时名义拟写一则自荐信。

(一) 自荐信的概念

自荐信又称求职信,是求职人向用人单位介绍自己情况以求录用的专用性文书。

自荐信是求职者写给用人单位,意在用人单位介绍自己的基本情况、表达就业愿望、提出供职请求,并要求对方考虑、答复的文书。目前社会上多数用人单位在招聘新人之际,都要求求职者先寄送求职材料,通过求职材料对众多求职者有一个大致的了解后,再确定面试人选。因此,自荐信的写作质量直接关系到求职者是否能进入下一轮角逐,以及是否能获得满意的工作机会。

(二) 自荐信的功能

1. 沟通交往,意在公关

自荐信是沟通求职者和用人单位之间的桥梁。通过一定的沟通,在相互认识、交流的基础上,实现相互的交往,是自荐信的基本功能。实现交往,求职者才可能展示才干、能力、资格,突出其实绩、专长、技能等优势,从而得以录用。因此,自荐信的自我表现力非常明显,带有相当的公关要素与公关特色。

2. 表现自我,求得录用

实现自己的求职目的,就要求自己必须充分扬长避短,突出自我优势,在众多的求职者中崭露头角,以自己的某些特长、优势、技能等吸引用人单位。表现自我,意在录用,也是自荐信的又一基本功能。

(三) 自荐信的格式、内容及撰写要求

自荐信的格式主要有标题、称谓、正文、结尾、附件、署名、成文时间几部分。

1. 标题

要用较大的字体在用纸上方标注"自荐信"三个字。

2. 称谓

称谓写在第一行,要顶格写受信者单位名称或个人姓名。如用人单位明确,直接写单位名称,前用"尊敬的"加以修饰。如单位不明确,则用统称"尊敬的贵单位"。在称谓后写冒号。

自荐信不同于一般私人书信,受信人未曾见过面,所以称谓要恰当,郑重其事。

3. 正文

正文要另起一行,空两格开始写自荐信的内容。正文内容较多,要分段写。

（1）问候敬意。

（2）简介。自我概要的说明,包括求职者的姓名、性别、民族、年龄、籍贯、政治面貌、文化程度、校系专业、任职情况等要素,针对自荐目的简要说明。

（3）自荐目的。写明信息来源、求职意向以及写此信的目的。

（4）条件展示。这是关键内容。写清自己的才能和特长,要针对所求工作的应知应会去写,充分展示求职的条件,从基本条件和特殊条件两个方面解决凭什么求职的问题。

基本条件应写清政治表现和学习活动两方面内容。政治表现要从活动和绩效两方面来写,如党校学习、参加活动、敬业态度、奉献精神、合作意识等方面,并以奖状和资格证书作为佐证材料。

学习经历要分清主、辅修专业课程和成绩状况,对于英语、计算机、专业资格证等的情况要一一说明。

对为人处世、组织管理、社会调查、实习设计及论文答辩等情况也可提及、有特殊技能的也要强调,如操作实习、文体绘画、写作口才等特长,以展示自己的能力,突出个性特征。

（5）表达愿望。表达加盟对方组织的热切愿望,展示单位的美好前景,期望得到认可和接纳。

（6）结束语。按书信格式写上祝愿语或"此致敬礼""恭候佳音"此类语句。

4. 附件

有说服力的附件是对求职者的鉴定的凭证。所以自荐信的附件是不可忽视的组成部分。

附件可在信的结尾处注明。如:附件1.××;2.××;3.××……然后将附件的复印件单独订在一起随信寄出。附件不需太多,但必须有份量,足以证明你的才华和能力。

5. 落款

写上自荐人姓名和写作日期,随文处要说明回函的联系方式、邮编、地址、信箱号、电话号码等。

署名处如打印复印件则要留下空白由自荐人亲自签名,以示郑重和敬意。

自荐信以不超过两页为宜,如确有内容,可以作为附件或面谈时再说。

【例5-4.8】

自 荐 信

尊敬的领导：

　　您好！

　　非常感谢您在百忙之中抽出宝贵时间来阅读我的个人求职自荐书！

　　我叫李××，是××职业院校的学生。面临择业，我满怀憧憬和期待，得知贵公司招贤纳才，我真诚的渴望能加入贵公司，为贵公司的发展壮大贡献我的才能和智慧。

　　在校期间，在老师的教育及个人的努力下，我具备了扎实的专业基础知识，系统地掌握了基础会计、财务会计、成本会计、管理会计、税收等课程。在校期间多次参加省、市技能大赛并取得优异的成绩。专业技能是我的强项，也是专业技能塑造了我耐心、细心、稳重的性格特点。我刻苦勤奋，成绩优异。每学期都被评为"三好学生"或"优秀学生"，并且获得了2011年国家助学金一等奖。

　　我认为理论要与实践相结合，所以除了学习课堂知识外，我还积极参加学校组织的财经系技能大赛，并在比赛中取得"2011级个人三等奖"的成绩。在班级中，我担任副班长、英语课代表的职务，一直是老师的好帮手，我能井井有条地完成老师安排的工作。

　　此外，我利用寒假参加社会实践。我做过超市促销员，服装店店员。在实际工作中，我的沟通能力和协作管理能力得到了提高。

　　实习期间，我在三井住友银行（苏州）分行工作。承担着人民币业务部的许多重要职责，如进账、出账、委托贷款等业务。由于我平时工作认真细心，专业技能强，能吃苦耐劳、与人为善，因此颇受领导同事喜欢，也学到了许多在校学不到的社会经验。

　　时光不曾为谁停留，而时光于我是成长的见证。我想一切向往美好、积极进取的追求者终将随着时光越来越成熟，散发自己的光芒。我愿意成为这样一名积极进取、散发光芒之人。

　　最后，再次感谢您对我的关注，并真诚希望我能够成为贵公司的一员，为贵公司的繁荣昌盛贡献自己的绵薄之力。期盼您的回音！

　　诚祝贵公司万事亨通，事业蒸蒸日上！

　　此致

敬礼！

　　附件：1. 毕业文凭复印件1份
　　　　　2. 学习成绩表1份
　　　　　3. 获奖证书复印件8份

自荐人：李××
20××年×月×日

【案例评析】　这是一则比较规范的自荐信。简单写明信息来源、求职意向以及写此信的目的。笔墨落在了条件展示部分，写清自己的才能和特长，针对所求工作的应知应会去写，重点突出自己专业成绩和技能。此外介绍了自己参加学校活动和社会实践的经历，以展示自己的能力,突出个性特征。结尾表达加盟对方组织的热切愿望,展示单位的美好前景,期望得到认可和接纳。结束语规范。

小　结

　　财经礼仪文书主要用于在经贸活动中,企业间的交流、合作、洽谈生意等迎来送往的场合。这类文书往往具有临时性、应酬性、针对性、广泛性等特点。它们篇幅短小,要力求点到为止。此项目教学要求学生掌握财经礼仪文书的写作方法,并在学习、生活、工作等适当的场合,选择适当的文体正确使用。

思考与练习

　　一、请仔细阅读下面的祝酒词,试分析这篇祝酒词的主要特点。

在欢迎参加朝核问题北京六方会谈代表酒宴上的祝酒词

中国外交部长　李肇星

各位团长,朋友们:

　　我代表中国政府,欢迎各位来北京参加六方会谈,祝贺会谈的举行。

　　钓鱼台曾是中国清朝一位年轻皇帝送给他一位老师的礼物,是一个充满善意和可能给这里的人带来好运气的地方。

　　身处此地,一种历史感会油然而生。

　　这座花园目睹过许多重大外交事件。在这里,通过对话,冰山可以消融,敌意可以化解,信任可以培育。钓鱼台历史的最好启迪就是:和平最可贵,通过对话争取和维护和平最可贵。

　　进入新世纪,各国人民更加渴望和平与发展、友谊与合作。但东北亚地区仍未完全摆脱冷战阴影。

　　朝鲜半岛核问题的发生,在使我们面临挑战的同时,也为有关各方尽释前嫌、实现东北亚持久和平与稳定提供了机遇。

　　今天的会谈就是各方求同存异、增进互信和解的难得契机,值得珍惜。

　　中国古诗曰:"任凭风浪起,稳坐钓鱼台。"这里的钓鱼台泛指世界各国的钓鱼台,也包括我们所在的这个钓鱼台。希望并相信各位同事将以自己的远见、智慧、耐心、勇气和对和平事业的诚意寻求共赢。为此,我提议,为北京六方会谈成功,为大家在钓鱼台"稳坐"愉快,为和平、健康干杯!

　　二、在教师节来临之际,请以校学生会的名义,给全校教师写一封感谢信。

　　三、××地区暴雨成灾,大部分地区被淹,交通受阻,许多人的生命和财产受到威胁和损失。××公司员工因距离较远,不能前去抗涝救灾,决定捐些钱和衣物寄去。在寄钱和衣物的同时，还准备寄去一封慰问信。请你代为起草这封慰问信。

四、你所在学校拟召开毕业典礼大会，你作为在校生代表要在大会上发言，为即将毕业的同学送行。请你拟写一篇毕业典礼上的欢送词。

五、按照所给情境，完成条据写作。

1. 林斌患了感冒，想明天请假去医院看病，请你替林斌写一张请假条，向班主任李老师请假。

2. 你和王涛约好今天下午去新华书店买书，可你临时有急事要出去，请你给王涛留言。

3. 装修工人张强给刘扬家新房装修，刘扬需付给张强装修款7 245元，刘杨付款后，要张强写个收条，请你替张强写个收条。

4. 班级体育训练，老师请你去体育室领三个铅球、十根跳绳，体育室保管员江老师要你写个领条。

5. 王超向同事李嘉借了8 960元，答应一月后还他。请你替王超写个借条。

6. 你家房子装修，欠装修工人王磊工钱15 700元，请你给工人王磊打个欠条。

六、请分析下面案例中的借条，问题出在哪里？

2018年7月赵华家急需用钱，向好友张山借款5万元周转。张山认为大家都是好朋友，就同意借给赵华5万元。赵华的儿子赵小鹏来张山家取款时，写了一张借条给张山。内容如下：

"今借张山人民币伍万元。借款人赵小鹏代赵华。2018年7月20日。"

过了三年，赵华一家迟迟不还欠款。2021年7月张山上门催讨，赵小鹏声称欠款是父亲所借，赵小鹏的话让张山大惊失色。因为赵华已于三年前车祸身亡，死无对证。请你分析这张借条，问题出在哪里？

七、根据自己实际情况，写一则自荐信。

项 目 六

财经调研及策划文书

◎ 了解财经调研策划文书中的市场调研及报告、广告策划书、营销策划书的概念。
◎ 掌握各类财经调研策划文书的格式和结构。
◎ 理解各类财经调研策划文书的写作要求。

◎ 能够分析各类调研财经策划文书的区别。
◎ 能够撰写各类财经调研策划文书。

任务一 财经调研及调查报告

写 作 任 务

宿迁市湖滨新区投资潜力调研报告

前言：

由于这次实习的地点是宿迁市湖滨新区管委会财政局,而湖滨新区管委会是应新区的开发需要而设置的,是专门针对湖滨新区建设所创立的新的职能机构,所以这次调研报告的对象是宿迁市湖滨新区的发展,更具体的是新区的投资潜力。

新区介绍：

湖滨新区是江苏省宿迁市实施"引湖纳山"战略、打造现代滨水城市的核心区域,是宿迁市中心城市最具特色的重要城市板块。

湖滨新区重点发展以旅游业为龙头的现代服务业,是江苏省首批服务业综合改革试点单位、江苏省宿迁骆马湖旅游度假区、宿迁市高性能复合材料产业集聚区、宿迁市骆马湖总部经济集聚区、宿迁市职业教育园区。

资源优势：

（一）骆马湖总面积约 400 平方公里，为江苏省四大湖泊之一，其水质达到国家二类标准，空气质量达到国家一级标准，是南水北调东线工程的重要输水通道和调蓄湖泊。湖中鱼类达 56 种以上，盛产银鱼、青虾、螃蟹、甲鱼、龙虾等。湖区及周边拥有黄沙、石英砂、陶瓷土等优质矿藏资源。

（二）三台山面积 12.7 平方公里，现为国家 3A 级旅游景区、省级森林公园和风景名胜区。境内峰峦起伏，碧水小湖，森林覆盖率达 85.2%，活立木蓄积量 10 万立方米，被誉为"江苏的西双版纳"。

（三）皂河古镇建于明清之际，位于骆马湖西南处，京杭大运河、古黄河穿境而过，现存有乾隆行宫、御码头、陈家大院、合善堂、财神庙、通圣街等众多古迹。始建于清代顺治年间的"敕建安澜龙王庙"，因乾隆皇帝六次下江南，五次驻跸于此，故又名"乾隆行宫"，现为全国重点文物保护单位，国家 3A 级旅游景点。

（四）晓店温泉辖区晓店镇境内地热温泉丰富，泉水出自 2001 米深的 1 亿年前白垩纪青山群岩。已开发出的泉眼日出水量达 400 立方米，井底温度达到 61.3 度，井口水温 43 度，是富含锂、氟、锶的优质医疗矿泉水，适宜开发集健身、养生、休闲、度假于一体的温泉特色旅游产品。

根据这则案例，写一份关于宿迁市湖滨新区投资潜力的调研报告。

▶▶ 一、财经调研文书

（一）财经调研文书的内涵

财经调研文书是对经济活动进行调查，研究，预测，决策的应用文章，它用于记载和反应国家、企业、个人的经济信息，是经济活动中重要凭证，是沟通经济信息、分析经济活动状况、促进经济效益提高的管理工具。

（二）财经调研文书的类型

财经调研文书包括市场调查报告、市场预测报告、经济活动分析报告、可行性研究报告、审计报告、资产评估报告等。

（三）财经调研文书的特点

1. 内容的真实性

财经调研文书是进行经济活动的指导性和参考性文书，因此要确保内容和相关数据的真实可靠性，否则就失去了其应有的价值，有时甚至会造成巨大的经济损失。

2. 行文的时效性

财经调研文书反映的是某个时期或阶段的经济状况，有明确的针对性，因此有很强的时效性。

3. 建议的可行性

财经调研文书一般应提出相应的意见和建议,这些意见和建议是建立在对相关问题的分析和研究基础上的,因此,一般具有很强的可行性。

4. 表述的简明性

财经调研文书要如实反映社会经济问题,指导和规范市场经济行为和活动,因此要严密和简明,语言要贴切,内涵要准确,判断要恰当,推理要符合逻辑,能简洁明了地表达作者的意图。

(四)财经调研文书的写作要求

1. 深入调查研究,掌握可靠有效的材料

无论哪一种财经调研文书,都需要以切实、可靠的材料为基础进行分析研究,这些材料不是凭空想象出来的,而是来自经济社会经济活动本身。因此,以实事求是的精神深入地进行调查研究是做好财经调研文书的前提。

2. 科学规范行文,使用简洁明确的语言

财经调研文书与其他的应用文体一样有着严格的行文规范,个别文种如审计报告要由法定部门和法定人员严格按照相关法规的要求撰写,不能按照个人喜好随意篡改。语言的使用也要尽可能简洁明确,不要拖沓冗长,也不要随意使用一些专用名词,以免造成误解。

【例 6-1.1】

Qoo 酷儿是如何酷起来的

Qoo 酷儿是可口可乐公司针对亚洲市场研发的一种特色果汁饮料。这种饮料在亚洲饮料市场上所向披靡,迅速成为日本、韩国、中国等地最受消费者喜爱的果汁产品。

在中国的果汁饮料市场上,汇源、统一、康师傅、娃哈哈、农夫山泉相继推出瓶装果汁,品牌林立。在此竞争态势下,一个新品牌要想成功进入该市场确非易事。可口可乐公司经过市场调查发现,6~14 岁的儿童是果汁饮料的重要消费群体,但并未引起果汁生产厂商的重视,无论是统一的"多喝多漂亮",还是梁咏琪代言的"(康师傅)鲜的每日 C"独特表达方式,都集中在卖青春、卖健康,主要的目标消费者是城市年轻女性,至于汇源的"喝汇源果汁,走健康之路"更是想把男女老少都一网打尽,没有一家来针对 14 岁以下的儿童诉求。在洞察这一市场机会后,可口可乐公司就顺理成章地将自己的果汁饮料目标定位在儿童市场。

准确地定位之后,可口可乐对这一目标市场进行了进一步深入的调查与分析。由此,公司制定了"快乐""健康"这两大诉求点。儿童的消费心理特点决定了不可能向他们灌输天然、健康等理性说教的概念,于是公司针对儿童的特点成功创造了"酷儿"这一独具特色

的品牌形象,使与目标消费者的沟通变得轻松、简单、容易。

关于"酷儿"的描述是这样的:出生在遥远的大森林中,敏感而好奇,喜欢喝果汁,一喝果汁就两颊泛红。喝的时候要右手叉腰,同时要很陶醉地说"Qoo……",它的个性是快乐、喜好助人但又爱模仿大人,有点儿笨手笨脚但又不易气馁,这种个性正是一般小朋友的性格特点,小朋友看到 Qoo 酷儿,就像是看到了自己。为了突破妈妈对饮料的心理防备,酷儿的产品更是从一开始就宣传"添加维他命(维生素)c 及钙",强调可以喝得快乐又健康。

Qoo 果汁透过广告、网络、试饮、"Qoo 酷儿与消费者面对面"等活动,火力一致集中于建立 Qoo 酷儿这个角色的个性,让它真人化。Qoo 酷儿在电视广告中显得可爱、快乐,让不少观众因为酷儿而采取购买行动。根据润利公司"Qoo 果汁电视广告效果调查",在看过 Qoo 果汁广告的观众中,有一半以上的人喜欢这个广告,高达 65% 的人认为 Qoo 酷儿很可爱,其中更有 47% 的人会因为喜欢这个广告而有购买 Qoo 果汁的意愿。与麦当劳热卖史努比玩具、Kitty 猫,肯德基热卖叮当玩具一样,可口可乐在中国内地推出 Qoo 之余,也设计了各种诱人的纪念品配合产品销售,深受小朋友们的喜爱。角色的成功塑造使 Qoo 酷儿成为小朋友心目中的超人气小明星。2002 年,Qoo 果汁饮料在中国市场上创造了仅用 3 个月便完成预订全年销售额的成绩。

【案例评析】 这是一个非常成功的市场调研案例,首先在市场调研方面,可口可乐公司具备了敏锐的洞察力,通过调研准确地抓住了儿童果汁市场饮料的空缺,准确地定位儿童市场,并通过深入的调研与分析把握住目标市场的特点,根据目标消费群的不同需要,针对喝果汁的小朋友和购买果汁的妈妈们进行不同的宣传。通过广告、网络、试饮、面对面等活动使角色真人化,与消费者建立良好的感情,让消费者接受并且喜爱上酷儿这个角色,推广纪念品配合产品销售,成功地塑造了角色,为企业带来了更大的利润。

二、市场调查报告

(一)市场调查报告概述

市场调查报告是对某项工作某个事件或某个问题经过深入细致地市场调查后,将调查中收集到的材料加以系统整理、分析研究,以书面形式向组织和领导汇报调查情况的一种文书。

1. 市场调查报告的特点

(1)真实性。

市场调查报告是为解决实际问题撰写的,因此,实事求是的反映某一客观事实物,充分了解实情和全面掌握真实可靠的素材是写好市场调查报告的基础。

(2)针对性。

市场调查报告一般由比较明确的意向,相关的调查取证都是针对和围绕某一综合性或专题性问题展开的,所以市场调查报告反映的问题集中、有深度。

（3）逻辑性。

市场调查报告离不开确凿的事实，但又不是材料的机械堆砌，而是对核实无误的数据和事实进行严密的逻辑论证，是通过对大量材料的分析与综合，揭示出事物的客观规律的过程。

（4）时效性。

调查报告要解决的是当前工作中迫切需要解决的问题，它的时间性很强，因此，写调查报告，从调查研究到定稿的各个环节都要抓紧时间，否则，"时过境迁"，就失去了指导意义。

2. 市场调查报告的种类

市场调查报告的种类，主要有以下几种：

（1）基本情况调查报告。

基本情况调查报告是比较系统地反映某一地区某一单位基本情况的一种调查报告，这类调查报告的目的是弄清调查对象的基本情况供决策者使用。

（2）典型经验调查报告。

典型经验调查报告是通过分析典型事例，总结工作中出现的新经验，从而指导和推动某方面工作的一种调查报告。

（3）问题调查报告。

问题调查报告是针对某一方面的问题进行专项调查，澄清事实真相，判明问题的原因和性质，确定造成的危害，并提出解决问题的途径和建议，为问题的最后解决提供依据，也可以为其他有关方面提供参考和借鉴的一类调查报告。

（二）市场调查报告的结构

从严格意义上说，市场调查报告没有固定不变的结构。市场调查报告一般由标题和正文两个部分组成。

1. 标题。

市场调查报告的标题即市场调查的题目。应概括全文的基本内容，揭示调查报告的主题思想。做到准确、简洁、醒目。常见的写法，有公文式标题和新闻式标题两种。

公文式标题格式由发文主题和文种构成。如《×××关于××××的调查报告》。

新闻式标题格式由调查对象、调查内容、文种构成。如"飞亚达自行车在在国内外市场地位的调查"；也可直接揭示调查结论如"皮单服装在淮安市场畅销"；也可提出问题，如"电动玩具为何如此热销"。

2. 正文

正文一般包括导言、主体和结尾三部分。

导言。也称前言。常见的写法是介绍市场调查工作的基本概况，一般写明调查的目的、时间、对象，地点、范围、方式和结果等。

主体。主体部分也是调查报告的核心部分，就是市场调查报告中的主要内容，是表现调查报告主题的重要部分。这部分详述调查研究的基本情况、做法、经验，以及分析调查研究所得材料中的出现的各种具体认识、观点和基本结论。通常包括调查对象过去和现在的基本情况,如发展历史、市场布局、销售情况的分析和结论,对调查所收集的材料进行科学的分析,从中分析得出结论性的意见。这一部分的写作直接决定调查报告的质量高低和作用大小。

结尾。结尾主要是形成市场调查的基本结论,也就是对市场调查的结果做一个小结。有的调查报告还要提出对策措施,供有关决策者参考。

有的市场调查报告还有附录。附录的内容一般是有关调查的统计图表、有关材料出处、参考文献等。

(三)市场调查报告的写作注意事项

1. 以科学的市场调查方法为基础

在市场经济中,参与市场经营的主体,其成败的关键在于经营决策是否科学,而科学的决策又必须以科学的市场调查方法为基础。因此,要善于运用询问法、观察法、资料查阅法、实验法及问卷调查法等方法,适时捕捉瞬息万变的市场变化情况,以获取真实、可靠、典型、富有说服力的材料,在此基础上所撰写出来的市场调查报告,就必然具有科学性和针对性。

2. 以真实准确的数据材料为依据

由于市场调查报告是对市场的供求关系、购销状况及消费情况等所进行的调查行为的书面反映,因此他往往离不开各种各样的数据材料。这些数据材料是定性、定量的依据,在撰写时要善于运用统计数据来说明问题,以增强市场调查报告的说服力。关于这点,我们从下面市场调查报告范文中也可略见一斑。

3. 以充分有力的分析论证为杠杆

撰写市场调查报告,必须以大量的事实材料做基础,包括动态的、静态的、表象的、本质的、历史的、现实的等,可以说错综复杂,丰富充实。但市场调查报告的内容绝不是这些事实材料的简单罗列和堆积,而必须运用科学的方法对其进行充分有力的分析归纳,只有这样,依据市场调查报告所做的市场预测及所提出的对策与建议才会获得坚实的支撑。

【例 6-1.2】

武汉葡萄酒市场调研报告

一、调研目的

1. 初步了解样本市场主要大型商场和超市甜型葡萄酒的市场现状,分析武汉市场甜型葡萄酒的整体情况。

2. 收集样本市场主要大型商场和超市不同品牌葡萄酒的市场分布、销售价格、销售状况以及同一品牌葡萄酒的产品分类、销售价格、销售状况,并进行对比分析。寻找武汉市场最佳突破点。

3. 了解样本市场消费者对葡萄酒的需求层次、品牌认知程度。

4. 了解样本市场消费者的饮酒(葡萄酒)类型、习惯、场合、男女比例、年龄层次等因素,挖掘潜在市场消费者。

二、调研方法

1. 大型商场超市的走访和调研；
2. 与部分商场超市促销员的个别访谈调研；
3. 与部分商场超市消费者的个别访谈调研；
4. 在互联网上查找资料进行补充。

三、调研概况

2002年3月24日至2002年3月25日对样本主要大型商场和超市进行了市场走访和调研。此次调研的大型商场和超市包括：中南超市、亚贸超市……这些商场超市为武汉市场知名度较高的商场超市，它们分布于武昌、汉口、汉阳，上述调研的样本可以比较真实地反映武汉市场葡萄酒销售现状。

本次调研普遍感受到消费者在选择……

四、调研内容

1. 主导产品品牌情况

（1）国内品牌：

① 张裕：

张裕葡萄酒在武汉大型商场超市的部分品种、容量、度数、价格详见下表：

序号	品名	容量	度数	价格
1	金张裕干红葡萄酒	750毫升	12°	50.00
2	解百纳高级干红	750毫升	12°	76.20
3	精品张裕干红	750毫升	12°	36.40
4	赤霞珠高级干红	750毫升	12°	67.00
5	金高级珍珠红葡萄酒	700毫升	12°	9.90
6	红宝石葡萄酒	750毫升	8°	12.70
7	天然红葡萄酒	750毫升		9.10
8	天然白葡萄酒	750毫升		9.10
9	万客乐红葡萄酒	1000毫升	12°	12.00
10	苹果万客乐红葡萄酒	500毫升	4°—5°	14.20
11	张裕干白葡萄酒	750毫升	12°	24.30
12	玫瑰白葡萄酒	1000毫升	13°	16.80
13	味美思营养葡萄酒	1000毫升	18°	19.30
14	100%全法玫瑰红葡萄酒	1000毫升	12°	16.80

注：1. 表格阴影部分为本品牌的高档产品，其余为本品牌的中、低档产品。

2. 本表格不包括张裕礼品盒产品。

3. 以上产品价格以中南超市为准，其余商场超市同种类型产品价格略有差异。

从上表可以看出，张裕甜型葡萄酒在武汉市场种类很多，干型半干型、甜型品种齐全。有珍珠红葡萄酒、红宝石葡萄酒、万客乐红葡萄酒、玫瑰红白葡萄酒、味美思营养葡萄酒等。

这些甜型葡萄酒容量从500毫升、750毫升到1000毫升,价格从9.10元、12.00元到24.30元,极大满足了消费者差异化的需求。除甜型葡萄酒之外,张裕在高档葡萄酒上也是强势出击,其解百纳高级干红、赤霞珠高级干红、金张裕高级干红和精品张裕干红深受消费者喜爱。张裕甜型葡萄酒和高档干红葡萄酒的价格最大差异为67.10元(详见上表价格)。

张裕甜型酒系列度数多样,有4—5度、8度、12度、13度、18度等,其中主要以8度以下产品为主。而干红则统一为12度。在市场分布中,张裕高档干红分布于各个调研样品市场,而甜型酒系列则主要占据大型超市酒柜(如麦德龙、家乐福、好又多,而在武汉广场超市等小规模超市则没有张裕甜型系列。注:该超市主要零售高档次产品。)。据样本市场中的促销小姐介绍,张裕甜型葡萄酒销量较好的为天然系列、红宝石系列以及万客乐系列。而消费者介绍他们选择这些系列产品的原因是因为价格便宜、度数适中和容量较大,而且适应面广。

② 长城(昌黎长城):
长城葡萄酒在武汉大型商场超市的部分品种、容量、度数、价格详见下表……

③ 王朝:
……

④ 威龙:
……

⑤ 丰收:
……

⑥ 新品牌:
新品牌主要是指云南红新天红……

⑦ 其他品牌:

(2) 国外品牌:
国外品牌葡萄酒在武汉大型商场超市的部分品种、容量、度数、价格详见下表:

2. 销售情况
从样本市场上了解到……

3. 消费者调研
调查表明,酒店是具体消费葡萄酒的重要场所……
交叉分析表明,在家饮用和在外饮用旗鼓相当……

五、小结
通过对甜型葡萄酒的市场进行调研,得出以下结论:

(1) 在样本市场上,各种品牌葡萄酒竞争激烈。传统的四大国内品牌(张裕、王朝、长城、丰收)占据市场高档葡萄酒主导地位,约占53%的市场份额,其中,前三个品牌约占50%市场份额。主要集中在省会级大都市和高档消费场所。其他品牌对市场进行补充,激发市场活力。

(2) 武汉诺市场整体上葡萄酒消费呈现上升趋势。以1999年为例,当年的葡萄酒销量仅为5 000万元人民币,2001年则达到15 000万元人民币。增长比率为300%。

(3) 洋品牌的葡萄酒在武汉市场主要以高档消费为主,价格在50元至200元左右。价格在20元左右的葡萄酒只有法国红蓝葡萄酒。所以基本上定位在高档或者洋消费群体。整体上所占比例不高。但是试图尝新者不少,潜在消费群体较大,不可小视。

(4) 强势品牌市场细分明确,终端完善,品种、价格齐全。这在销售中占有很大的优势。在家乐福、麦得龙等大型超市,促销架势使人汗颜。威龙的做法值得借鉴。武汉当地品牌劲牌公司生产的红珠葡萄酒开始为人所知。具有一定市场潜力。

(5) 品牌知名度成为葡萄酒高档市场消费者的首选因素,其次则是价格。味道、容量、价格、度数是消费者选择甜型葡萄酒比较注重的方面。

(6) 中低档红酒市场需求很大。

(节选自:中国营销传播网,2002-4-18)

【案例评析】 这篇市场调查报告详细阐述了此次调查研究的基本情况、做法,对调查对象的过去和现在的基本情况,如发展历史、市场布局、销售情况进行了分析,最后对此次武汉葡萄酒市场调查的结果做一个小结。

任务二　市场预测报告及可行性研究报告

日本"小车"战胜欧美"大车"

美国汽车制造一度在世界上占霸主地位,而日本汽车工业则是20世纪50年代学习美国发展而来的,但是时隔30年,日本汽车制造业突飞猛进,充斥欧美市场及世界各地,为此美国与日本之间出现了汽车摩擦。

在20世纪60年代,当时有两个因素影响汽车工业:一是第三世界的石油生产被工业发达国家所控制,石油价格低廉;二是轿车制造业发展很快,豪华车、大型车盛行。但是擅长市场调查和预测的日本汽车制造商,首先通过表面经济繁荣,看到产油国与跨国公司之间暗中正酝酿和发展着的斗争,以及发达国家消耗能量的增加,预见到石油价格会很快上涨。因此,必须改产耗油小的轿车来适应能源短缺的环境。其次,随汽车数增多,马路上车流量增多,停车场的收费会提高,因此,只有造小型车才能适应拥挤的马路和停车场。再次,日本制造商分析了发达国家家庭成员的用车情况。主妇上超级市场,主人上班,孩子上学,一个家庭只有一辆汽车显然不能满足需要。这样,小巧玲珑的轿车得到了消费者的宠爱。于是日本在调研的基础之上做出正确的决策。在70年代世界石油危机中,日本物美价廉的小型节油轿车横扫欧美市场,市场占有率不断提高,而欧美各国生产的传统豪华车因耗油大、成本高,使销路大受影响。

请分析日本为什么要发展小车并且战胜了欧美的大车?

一、市场预测报告

(一) 市场预测报告概述

1. 市场预测报告内涵

市场预测报告就是依据已掌握的有关市场的信息和资料,通过科学的方法分析进行研究,从而预测未来发展趋势的一种预见性报告。

市场预测报告,实际上是市场调查报告的一种特殊形式。跟一般市场调查报告不同的是,市场预测报告着眼于未来,运用的是预测理论方法和手段,用科学的方法估计和预测未来市场的趋势,从而为有关部门和企业提供信息以改善经营管理,促使产销对路,提高经济效益。

2. 市场预测报告的作用

(1) 市场预测报告是企业进行生产经营活动的重要依据。

市场经济条件下,企业必须以市场为导向。只有了解了消费者对产品的需求,才能使自己的生产活动建立在可靠的基础上。市场预测报告提供的相关信息使企业的生产经营活动有效。

(2) 市场预测报告是经济主管部门做出决策的必要条件。

经济主管部门的决策来源于对市场客观规律的把握和对经济信息的分析,因此,市场预测报告对经济主管部门来讲是正确决策的保证。

(3) 市场预测报告是引导消费的良师益友。

市场预测报告及时的反映一些关于消费品供求、价格、质量、技术等方面的信息,能够引导消费者理性、科学地消费,从而为经济稳定发展创造条件。

3. 市场预测报告的特点

(1) 预见性。

市场预测报告的性质就是对市场未来的发展趋势做出预见性的判断。它是在深入分析市场既往历史和现状的基础上所做的合理判断,目的是将市场需求的不确定性降到最低,使预测结果和未来的实际情况的偏差率达到最小化。

(2) 科学性。

市场预测报告在内容上必须掌握充分、翔实的资料,并运用科学的预测理论和预测方法以周密的调查研究为基础,充分收集各种真实可靠的数据资料才能找出一策对象的客观运行规律,得出合乎实际的结论,从而有效地指导人们的实践活动。

(3) 针对性。

市场预测的内容十分广泛,每一次市场调查和预测,只能针对某一具体经济活动和某一产品的发展前景,因此市场预测报告的针对性很强,选定的预测对象越明确,市场预测报告的现实指导意义就越大。

4. 市场预测报告的分类

(1) 根据预测范围的不同可分为宏观预测和微观预测两种。

宏观预测是针对某一大类商品就社会购买力与商品可供量的平衡情况所做的预测,如《2011年汽车消费行围及预测报告》,就是对整个中国汽车销售市场进行预测的。

微观预测是针对某一种或某一个品牌后的商品就其社会总需求量所做的预测,如《智能手机市场预测报告》就是对智能手机的销售前景所做的预测。

(2) 根据预测方法的不同可分为定量预测和定性预测。

定量预测是采用统计分析法和经济计量法进行的预测。

定性预测是对影响需求量的各种因素,如产品质量、价格消费对象销售网点、用途等进行调查,分析综合之后对供求前景做出推测和判断。

(3) 按时间层次划分,可分为短期、近期、中期和长期市场预测报告。

一般把一年以内的预测称为短期预测,一年以及五年以上的预测称为中期预测,五年以上的预测称为长期预测。

(二) 市场预测报告的结构

市场预测报告由标题、前言、正文和结尾四部分组成。

1. 标题

市场预测报告的标题比较灵活,其标题与调查报告的标题形式基本相同。一般应标出预测时限。如《上海市2009年家电市场预测报告》《房地产市场的倾向》。总之不管哪种形式的标题都必须标出预测目标,它是预测报告标题的必要组成要素。

2. 导语

导语部分要求以简短扼要的文字说明预测的主旨并概括介绍全文的主要内容,也可以将预测的结果提前到这个部分来写,从而引起读者的注意。

3. 正文

市场预测报告的主体,是预测报告的主要部分。一般要具体、详细地写出概况、预测、建议三方面的内容。

(1) 概况部分:这是预测的基础。要根据预测对象的特点对市场进行广泛深入的调查,搜集预测对象的各种相关数据资料,把这几部分内容综合起来,结合运用恰当的数字、图表,采用夹叙夹议的手法,找出问题,指明矛盾,为转入分析预测打下基础。

(2) 预测部分:这是报告的核心。这个部分应该在调查研究或科学实验取得真实、准确的资料数据的基础上,选择科学的分析、预测方法和计算方法对材料进行认真分析研究,再经过判断推理,从中找出发展变化的规律。

(3) 建议部分:这是根据对预测对象未来前景估计而提出的应变措施。根据推断结果,向商品生产的决策部门以及商品生产和销售厂家提出切实可行的建议。这部分最能显示出预测报告的价值,是作者经验和智慧的综合。建议应当具体、实在、可行,真正能为解决未来发展趋势中出现的问题指明方向、提供办法。

正文的三个部分之间有着紧密的逻辑关系,须根据内容表述的需要灵活掌握,巧妙安排。

4. 结尾

凡有前言的预测报告,结尾一般要与开头相照应,或归结全文,以深化主题和重申观点,以加深认识。如无前言,则大都是以署名和成文日期做结尾。用于报刊发表的,要把署名置于标题之下的正中位置。

(三)市场预测报告的写作注意事项

1. 材料要具体真实

市场预测报告中选用的材料必须具体而且真实才能够进行科学的预测,相反,则会导致错误的判断,就会失去预测报告应有的价值,甚至造成经济损失。

2. 预测要准确无误

预测的准确性是预测报告的灵魂。要使预测报告结果准确无误,除了材料的数据真实全面外,还必须在正确理论指导下运用科学的预测方法。预测方法有定性预测法和定量预测法两种。

3. 建议要切实可行

市场预测报告中提出的建议要切实可行,切忌说大话、套话、空话。

【例6-2.1】

关于某市家用汽车消费情况的调查

谭振宁　王瑞禹

2015年4月1日

序　言

市场调查分析是市场调查的重要组成部分。通过市场调查收集到的原始资料,是处于一种零散、模糊、浅显的状态,只有经过进一步的处理和分析,才能使零散变为系统、模糊走向清晰、浅显发展为深刻,分析研究其规律性,达到正确认识社会现象的目的,为准确的市场预测提供参考依据,最终为调查者正确决策提供有力的依据。

市场调查分析的原则:从全部事实出发,坚持实事求是的观点;全面分析问题,坚持一分为二的观点;必须从事物的相互联系、相互制约中分析问题;

市场调查分析方法:单变量统计量分析、单变量频数分析、多变量统计量分析、多变量频数分析、相关分析、聚类分析、判别分析、因子分析等。

关于某市家用汽车消费情况的调查

随着居民生活水平的提高,私车消费人群的职业层次正在从中高层管理人员和私营企业主向中层管理人员和一般职员转移,汽车正从少数人拥有的奢侈品转变为能够被更多普通家庭所接受的交通工具。了解该市家用汽车消费者的构成、消费者购买时对汽车的关注因素、消费者对汽车市场的满意程度等对汽车产业的发展具有重要意义。

本次调研活动中共发放问卷400份,回收有效问卷368份,根据整理资料分析如下。

一、消费者构成分析

1. 有车用户家庭月收入分析

表 1　有车用户家庭月收入

家庭收入	比重(%)	累积(%)
2000 元以下	28.26	28.26
2000～3000 元	33.70	61.96
3000～4000 元	10.87	72.83
4000～5000 元	18.48	91.31
5000 元以上	8.69	100.00

目前该市有车用户家庭月收入在 2000～3000 元间的最多;有车用户平均月收入为 2914.55 元,与该市民平均月收入相比,有车用户普遍属于收入较高人群。61.96% 的有车用户月收入在 3000 元以下,属于高收入人群中的中低收入档次。因此,目前该市用户的需求一般是每辆 10～15 万元的经济车型。

2. 有车用户家庭结构分析

表 2　有车用户家庭结构

家庭结构	比重(%)	累积(%)
夫妻	36.96	36.96
与子女同住	34.78	71.74
与父母同住	8.70	80.44
单身	17.39	97.83
其他	2.17	100.00

家庭夫妻二人无小孩的家庭,占有车家庭的比重大,为 36.96%。其家庭收入较高,负担较轻、支付能力较强,文化层次高、观念前卫,因此 Dink 家庭成为有车族中最为重要的家庭结构模式。核心家庭,即夫妻二人加上小孩的家庭,比重为 34.78%。

3. 有车用户职业分析

调查显示有 29% 的消费者在企业工作,20% 的消费者是公务员,另外还有自由职业者、机关工作人员和教师等。目前企业单位的从业人员,包括私营业主、高级主管、白领阶层仍是最主要的汽车使用者。而自由职业者由于收入较高及其工作性质,也在有车族中占据了较高比重。

4. 有车用户年龄及驾龄分析

在我们所调查的消费者中,年龄大多在 30～40 岁或是 30 岁以下,所占比重分别为 43% 和 28%,也有 23% 的年龄在 40～50 岁,仅有 6% 的消费者年龄在 50 岁以上……也给了他们足够的购车理由。

二、消费者购买汽车时关注的因素分析

调查显示,消费者在购车时最关注的因素首先还是汽车的价格和性能,所占比例分别达到了 19% 和 16%,因此,性价比越高的汽车越能受到消费者的青睐。其次在消费者对汽车的关注因素中排在前例的还有油耗、品牌和售后服务等几项,所占比重分别为 14%、13% 和 13%,由此可见,汽车自身的品质与经销商所提供的售后服务保证是同等重要的。因此,在对消费者最终选购汽车起主导作用的因素中,油耗经济性好、性价比高、售后服务好这三项占据了前三名,所占比重分别为22%、21%和15%。

消费者在购车前获取信息的渠道主要有哪些呢?通过汽车报纸杂志获取信息的消费者占总数的27%,还有23%的消费者是通过电视、广播获取信息的,此外,上网查询和广告等也都是消费者获取信息的主要渠道。由此可见,在传媒业越来越发达的今天,任何媒介都能够加以利用,成为推动营销的帮手。

在大型汽车市场、品牌专卖店、综合销售点和其他销售点这几种汽车销售点中,目前消费者最为信赖的还是品牌专卖店,选择……

三、用户使用情况特点分析

本次调查中男性用户的汽车品牌排名前三位的……女性用户的汽车品牌前三位的……由此可见,该市家用汽车市场上消费者使用的品牌的前三位……由此可见,目前最受有车一族青睐的无疑是经济车型。

……

目前,油价的不断上涨,已成为车族关心的问题,在他们用车的过程中也产生一定影响,有46%的消费者已经考虑更换小排量、低油耗的车,还有18%的消费者选择减少用车频率,但也有36%的消费者认为基本没有影响。可见,未来的几年内,低油耗的车型仍会成为消费者青睐的对象。

四、用户满意度分析

目前该市家用汽车消费者使用最多的三种品牌分别是捷达、宝来、本田,这三种品牌的汽车到底具有哪些优势呢?通过比较发现……由此可以看出,消费者较为满意的车型除了经济舒适外,还必须具有较高的品牌知名度。

五、结论(建议)

通过对本次调查结果的分析,就反映出的问题和现象特提出以下建议:

(1)在家用汽车消费群体中,女性消费者中还具有很大的市场潜力,汽车生产商可以在汽车的整体设计中加入一些符合女性需求的细节设计,使汽车设计更富人性化,也更能受到女性消费者的青睐。

(2)从目前家用汽车市场的实际情况来看,经济实用型汽车最受欢迎,但消费者在选购实用汽车的同时,也会考虑汽车的外观能否体现其身份、地位,因此生产商应加强对经济实用型汽车在外观、内饰上的提高,以争取更多消费者。

(3)在购车地点的选择上,大部分消费者选择了品牌专卖店,因为那里的环境、服务等都比别处更胜一筹,但综合销售点实际上更有利于消费者进行实地考察,从而客观地对汽车品牌进行对比。但目前该市的几个综合销售点的经营状况都远不如品牌专卖店,综合经销商应考虑如何采取对策。

(4)目前通过银行贷款的方式买车的消费者还是少之又少,这与中国人的消费观念有关,但就目前中国的形势来看,通过贷款的方式买房、买车都是非常合适的选择,虽然我国仅在北京等少数大城市提供了不超过货物本身的14.3%的低息贷款,但经销商若能做足这方面的"文章",也可促进家用汽车消费市场的长足发展。

（5）消费者在维权方面达成的共识就是希望国家能够设立专门的部门，制定出硬性的指标以判定汽车质量问题，维护汽车消费者的合法权益。

（本文节选自百度文库）

【案例评析】 市场预测报告中选用的材料必须具体而且真实才能够进行科学的预测，报告中提出的建议要切实可行，要杜绝说大话、套话、空话，这则市场预测报告根据对预测对象未来前景的估计提出了应变措施，根据推断结果，向商品生产的决策部门以及商品生产和销售厂家提出了切实可行的建议。

二、可行性研究报告

可行性研究不仅在工程技术项目上被广泛采用，而且在新公司的设立、新产品的开发等方面被逐渐应用。例如设立一个股份公司，组织一次大型的产品促销活动等都要在之前做可行性研究，提交可行性研究报告。

（一）可行性研究报告的内涵

可行性研究报告，又称可行性论证报告，是在项目建设前对拟建中的工程项目进行全面的技术经济调查研究，确定其是否合理、是否可行的文书。

国家计划委员会1983年颁发的《关于建设项目进行可行性研究的试行管理办法》中规定，凡大型工业交通项目重大技术考察项目，利用外资项目技术引进和设备进口项目都要进行可行性研究，项目可行性研究报告主要应用于：(1) 企业融资，对外招商合作。(2) 国家发改委立项。(3) 银行贷款。(4) 申请进口设备免税。(5) 境外投资项目等。

（二）可行性研究报告的作用

（1）可行性研究报告是科学决策的有效工具。

可行性研究报告是建设项目的关键材料，选址资金、原料设备、技术销路、利润，都要经过科学的分析计算，从而为科学决策打下坚实的基础。

（2）可行性研究报告是提高效率的可靠保证。

可行性研究报告经过定性和定量的分析和计算使得每一项决定都有通知的依据，因此能够确保项目的确实可行性，从而为企业的经济和社会效益取得可靠保证。

（3）可行性研究报告是避免失误的重要手段。

可行性研究报告是财政金融会计，营销环保税务等多个部门的专业人士在深入分析论证和对比的基础上得出的科学结论，因此在项目的建设和经营过程中能够最大限度地避免失误。

（三）可行性研究报告的写作

一般来讲可行性研究报告由封面、编制说明、目录、正文、落款和署名附件等几部分组成。

1. 封面

可行性研究报告的开本通常为16开，封面上方正中间为报告名称，如《昆明市推行住房商品化改革方案的可行性研究报告》等。封面下方居中位置注明报告作者和编制时间。

2. 编制说明

通常包括项目名称,项目建设单位及其负责人,可行性研究报告的编制单位及其负责人,报告审核人等几项。

3. 目录

目录也叫目次,是将总论、主体部分、各条目、结语、各附件的名称分别标上页码,依次罗列出来,并在上首居中位置用较大字号标明"目录"二字。

4. 正文

可行性研究报告的正文一般应具备以下几部分内容:

(1) 总论。

总论也称前言,简要的叙述项目提出的依据和背景,基本情况和基本设想。

(2) 主体。

主体是可行性研究报告的核心内容,要求采用系统分析方法,以经济效益为中心,围绕影响项目的各种因素,利用大量的数据资料认证项目是否可行,这部分涉及的内容比较多,一般包括以下几部分。

① 市场需求情况。包括国内国际市场的现状动向等。

② 原材料,能源,交通情况。

③ 项目地址的选择和建设条件。包括项目地址的自然条件、经济条件、社会条件和交通运输条件等。

④ 技术设备和生产工艺。包括技术名称、技术水平、技术引进、工艺流程和要求设备的名称、型号规格、数量质量及配套工程、辅助设施人员培训等情况。

⑤ 资金方面。包括全部工程所需投资额、流动资金的需求量、各项资金的筹措方式及贷款偿付期限和方式。

⑥ 财务分析。包括资金投入的分析,论证投产后经济效益,社会效益的预测,总成本、总利润、盈亏保本点投资,回收率和回收期限及经济效益敏感性分析。

(3) 结尾。

结论与评价是可行性研究报告的最终部分,从市场技术条件,资金效益各方面进行分析评价和比较,明确提出该项目是否可行的结论。

5. 落款与署名

落款包括项目主办单位负责人、主要技术负责人、经济负责人及编制时间。

6. 附件

必要的图表和证件等不便在报告中说明的可作为附件补充。上述内容根据项目情况可增可减和前后调整。

(四) 可行性研究报告写作的注意事项

1. 坚持实事求是的工作作风

可行性研究报告必须坚持实事求是的工作作风,通过深入的调查研究材料分析和准确的数据计算得出正确的结论。

2. 掌握科学的分析方法

在可行性分析过程中考虑问题要全面,不仅要看到有利因素也要看到不利因素,为了准确深入地认识事物,要把定量分析和定性分析结合起来。

3. 树立团队合作的协作精神

一份可行性研究报告涉及自然科学、社会科学,从调查到分析、研究、计算,期间大量的工作需要各种专业的相关人员通力合作,因此要树立团结合作的协作精神,保证工作的顺利完成。

【例 6-2.2】

武汉市江岸区项目开发可行性报告

【编制说明】江岸区后湖乡,属于武汉市"十五"计划确定的三大住宅新区之一。本文通过对江岸区后湖乡石桥村 125.59 亩的一国有拍卖地块的开发经营环境的市场调查分析,以及与周边主要同类竞争物业的比较后,依据江岸区后湖乡当地的目前市场状况和对未来的预测,对项目的可行性与开发经营策划提出初步意见,并结合项目的特点优势,对项目进行了投资分析、财务评价和风险分析,以期探讨该地块进行住宅开发经营的可能性。依据本文的方案,项目总建筑面积 11.72 万平方米,项目总投资 15 594.85 万元。经测算项目财务净现值 3 620.11 万元,项目财务内部收益率 27.1%,因此项目在经济上具有较强的可行性。

【目录】

第一章 前言

一、报告编制依据

二、项目概况

第二章 项目开发经营环境分析

一、2000 年国内经济及房地产市场回眸

二、武汉市房地产市场分析

第三章 项目周边物业市场调查分析

一、投资地块的地理环境

二、后湖地区区域分析

第四章 项目开发经营策略及投资估算

一、项目开发经营策略

二、项目投资估算

三、项目实施进度安排

四、项目投资与筹资计划

第五章 项目开发经营状况分析

一、项目销售计划

二、项目销售收入估算

三、项目经营成本估算

四、项目利润估算

五、项目现金流量、财务净现值及财务内部收益率

第六章 项目开发经营风险分析

一、项目盈亏平衡分析

二、项目敏感性分析

三、项目开发经营主要风险及对策分析

【正文】

第一章 前言

一、报告编制依据

二、项目概况

第二章 项目开发经营环境分析

一、2000年国内经济及房地产市场回眸

……

第三章 项目周边物业市场调查分析

项目调查是可行性研究工作的基础,是在地域选择后进行的多项生活指标的调查。本次调查分析主要是针对……

一、投资地块的地理环境

……

1. 土地性质及地理位置综述

……

2. 地块自然景观及环境质量

2.1 自然环境

2.2 项目周边情况

二、后湖地区区域分析

1. 基础设施状况分析

1.1 交通状况

1.2 人文环境及生活配套设施

1.3 市政配套设施

三、项目周边物业分析

第四章 项目开发经营策略及投资估算

一、项目开发经营策略

依据开发公司的实际情况,本项目宜采取"整体规划、分期实施、自主开发、力创精品"的灵活多变的开发经营策略。

……
二、项目投资估算
三、项目实施进度安排
四、项目投资与筹资计划
第五章　项目开发经营状况分析
一、项目的价格定位
二、项目销售计划
三、项目销售收入估算
四、项目经营成本结算
五、项目利润估算
六、项目现金流量与财务净现值、财务内部收益率
第六章　项目开发经营风险分析
一、项目盈亏平衡分析
二、项目敏感性分析

【案例评析】　这是一份非常成功的可行性研究报告,这份报告从建设项目的选址、资金筹备、产品销路、利润以及可能存在的经营风险都进行了科学的调查研究和分析计算,从而为科学决策打下坚实的基础。

任务三　广告策划文案

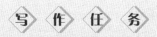

×××洗发水策划书案例
目录

一、前言
二、广告商品
三、广告目的
四、广告期间
五、广告区域
六、广告对象
七、策划构思
八、广告策略
九、广告主题表现及媒体运用

一、前言

根据分析,洗发水的市场虽然较大,但因竞争品牌众多,广告投资量大,欲争取较高的市场占有率,殊非易事。本公司建议明年度销售及广告诉求重点,应放在指名购买及衔接2011及2012年广告投资重点上,并以××洗发水为主,以下即本公司根据市场及消费者心理各项因素所研拟的2012年××洗发水广告企划案。

二、广告商品

××洗发水公司——××洗发水

三、广告目的

1.促进指名购买;2.强化商品特性;3.衔接2011、2012年广告;4.传播影响程度:不知名—知名—了解—信服—行动

四、广告期间

策划书写作

项目策划书

广告策划书

2011年6月—2012年6月

五、广告区域

全国各地区(以城市为主)

六、广告对象

所有居民用户

七、策划构思

(二)旧市场占有率的提升(即袭夺其他品牌的市场)

(三)使用及购买频度的增加

请根据以上内容,将这篇策划书补充完整。

▶▶ 一、广告策划文案概述

(一)涵义

策划是通过周密的市场调查和系统的分析,利用已经掌握的知识(情报或资料)和手段,科学地、合理地、有效地布局营销、广告战略与活动进程,并预先推知和判断市场态势和消费群体定势的现在和未来的需求,以及未知状况的结果。

策划方案,又叫策划书,它是对某个将要举办的活动或者要做的事项进行全方位的策划,并展现给读者的文书。

广告策划是现代商品经济的必然产物,所谓广告策划,是根据广告主的营销计划和广告目标,在市场调查的基础上,制订出一个与市场情况、产品状态、消费群体相适应的经济有效的广告计划方案,并加以评估、实施和检验,从而为广告主的整体经营提供良好服务的

活动。

广告策划可分为两种：一种是单一性的，即为一个或几个单一性的广告活动进行策划，也称单项广告活动策划。另一种是总体性的，即为企业在某一时期的总体广告活动策划，也称总体广告策划。

一个较完整的广告策划主要包括五方面的内容：市场调查的结果、广告的定位、创意制作、广告媒介安排、效果测评安排。通过广告策划工作，使广告准确、独特、及时、有效地传播，以刺激需要、诱导消费、促进销售、开拓市场。

广告策划书是指对广告策划运作过程的每一部分做出分析和评估，并制定出相应的实施计划后所形成的一个纲领式的总结文件，广告策划书是根据广告策划结果写的，是提供给广告主加以审核认可的广告活动的策划性质的文件。

（二）广告策划文案的形式

广告策划书有两种形式：表格式和文书式。

（1）表格式。这种形式的广告策划书上列有广告主的产品现在销售量或者销售金额、广告目标广告、诉求重点、时效、诉求对象、广告地区、广告内容、广告表现战略、广告媒体战略、其他促销策略等栏目。其中广告目标一栏又分为知名度、理解度、斜度、购买愿意度等小栏目，一般不把具体销售量或销售额作为广告目标，因为销售量或销售额只是广告结果测定的一个小参考数值，它们还会受商品的包装、价格质量、服务等因素的影响，这种广告策划书比较简单，使用面不是很广。

（2）文书式。这是以书面语言叙述的广告策划书，是将广告策划意见撰写成书面形式的广告计划，因此又称广告计划书。

（三）广告策划的作用

（1）通过广告策划保证广告活动的目标性。

广告活动方案是依据企业的营销战略、品牌管理战略等目标制订的。广告策划过程运用科学的研究和分析方法，集中丰富的经验和智慧，事先将各项活动作出周密细致的安排，每一项活动紧紧围绕最终的总体目标而展开，具有共同的指向性，确保广告目标得以实现。

（2）通过广告策划保证广告活动的计划性。

广告策划能够提高企业对市场的应变能力，将各种不利的因素减少到最低程度。通过科学的广告策划，既可以选择明确的广告目标和诉求对象，防止广告活动的盲目性，也可以选择有效的广告媒介，防止或减少广告媒介资源的浪费，还可以合理地分配和使用广告经费，广告活动的进程和次序计划周详缜密。

（3）通过广告策划保证广告活动的创造性。

广告活动的创造性是促成广告达到目标的关键要素。通过广告策划，可以把各个方面、各个领域的智慧聚集起来，充分发挥团队集思广益、取长补短的优势，激发灵感和创意，充分发挥创意高手的推动作用，保证整个广告活动的每一个环节都有高水平的创意，把广告对消费者的说服效力发挥到极致。

（4）通过广告策划保证广告工作的连续性。

广告的根本目标是促进产品销售、塑造品牌形象。要达到这样的目的,仅仅依靠一两次广告活动是不能解决问题的,而必须通过长期不懈的努力和日积月累,才能显现广告的效果,广告策划可以协调各个方面的资源,确保广告效果的一致性和连续性。

(5) 通过广告策划以取得最佳的广告效果。

广告活动所投入的人力、物力均很大,做好广告策划有助于使广告活动更加合理,有利于减少广告的浪费,也有利于减少广告的污染。各方广告策划人员运筹帷幄,总结正确的广告经验,制定正确的广告目标,尽量发挥各个环节的优势,争取最好的广告效益。

(四) 广告策划书的结构

根据广告策划书的内容要点,广告策划书内容与结构的一般模式应包括如下 10 个方面的内容。

(1) 封面。

一份完整的广告策划书文本应该包括一个版面精美、要素齐备的封面,以给阅读者以良好的第一印象。

(2) 目录。

在广告策划书目录中,应该列举广告策划书各个部分的标题,必要时还应该将各个部分的联系以简明的图表体现出来,一方面可以使策划文本显得正式、规范,另一方面也可以使阅读者能够根据目录方便地找到想要阅读的内容。

(3) 前言。

前言应简明概要书名、广告活动的时限、任务和目标,必要时还应说明广告主的营销战略,这是整个广告策划的摘要,目的是把广告策划的要点提出来以方便企业最高层的决策者或执行人员快速阅读和了解,使最高层的决策者或行政人员对策划的某一部分有疑问时,能通过翻阅该部分,迅速地了解细节,这部分内容不宜太长,以数百字为佳,所有的广告策划书称这部分为执行摘要。

(4) 市场分析。

市场分析一般包括四个方面的内容:企业经营情况分析、产品分析、市场竞争分析、消费者分析。

企业经营情况分析主要分析企业市场营销环境中宏观的制约因素,如政治、法律背景以及文化背景;分析企业的供应商与企业的关系,企业的营销商与企业的关系;分析企业产品销售市场的概况以及面临的竞争状况;分析营销过程中存在的机会与威胁、优势与劣势、重点问题等营销环境。

产品分析主要是分析本产品的特征、性能、价格、质量、生产工艺、外观与包装等与同类产品的优势和劣势;分析消费者对产品的形象设计是否认同,对产品的定位能否接受。

企业和竞争对手的竞争状况分析主要是分析企业在竞争中的地位,竞争对手的基本情况和竞争对手的所具备的优势及存在的劣势。

消费者分析主要分析消费者的总体消费态势、现有消费群体的构成、影响现有消费者的消费行为的因素、分析现有消费者对本品牌的认同态度以及对潜在消费者的影响程度、分析潜在消费者和目标消费者对本产品的需求。

(5) 广告策略。

广告策略部分一般应根据产品定位和市场研究结果,产品广告策略的重点,说明用什么方法使用广告产品在消费者心中留下了深刻印象;用什么方法刺激消费者产生了购买兴趣;用什么方法改变了消费者的使用习惯,使消费者选购和使用广告产品;用什么方法扩大广告产品的销售对象范围;用什么方法使消费者形成新的购买习惯。有的广告策划书在这部分内容中,增设促销活动计划,进一步说明促销活动的目的、策略和设想,也有把促销活动计划单独作为一个文件来说明的。

(6) 广告对象。

广告对象部分主要根据产品定位和市场研究来测算出广告对象目标群体的范围,根据研究结果,列出不同目标群体的分析数据,概述潜在消费者的需求特征和心理特征、生活方式和消费方式等。

(7) 广告地区。

广告地区或诉求地区部分应确定目标市场,并说明选择该特定地区的理由。

(8) 广告策划。

广告策划部分主要应详细地说明广告实施的具体细节,撰写时应把所涉及的广告媒体计划清晰、完整而又简明地设计出来,详细程度可根据媒体计划的复杂性而定,也可另行制订媒体策划书,一般至少应清楚地叙述所使用的媒体、使用该媒体的目的、媒体策略,如果选用多种媒体,则需对各类媒体的刊播及如何交叉配合加以说明。

(9) 广告预算及分配。

广告预算及分配部分要根据广告策略的内容,详细列出媒体选用情况及所需费用刊播的收费标准,最好能制成表格,列出调研设计制作的费用,也有的广告策划书将这部分内容列入广告预算书中做专门介绍。

(10) 广告效果预测。

广告效果预测部分主要说明经广告主认可,按照广告计划实施广告活动预计可达到的目标,这一目标应和前言部分规定的目标任务相呼应。

(五) 广告策划书的写作要求

撰写广告策划书时,上述部分可有增减或合并分列,最后部分可增加公关计划广告建议,也可改为结束语或结论,可根据具体情况而定。

写广告策划书一般要求简短,避免冗长。要简要概述,尽量删除一切多余的文字,尽量避免重复相同概念,力求简练,易读易懂。撰写广告计划时,不要使用过多代名词,广告策划的决策者和执行者要的是事实。广告策划书在每一部分的开始最好有一个简短的摘要,在每一部分中要说明所引用资料的来源,使计划书增加可信度,一般来说,广告策划书不宜超过 2 万字,如果篇幅过长,可将图表及有关说明材料用附录的形式处理。

在撰写过程中是具体情况,有时也将媒体策划、广告预算、总结报告等部分专门列出,形成相对独立的文案,随后分而述之。

【例 6-3.1】

立顿广告文案策划

目录

第一章 绪论

1. 选题背景

第二章 分析

1.1 环境分析

1.1.1 宏观环境分析

1.2 消费者分析

1.2.1 消费者总体分析

1.2.2 立顿奶茶的消费人群

1.2.3 消费人群分析

1.3 产品分析

1.3.1 奶茶产品需求分析

1.3.2 立顿奶茶未来的发展趋势和目标

1.3.3 产品竞争力分析

1.3.4 立顿奶茶的成功因素分析

1.3.5 立顿奶茶对行业的影响预测

1.4 竞争者分析

1.4.1 香飘飘

1.4.2 优乐美

1.4.3 整体对比评价

第三章 广告策略

3.1 广告的目标

3.2 广告诉求的对象

3.3 广告诉求的重点

3.4 广告文本

七彩笑容篇

3.4.1 角色介绍：

3.4.2 广告文本

3.4.3 广告表现内容

3.5 广告发布计划

3.5.1 广告发布的媒介

3.5.2 促销媒体

一、绪论

1.1 选题背景

……

二、分析

2.1 环境分析

2.1.1 宏观环境分析

（1）政治、法律环境分析

（2）社会文化环境分析

2.2 消费者分析

2.2.1 消费者总体分析

2.2.2 立顿奶茶的消费人群

2.2.3 消费人群分析

（1）年轻女性白领：

经济收入较高，社交广泛，应酬较多的这部分时尚人士组成。……

（2）大学生：

这个阶段的人群，他们正经历着从依赖转向独立自主成长的过程……

2.3 产品分析

作为联合立华的品牌，立顿在我国大中城市中占有相当大的市场份额。……

2.3.1 奶茶产品需求分析

	被动型	支持型	主动型
特点	……	……	……
客户占比	50%～65%	20%～30%	10%～15%
选择立顿奶茶占比	5%～20%	50%～60%	15%～30%

2.3.2 立顿奶茶未来的发展趋势和目标

2.3.3 产品竞争力分析

（1）以市场为导向，而非以产品为导向……

（2）产品和品牌形象标准化

做一个"立顿式"的标准，然后进行设计、包装和推广，一定可以增强消费者的信任及市场的认可……

（3）产品广推品种活动抗竞争

……

（4）定位紧扣中国风格值信赖

由于销售地域、消费对象以及消费习惯的改变，立顿针对中国市场，对其产品风格重新进行定位。……

2.3.4 立顿奶茶的成功因素分析

……

2.3.5 立顿奶茶对行业的影响预测

……

2.4 竞争者分析

2.4.1 香飘飘

……

2.4.2 优乐美

……

2.4.3 整体对比评价

	立顿	优乐美	香飘飘
核心消费群体	25-30岁女性	15-25岁大学生	15-30岁女性
在核心消费群体内的市场份额	40%	60%	30%-40%
产品特征	……	……	……
……	……	……	……

三、广告策略

3.1 广告的目标

通过这一次的广告带给年轻的目标消费人群的一个新的概念：……

3.2 广告诉求的对象

立顿奶茶的目标人群主要为年轻白领，尤其是女性。由于女性占奶茶消费群的68.7%，而白领阶层又是奶茶、咖啡、茶包等快速饮料的主要消费人群……

3.3 广告对象的重点

我们广告的诉求重点主要是通过女性白领阶层日常的生活作息中的细节去体现立顿奶茶的作用……而在广告中立顿奶茶能够体现以下几点思想：

① 心旷神怡。② 青春活力。③ 阳光朝气。④ 自然美好。

3.4 广告文本

3.4.1 角色介绍

3.4.2 广告文本

3.4.3 广告表现内容

3.5 广告发布计划

3.5.1 广告发布的媒介

3.5.2 促销媒体

(本文节选自百度文库)

【案例评析】 这篇广告策划书完整地展示了写作一篇广告策划书应该包含的内容和结构,对于广告主来讲,按照这样的广告计划实施广告活动预计可以达到相应的目标。

任务四 营销策划文案

农夫山泉的成功营销

2000年左右,中国瓶装饮用水市场竞争格局基本上已经成为定势。以娃哈哈、乐百氏为主导的全国性品牌基本上已经实现了对中国瓶装饮用水市场的瓜分与蚕食!同时,很多区域性品牌也在对瓶装饮用水市场不断进行冲击,但是往往很难有重大突破。当时,比较有代表性的水产品有深圳景田太空水、广州怡宝、大峡谷等等,还有一些处于高端的水品牌,如屈臣氏、康师傅等。但是,中国水市竞争主导与主流位置并没有改变。

正是在此时,海南养生堂开始进入瓶装饮用水市场,农夫山泉的出现改变了中国水市竞争格局,形成了中国市场强劲的后起之秀品牌,并且,随着市场竞争加剧,农夫山泉在一定意义上逐渐取代了乐百氏成为中国市场第二大品牌,从而创造了弱势资源品牌打败强势资源品牌的著名战例。在具体的操作过程中,首先,农夫山泉买断了千岛湖五十年水质独家开采权,在这期间,任何一家水企业不可以使用千岛湖水质进行水产品开发,不仅在瓶盖上创新,利用独特的开瓶声来塑造差异,而且打出"甜"的概念,"农夫山泉有点甜"成了差异化的卖点;其次,为了进一步获得发展和清理行业门户,营销策划案例分析农夫山泉宣称将不再生产纯净水,而仅仅生产更加健康、更加营养的农夫山泉天然水,并且做了"水仙花对比"实验,分别将三株植物放在纯净水、天然水与污染水之中,我们会发现,放在纯净水与污染水中的植物明显不如放在天然水中的植物的生长速度,由此,农夫山泉得出一个结论,天然水才是饮用营养水。其"天然水比纯净水健康"的观点通过学者、孩子之口不断传播,因而赢得了影响力,农夫山泉一气呵成,牢牢占据瓶装水市场前三甲的位置。

农夫山泉的成功,在于其策划与造势,一方面对卖点不断提炼,从瓶盖的开盖声音到有点甜,从有点甜到而今的PH值测试,宣称弱酸、弱碱性;另一方面是善于炒作和造势,通过对比来形成差异,进而提升自己。

根据以上内容试着写一份营销策划书。

一、营销策划文案的含义

营销策划文案或称营销策划书,是营销策划的文字报告形式。营销策划文案从形式上要规范、鲜明、具体,具有形象性和可操作性。文案的篇幅要与策划内容的繁简相一致,文案的形式要图文并茂,文案的语言要简约、流畅、生动、绘声绘色,文案的结构要严谨、完善、层层递进、环环相扣、彼此照应。营销策划书是指企业对市场营销过程中的各个步骤与各种不同的活动进行策划,使企业本身、企业的产品或服务能很快被潜在消费者所认知、了解、接受并购买。它是企业市场营销活动的一项重要内容,也是企业经营计划的重要组成部分。

二、营销策划书的特点

1. 目的性

凡事都有要有目的,而营销尤其要讲究目的,于什么时间、在什么地点、由什么人做什么样的工作、最终将可能收获何种利益等,都应该紧紧扣住营销策划的目的及具体目标。

2. 效益性

有营销目标,还只是必要的第一步,因为在有限的市场机会中能否创造条件争取最大的效益,是广告主的主要追求。所以,在营销策划中应该提出诱人的经济利益。

3. 可行性

说话的思想,应当有一定的前瞻性,但是不应当脱离企业和市场实际。策划者的责任是把目前还不够明朗的事项抽丝剥茧地告知决策者。但不能为了哗众取宠而欺骗决策者,评价营销策划书的优劣,最终要落实到可行性上。

三、营销策划书的种类

(1) 根据具体对象不同,可分为商品销售策划书、促销活动策划书、市场推广策划书、新产品开发策划书、商品布局策划书、营销定位策划书、网点布局策划书等。

(2) 根据涉及时间的长短不同,可分为长期营销策划书和短期营销策划书。

(3) 根据内容涉及面的宽窄不同,可分为专项性营销策划书和综合性营销策划书。

四、营销策划书的结构

一般情况下,一个完整的营销策划案的内容与格式大体上由封面、前言、目录、概要提示、正文、结尾、附录七个部分组成。

1. 封面

营销策划书封面主要包括以下信息:①策划书的名称。②被策划的客户。③策划机构或策划人的名称。④策划完成日期及本策划适用时间段。⑤编号。

2. 前言

前言又可称为导言,是策划案的开头部分。前言是策划书正式内容前的情况说明部分,内容应简明扼要,不超过数百字,让人一目了然。其内容包括:①接受委托的情况,如×公司接受×公司的委托,就××年度的广告宣传计划进行具体策划。②本次策划的重要性与必要性。③策划的概况,即策划的过程及达到的目的。总的要求是:突出重点,明确难点,抓准关键。

3. 目录

目录的作用是使营销策划书的结构一目了然,同时也使阅读者能方便地查寻营销策划书的内容。目录的内容也是策划书的重要部分,封面引人注目,前言使人开始感兴趣,目录就让人读后了解策划的全貌,目录具有与标题相同的作用,同时也应使阅读者能方便地查询策划书的内容。

4. 概要提示

概要提示的目的是为了使阅读者对营销策划内容有一个非常清晰的概念,使阅读者能对策划者的意图与观点予以理解。

概要提示的撰写同样要求简明扼要,篇幅不能过长,控制在一两百字为宜。另外,概要提示不是简单地把策划内容予以列举,而是要单独成一个系统,因此,遣词造句等都要仔细斟酌,要起到一滴水见大海的效果。

5. 正文

正文是营销策划书中最重要的部分,具体包括以下几方面内容。

(1) 营销策划的目的。

营销策划目的部分主要是对本次营销策划所要实现的目标进行全面描述,它是本次营销策划活动的原因和动力。

(2) 市场状况分析。

① 宏观环境分析。着重对本次营销活动相关的宏观环境进行分析,包括政治经济文化,法律科技等。

② 产品分析。主要分析本产品的优势、劣势在同类产品中的竞争力,在消费者心目中的地位,在市场上销售力等。

③ 竞争者分析。分析本企业主要竞争者的有关情况,包括竞争产品的优势劣势营销状况、竞争企业的整体情况等。

④ 消费者分析。对产品消费对象的年龄、性别、职业、消费习惯、文化层次等进行分析。

以上市场状况的分析是在市场调研取得第一手资料的基础上进行的。

(3) 市场机会与问题分析。

营销策划书是对市场机会的把握和策略的运用,因此分析市场机会就成了营销策划的关键。只要找准了市场机会,策划就成功了一半。

① 营销现状分析。对企业产品的现行具体分析,找出营销中存在的具体问题,并分析其原因。

② 市场机会分析。根据前面提出的问题,分析企业及产品在市场中的机会点,为营销策划书的出台做准备。

(4) 确定具体营销策划方案。

针对营销中问题点和机会点的分析,提出达到营销目标的具体营销策划方案。

① 本产品的市场定位是什么?

② 本产品具体的产品方案、价格方案、分销方案和促销方案是怎样的?

(5) 预算。

这部分描述的是整个营销方案推进过程中的费用投入,包括营销过程中的阶段费用、项目费用等,其原则是以较少投入获得最优效果。

(6) 进度表。

把策划活动期指全部过程拟成时间表,具体到何日何时要做什么都标注清楚,作为策划进行过程中的控制与检查,进度表应尽量简化在一张纸上拟出。

(7) 人员分配及场地。

此项内容应说明具体营销策划活动中各个人员负责的具体事项及所需物品和场地的落实情况。

6. 结尾

结束语主要起到与前言的呼应作用,使策划书有一个圆满的结束,而不致使人感到太突然。结束语在整个营销策划书中可有可无,它主要起到与前沿的呼应作用,是营销策划书的结尾。

7. 附录

附录的作用在于提供策划客观性的证明。因此,凡是有助于阅读者对策划内容的理解、信任的资料都可以考虑列入附录。但是,为了突出重点,可列可不列的资料还是不列为宜。附录的另一种形式是提供原始资料,如消费者问卷的样本、座谈会原始照片等图像资料。附录也要标明顺序,以便寻找。

【例6-4.1】

	【评析】
百乐麦儿童中餐 产品调研与策划项目建议书 青岛凯顿策划研究院 2010年9月	封面简洁大方,包括以下信息:①策划书的名称;②被策划的客户;③策划机构或策划人的名称;④策划完成日期及本策划适用时间段。
随着国学地位的提升,中国民族文化的崛起,曾经一度被国人迷信、向往的西餐渐渐失去往日的光芒,中餐正在被自信的国人所热捧、忠诚。中西餐两大阵营的较量尚未波及儿童餐这块细分市场……儿童中餐蕴含着巨大的商机,为此,百乐麦委托凯顿承担儿童中餐的市场研究以及后期的营销策划工作,现提出如下实施计划:	前言是策划书正式内容前的情况说明部分,内容应简明扼要,不超过数百字,让人一目了然。

续表

目录 1. 市场调研 （1）儿童中餐市场宏观分析与研究。 （2）儿童餐食市场问卷调研。 （3）儿童餐食市场 FG 测试。 2. 研讨论证 （1）头脑风暴。 （2）调研结论。 3. 营销策划 （1）概念与占位。 （2）产品定型与产品系列。 （3）产品价格链设计。 （4）产品推广策划。 （5）产品上市。 4. 进度与经费 （1）合作方式。 （2）时间进度。	【评析】 目录的作用是使营销策划书的结构一目了然，同时也使阅读者能方便地查寻营销策划书的内容。
第一部分　市场调研 通过调研了解目标消费群体对中西餐（尤其儿童中西餐）的看法与评价，以及对儿童中餐的接受程度等，掌握目标消费群固有的价值观与消费倾向，预知市场开发过程中可能出现的障碍、阻力。 一、儿童中餐市场宏观分析与研究 1. 为问卷调研提供线索、奠定基础。 2. 宏观行业信息搜集，包括行业现状、发展趋势、技术现状、竞争态势等宏观信息的搜集和分析。 3. 儿童餐食制品分析（现状、发展趋势）。 4. 儿童西餐制品现状（主要竞品、替代品现状与动态，各品牌概念、产品设计与卖点、发展现状与趋势、营销模式、产品研发动态与趋势、存在的问题等）。 5. 儿童中餐产品分析（发展历史、传统文化、发展趋势以及市场机会）。 二、儿童餐食市场问卷调研 目的：概念测试、设想验证、寻找 KPI。 对象：80、90 后为主，包含：婴幼儿父母、准父母、祖父母。 样本：婴幼儿父母 300 人（百乐麦承担 200 人），（已工作未生育）年轻白领 100 人，在校研究生 50 人，大三大四学生 100 人，48—58 岁女士 50 人。	【评析】 正文是营销策划书中最重要的部分，具体包括以下几方面内容。 1. 营销策划的目的。 2. 市场状况分析。 3. 市场机会与问题分析。 4. 确定具体营销策划方案。 5. 预算。 6. 进度表。 7. 人员分配及场地。
三、儿童餐食市场 FG 测试 对问卷调查的补充，对目标消费群消费心理、动机、需求进行互动式深入挖掘。 1. 测试内容 ● 中西餐文化测试。 ● 宝宝中餐产品概念测试。 ● 产品形式测试。 ● 销售渠道测试。 ● 产品包装概念测试。 2. 测试共分 5 场 ● 婴幼儿父母：2 场。 ● 年轻白领（已工作未生育）：1 场。 ● 在校学生：1 场。 ● 祖父母：1 场。 注：每场 8 人。	

续表

第二部分　研讨论证 一、头脑风暴 在问卷调研以及FG测试结果基础上，组织相关专家进行头脑风暴式专题研讨，对有争议的问题进行论证。 1. 辨别市场阻力与障碍。 2. 探索克服市场障碍的途径。 3. 探寻市场机会。 4. 对新产品的建议（定位、形态、口味、包装、净含量、价位与档次、产品名称、卖点话术、指标设计）。 参加人员：百乐麦周总、百乐麦市场总监、海大苗锡哲、海大张英（或王大军）、海大张樨樨、龙道李志民、其他人员（何方正、初红桥等）。 二、调研结论 书面调研结论主要内容包括： 第一部分：调研样本选取、调研方式、调研说明。 第二部分：目标消费群对儿童中西餐的评价、对儿童中餐的评价以及接受程度、可能的主要市场障碍、这些障碍的成因与程度、克服障碍的途径、儿童中餐的定位以及研发建议（形态、包装、净含量、口味、价位与档次、产品名称、指标设计）。 第三部分：问卷调研结论、FG测试结论。 第四部分：数据附件。 **第三部分　营销策划** 一、概念与占位 ● 市场细分与区隔。 ● 市场定位与占位。 ● 概念（儿童中餐）的诠释、界定、内涵。 ● （概念营销之）立体占位。 二、产品定型与产品系列 根据问卷调查以及FG测试，确定（概念营销之）产品的具体形式以及产品的系列。 ● 面体的形态、大小、数量。 ● 汤包、盐包、各类配菜等的科学组合（合理膳食）。 ● 料包组合形式内容。 ● 面体与料包的销售包装形式。 三、产品价格链设计 1. 每款产品价格链设计。 2. 渠道政策。 3. 终端支持。 4. 消费拉动力度。 四、产品推广策划 ● 产品定位。 ● （概念营销之）产品卖点与宣传要素。 ● 产品宣传广告语。 ● 产品推广话术。 ● 立体占位传播。 五、产品上市 ● 渠道选择。 ● 终端陈列。 ● 售场推广。 ● 上市宣传。 ● （概念营销之）炒作。

续表

第四部分 进度与经费	
一、合作方式 双方成立百乐麦儿童中餐产品研发工作组,我方人员负责产品研发前的试调、产品上市前的营销策划工作,贵方可派专人全程参与,随时沟通、协调、处理合作中出现的问题;贵方专人负责后期的产品研发、生产以及上市销售与推广工作,我方协助贵方的上市推广工作的开展。 为促进工作有序进行,达到双方默契配合,建议开始启动时每周指定时间举行由双方工作组主要成员参加的碰头会一次,方案实施后一个月碰头会一次,主要对工作进展进行沟通、研讨、监督,对工作中存在的问题或分歧进行沟通协商,力求达到最佳合作效果。 二、时间进度	

序号	工作项目	工作内容分解	所需时间
1	市场调研	宏观行业信息搜集	5 天
		问卷调查(问卷设计、数据采集、问卷录入、统计分析)	10 天
		FG 测试(方案设计、样本甄选、样本通知、测试、数据处理)	7 天
2	研讨论证	头脑风暴(准备、研讨)	3 天
		形成结论	5 天
3	营销策划	概念、占位	10 天
		产品	10 天
		价格链与渠道政策	10 天
		产品推广	20 天
		产品上市方案	20 天
4	跟踪咨询	上市前培训、跟踪、调整、应对、咨询	

凯顿策划研究院
2010 年 9 月 11 日

小 结

财经调研文书是对经济活动进行调查、研究、预测、决策的应用文章,它用于记载和反映国家、企业、个人的经济信息,是经济活动中重要凭证,是沟通经济信息、分析经济活动状况、促进经济效益提高的管理工具。

市场调查报告是财经调研文书的一个重要分支。写作时要注意以科学的市场调查方法为基础,以真实准确的数据材料为依据,以充分有力的分析论证为杠杆,运用科学的方法对其进行充分有力的分析归纳,只有这样,所提出的对策与建议才会获得结实的支撑。

市场预测报告,实际上是市场调查报告的一种特殊形式。跟一般市场调查报告不同的是,市场预测报告着眼于未来。写作时要注意所用材料要具体真实,预测要准确无误,建议要切实可行,这样才能为有关部门和企业提供信息,改善经营管理,促使产销对路,提高经济效益。

一、思考题

1. 财经调研文书的特点有哪些?
2. 写作财经调研文书时要注意哪些要求?
3. 市场调查报告的特点是什么?
4. 市场调查报告的有哪几种种类?
5. 市场调查报告由哪几部分组成?
6. 市场预测报告的特点是什么?
7. 市场预测报告的作用有哪些?
8. 市场预测报告的种类有哪些?明确预测的种类对撰写预测报告有何意义?
9. 在撰写市场预测报告时要注意哪些问题?
10. 怎么理解可行性分析报告的内涵?
11. 可行性研究报告主要应用于哪些项目?
12. 可行性研究报告有哪些作用?
13. 可行性研究报告由哪些内容构成?在写作是应该注意哪些环节?
14. 广告策划书的内容是什么?
15. 广告策划书的写作要求是什么?
16. 简要说出营销策划书的特点。
17. 营销策划书的结构是怎样的?

二、操作题

1. 收集一篇财经调研文书,试分析其特点。
2. 如果公司委托你就南通市的饮料市场写一份市场调查报告,你认为应该怎么开展调查,请写一份简要的调查提纲。
3. 选择周围的某种畅销或者滞销的商品进行一次市场调查,并撰写一份市场调查报告。
4. 就你自己所学专业的就业情况写一篇预测报告。
5. 假设学校准备开展师生创业创新活动,计划在校园内辟出一块专门的场地供大家创办格子铺,而你准备申请一间格子铺卖手工艺品,请你根据所学知识,先进行市场调查,对店铺的经营前景进行预测,然后撰写一份可行性分析报告。

三、案例分析题

1. 根据所提供的案例回答问题

1956年,宝洁公司开发部主任维克·米尔斯在照看其出生不久的孙子时,深切感受到一篮篮脏尿布给家庭主妇带来的烦恼。洗尿布的责任给了他灵感。于是,米尔斯就让手下几个最有才华的人研究开发一次性尿布。一次性尿布的想法并不新鲜。事实上,当时美国市场上已经有好几种牌子了。但市场调研显示：多年来这种尿布只占美国市场的1%。原因首先是价格太高；其次是父母们认为这种尿布不好用，只适合在旅行或不便于正常换尿布时使用。调研结果：一次性尿布的市场潜力巨大。美国和世界许多国家正处于战后婴儿出生高峰期。将婴儿数量乘以每日平均需换尿布次数，可以得出一个大得惊人的潜在销量。

宝洁公司产品开发人员用了一年的时间，最初样品是在塑料裤衩里装上一块打了褶的吸水垫子。但1958年夏天现场试验结果，除了父母们的否定意见和婴儿身上的痱子以外，一无所获。1959年3月，宝洁公司重新设计了它的一次性尿布，并在实验室生产了37000个样品，拿到纽约州去做现场试验。这一次，有三分之二的试用者认为该产品胜过布尿布。降低成本和提高新产品质量，比产品本身的开发难度更大。到1961年12月，这个项目进入了能通过验收的生产工序和产品试销阶段。

公司选择地处美国最中部的城市皮奥里亚试销这个后来被定名为"娇娃"(Pampers)的产品。发现皮奥里亚的妈妈们喜欢用"娇娃"，但不喜欢10美分一片的尿布价格。在6个地方进行的试销进一步表明，定价为6美分一片，就能使这类新产品畅销。宝洁公司把生产能力提高到使公司能以该价格在全国销售娇娃尿布的水平。

娇娃尿布终于成功推出，直至今天仍然是宝洁公司的拳头产品之一。

问题：

（1）宝洁公司开发一次性尿布的决策是在什么基础上进行的？

（2）宝洁公司是否把握了现代市场营销的基本精神？

2. 结合所给材料回答问题

百服咛系列广告之一

第一则

广告标题：她在找一个人

广告正文：

那天在火车上，我孩子发高烧，他爸爸又不在，我一个女人家，真急得不知怎么办才好。多亏了列车长帮我广播了一下，车上没找到医生，还好有一位女同志，给了我一瓶儿童用的百服咛，及时帮孩子退了烧，我光看着孩子乐，就忘了问那位好心女同志的名字和地址，药也忘了还她，你瞧这药，中美合资的产品，没药味，跟水果似的，能退烧止痛，并且肠胃刺激又小，在我最需要的时候，百服咛保护了我的孩子。

人家帮了这么大的忙，我和孩子他爸都非常感谢她，真希望能再见到她，给她道个谢！

第二则

广告标题：找到她了！

广告正文：

王霞，听说你在找我，其实给你一瓶药，帮你的孩子退烧，只是一件小事。那天在火车上，我一听到广播里说你孩子发高烧又找不到医生，正好包里有一瓶医生给我孩子退烧的药——儿童用的百服咛，可以退烧止痛，肠胃刺激小，而且又有水果口味，孩子也乐意吃，所以就来给你救急了。那瓶药你就留着用吧,我家里还有,我孩子也常发高烧,家里总备几瓶,在最需要的时候,百服咛可以保护我的孩子,都是做妈妈的,你的心情我很了解。希望你以后带孩子出门,别忘了带施贵宝生产的儿童用百服咛!

问题:

1. 试用所学的知识分析这则案例的成功之处,并分析这则广告的亮点。

2. 如果让你策划一则治疗胃病的药物广告,你该如何进行设想?请写出你的创意思路、广告标题与广告正文。

四、写作题

1. 请为某液晶显示器的产品上市撰写广告文案。

相关信息如下:

(1) 广告发布时间:二〇××年元旦。

(2) 广告发布媒介:《潇湘晨报》广告版。

(3) 广告版面:半版。

写作要求:

(1) 提出两种不同的设想,画出设计草图(文字和图片如何排)。

(2) 有广告标题、广告正文、广告口号。

(3) 字数不限。

2. 根据所提供的材料写作一份营销策划书。

背景材料:

江苏××食品有限公司目前欲在长三角市场推出包装太湖三鲜,计划上市时间是20××年5月,请您为该产品做出一份指导产品上市的整体营销策划方案。

江苏太湖食品有限公司成立于1999年,公司规模不大,一直主要生产"太湖鲜"牌太湖鲜活水产品,在江苏市场具有一定的知名度和市场份额。目前公司瞄准了包装湖鲜产品市场。目前长三角市场的包装湖鲜品牌很多,但是没有形成规模,没有形成强势品牌。

要求:

(1) 按照完整的整体营销策划报告的结构撰写。

(2) 重点在于营销战略策划、品牌策划、促销策划。

项目七

财经理论文书

能力目标

◎能够根据财经新闻报道或国内外的经济形势或事件,独立撰写财经评论。
◎能够综合运用所学基础理论和专业知识,独立撰写一篇有一定学术价值或应用价值的毕业论文。

知识目标

◎掌握财经评论的写作格式和注意事项。
◎掌握财经毕业论文的写作步骤,理解其选题原则和拟写提纲的结构与方法。
◎掌握财经毕业论文的写作格式和内容要素。

任务一 财经评论

写作任务

中国互联网络信息中心最新发布的统计数据显示,截至20××年6月,中国网民总数已达7.10亿,19岁以下网民占全体网民的23%,其中年龄低于10岁的网民超过2 059万。与20××年底的数据相比,10岁以下儿童群体占比有所增长,互联网在低年龄段继续渗透。

请根据给出的材料,撰写一篇财经评论。

▶▶ 一、财经评论的含义

财经评论是针对财经领域中出现的现象、产生的问题,以及广受关注的经济方面的事实等,进行分析、评述的应用文体。财经评论包括有关经济方面的社论、短评、述评、专论等。它以经济理论为指导,以党的经济方针、政策为依据,以议论说理为主要表达方式,对客观经济事务、现象加以评析,或者对一些不明朗的问题展开争论,论定是非曲直。

二、财经评论的特点

1. 针对性

财经评论必须针对经济领域中客观存在的问题或现象进行评论,旨在画龙点睛,就实论虚,就事论理。针对性主要体现在两个方面,一是其目的具有倾向性,要以解决实际问题、引导舆论导向、提高人们认识为目的。二是其具有明确的评论对象,受众非常明确在评什么,为什么要评。

2. 新闻性

财经评论要用财经新闻中最新的事实作为评论的基础,要讲求事实的新和评论的快,并且要做到有的放矢,脉络清晰,议事、谈问题都紧扣主题。

3. 舆论性

财经评论与财经消息相比较,具有更明显的舆论导向作用。在写作财经评论时,作者必须掌握马列主义的经济理论,熟悉党的经济方针和政策,要以具有理论高度的论据来说明论点。财经评论中理论水平的高低,往往标志着评论的立意深度和指导价值,财经评论对人们思想认识的提高和经济工作的开展具有指导意义。

三、财经评论的写法

财经评论一般由标题、导语、正文、结尾四个部分构成。

(一) 标题

财经评论的标题以表明论题范围和传达作者的态度、见解为目的,即是以评论的主要事实为内容做题,也是为引发议论服务。在评论标题中,作者的立场、观点、态度、意向往往直接表现出来,除叙述、描写等手法外,还经常采用提问、感叹、反诘、商榷等表达方式,具有较为强烈的感情色彩。财经评论标题的结构比较简单,通常只有一行主题,极个别情况下才有辅题(多为副题)出现。在拟写财经评论标题时,要力求贴切、精炼、醒目、生动,尽可能做到让读者阅读标题就明白财经评论的主题,并能引起注意,吸引读者阅读财经评论的全文。

(二) 导语

导语是文章的开头,与标题相对应,承上启下,主要引出所要评论的事或问题。导语的写作要开门见山,避免公式化的套话或空话。如有一则评论的导语是"元旦一过,整个市场的目光都注视着高价股,低价股非但长期在底部徘徊无人问津,而且成为换股平仓的对象。但我认为,低价股存在更大的机会",以精炼的用语,让人很快明白因何事而评论。

(三) 正文

这一部分是财经评论的写作重点、主干。它的主要任务是围绕开头部分提出的问题展开分析论证,用充足的理论论据和确凿的事实论据证明自己的观点。有说服力的分析是评论产生结论、形成观点的基础,要具体合理,科学阐释,切记只见结论,不见推论。正文结构的安排方式主要有以下两种。

1. 剥笋式结构

就是运用递进式写法,围绕中心议题,由浅入深,由表及里,一层深入一层地揭示主旨。这种结构方法逻辑严谨,有很强的说服力。

2. 车轴式结构

就是运用并列分论式写法,围绕中心,从不同角度、不同侧面加以阐述。这种方法结构层次较清楚。

(四)结尾

结尾与财经评论的开头相呼应,是对这部分提出问题的回答。它的主要内容是正文部分分析评论后得出的结论,要综合概括观点,形成结论,既不能游离中心,又不能呆板,可卒彰显志,也可以推论结尾等。常用的结尾方式有:总结式,即总结上文得出结论,同开头相呼应;强调式,强调评论问题的重要性或必要性;希望式,即提出告诫、希望或要求。

四、财经评论的写作要求

1. 要有的放矢

财经评论的写作必须针对经济领域中最新近的、能引起人们广泛关注的某些经济现象、某些服务观念、某些经济问题、某些金融政策等进行评论,不能脱离事实而空发议论、空谈道理。通过评论,揭露经济生活中存在的问题,抨击不法的经济行为,维护国家和人民的利益,扬善抑恶。只有这样,才能评有所值,更好地为国家经济建设服务。

选题方向有三类:一是财经领域当前的客观形式、舆论动向和宣传任务,以及最近中央发布的重要决定、工作部署和最新的政策精神;二是经济生活中层出不穷的新情况、新变革、新矛盾、新风险,以及来自广大群众和社会基层的呼声和要求;三是财经领域重要的新闻事实、新闻事件和新闻典型。财经短评的理论要注意针对性、新颖性和前瞻性的结合。

2. 要有条理,有深度

财经评论是议论文体,在说理论述时要注意四点:一是论据与论点统一,坚持实事求是的原则,正确处理好论据和论点的辩证关系,做到逻辑严密可靠;二是虚与实统一,也即理论、政策与事实、实践的统一,力求虚实并举;三是破与立统一,也即在反驳和纠正错误观点的同时正面提出和论证自己的观点,在一篇评论中两者要结合使用;四是严肃与生动统一,在说理时特别要讲究生动形象,务求体现严肃的论题与生动风趣的表述的结合,体现逻辑思维与形象思维的结合,体现抽象的论述与具体形象的文字表现的结合。

3. 要简洁生动

选用能真正说明问题的事例作为论据,要抓住问题的实质进行评论,不要高谈阔论、言之无物。评论的语言要注意四点:一是平易近人、深入浅出,运用通俗平易的语言与读者平等地交流;二是形象生动、爱憎分明、巧喻善比、准确鲜明;三是入情入理、情理交融,要体现出作者的真知灼见、真实情感,运用恰当的修辞手段渲染气氛、增强节奏;四是朴素精炼、要言不烦,避免板起面孔打官腔,也忌讳无棱无角、平铺直叙,要字斟句酌,语言规范。

【例7-1.1】

评论:抑制暴涨房价难度越来越大

来源:中华工商时报　2016-08-31

从去年初开始的本轮一线城市房价暴涨态势,已经向二、三、四线城市蔓延。省会城市以及热点二三线城市房价已经开始紧随一线城市大涨起来。一个全国性房价普涨局面正在形成。对此,传言上海、北京以及天津将出台调控措施,包括继续收紧限购、限贷政策。

本轮房价暴涨的原因是非常复杂的。从宏观政策层面看,大肆放松楼市调控政策或者说彻底取缔限购、限贷、限税、限价等综合性楼市调控政策是首因。除了一线城市,目前其他城市的房地产政策包括房贷、税收等政策都是最宽松、最优惠的。在这样的政策下,盖房买房都是最划算的。资本必然蜂拥而入,房价不涨都难。

贷款蜂拥而入房地产行业是房价暴涨的主要凶手。央行数据显示,前7个月个人住房贷款增加将近3万亿元,住房与土地开发贷款将近4000亿元,房地产贷款合计在3.4万亿元,占前7个月各项贷款增加额8万亿元的42.5%。四成多新增贷款都流向了房地产领域,这是多么可怕的一个数据啊。

贷款资本疯狂进入房地产有宏观政策导向的原因,即央行行长曾表示中国住房贷款的杠杆率并不高,在这种思想主导下,房地产贷款疯狂加杠杆是肯定会出现的。同时,房地产特别是一线城市房地产的赚钱效应,不仅吸引信贷资金,而且吸引各路资本都在疯狂进入房地产领域。

另一个最大原因是商业银行同样面临资产配置荒的问题。此前,某国有大行董事长表示,目前大型企业、好的企业基本都不贷款了。在这种情况下,银行把个人住房按揭贷款作为优质资产对待。在前7个月个人住房贷款增加3万亿元基础上,九折房贷仍普遍存在。

一个基本逻辑是,超级宽松房地产政策,必然导致房贷等各路资金都进入到房地产领域,接着是地王全面出现,再接着是房价普遍暴涨。一旦房价下跌,必然导致房不抵债,最终发生资金链条断裂,必然爆发金融风险。美国次贷危机,历史上多次房地产引爆的金融风险都是前车之鉴。

直击房地产命门的房贷政策,比如首付款比例已经被社会金融、互联网金融穿破底线。各种形式的首付贷根本无法监管与控制。因此,与过去相比房贷政策的效果大不如从前、大打折扣了。

(常亮)

【案例评析】　本篇财经评论标题简洁醒目,读者一眼就能明了聚焦的是房价这一民生热点,并且开门见山表达了作者的观点:"抑制暴涨房价难度越来越大。"为论证这一观点,作者从全国性房价普涨局面开篇,将"大肆放松的楼市调控政策"归结为本轮房价暴涨的首因,并指出"贷款蜂拥而入房地产行业"是房价暴涨的主要凶手,同时"商业银行同样面临资产配置荒的问题"也不容忽视。作者从不同角度、不同方面加以分析阐述,最后的总结与标题相呼应。

该篇财经评论具有很强的针对性,析理深入,脉络清晰,有理有据,直击问题核心,语言简洁准确,深入浅出,体现了较高的理论水平和专业水准。

任务二 毕业论文

写 作 任 务

一年的专业实习期结束后,王帆带着满满的收获重返校园。回到学校后,班主任把大家召集到一起,郑重地给他们布置了毕业前的最后一项任务——撰写财经毕业论文,这是大家在校期间的最后一个学习任务,也是专业课考核的重要环节,是他们必须完成的总结性作业。老师提供的参考选题有:

1. 会计电算化在企业中的优势及存在的问题
2. 会计人员专业知识和业务能力的需求分析
3. 现代企业应收账款的控制与管理
4. 浅谈会计电算化对现代企业财务工作的作用
5. 关于企业成本管理问题的思考
6. 上市公司会计造假及其防范
7. ××企业应收账款的现状、问题及对策研究
8. 会计诚信问题的思考
9. 审计风险的回避
10. 论财务会计信息在公司治理中的作用

根据以上内容,结合你的专业特长,选定一个选题将其作为主要研究方向,试着拟出论文框架。

▶▶ 一、毕业论文的含义

毕业论文是高等院校学生为完成学业、取得学历,综合运用所学基础理论和专门知识,对某一领域的某一课题进行系统研究后撰写的,具有一定学术价值或应用价值的议论文体。毕业论文属于学术论文的一种,学生独立撰写毕业论文既是一项科研活动,也是其在高校学习过程的一个重要环节。

毕业论文的撰写,即是对高校毕业生的全面性、综合性考核,又是培养学生理论联系实际的研究能力和锻炼学生独立思考、独立工作能力的有效手段。毕业论文的写作要求学生

抓住反映本门学科根本性质的某一个问题或一个侧面或当前疑难的焦点，结合本专业的培养目标，在专业导师的指导下进行选题、研究和撰写。毕业论文完成后，还要进行答辩和成绩评定。

二、毕业论文的特点

1. 拟创新

学生在毕业论文写作过程中表现出的创新性，有利于培养他们的创新人格、创新思想和创新技能。毕业论文需要具有创新性，如果仅是重复研究，而没有自己的真知灼见，就不是合格的毕业论文。不过从学生角度来看，这种创见性还是在"模拟""实验"阶段，大多不会达到真正意义上的、完全的创新。这种创见性可以表现为在前人研究成果基础上的进一步深入探索；或从某个崭新的角度将已有的材料和观点重新概括、提炼、表述；或运用新的研究方法对研究论点重新阐释、解析；或对前辈的科研结论不盲从，敢于否定一些陈旧过时的言论，这些都是创新性的表现。

2. 科学性

毕业论文的科学性是指论文的基本观点、内容和论述方式方法等，必须真实可靠地反映事物的本来面目及其发展的客观规律，具有事实和理论的确凿根据。毕业论文如果缺乏严谨的科学性，那么创新性便失去了基础。毕业论文的科学性与创新性都是保证文章质量的关键。此外，对于财经类毕业论文来说，其科学性还取决于学生对于财经专业知识和国家经济政策的全面把握，必须准确理解并掌握与论文研究问题相关的国家经济政策和前人的经济科学理论，这样才能科学揭示经济活动的客观规律，为人们认识并改造经济世界服务。

3. 客观性

客观性指学术研究要从客观的立场和角度出发，在观察、分析问题时，坚持实事求是的科学态度，论据材料要完全真实，推理合乎逻辑，对自己的研究成果不能夸大、缩小，坚决反对主观臆断妄下定论。对他人的科研成果可以借鉴，但不能重复、贬低、模仿和抄袭。

三、毕业论文的写法

国家标准局发布的《科学技术报告、学位论文和学术论文的编写格式》规定，科学技术报告、学位论文和学术论文的格式一般包括前置部分、主体部分、附录部分、结尾部分，而每一部分下又包含若干项目。财经类毕业论文的总体结构也应符合这一编写格式的要求。

（一）前置部分

毕业论文的前置部分一般包括封面、标题、摘要、关键词、目录等项目。

1. 封面

封面是毕业论文的外表，它既可以提供毕业论文的有关信息，又可以对论文内文起到保护作用。封面的左上角一般要标注分类号，即注明《中国图书资料分类法》的分类号，尽可能同时注明《国际十进制分类法 UDC》的分类号。封面右上角一般标注本单位编号和密级,如果论文可以公开发表,没有保密要求,就不需要标注密级,或在"密级"后标"无"。

标题要用大号字标于中间显著位置。标题之下有申请学位的级别(学士、硕士、博士三级),还包括论文作者、所在院系、主修专业、指导教师、答辩委员会主席、评阅人和学位授予单位等项目。最后还要写明论文提交日期或答辩日期。各院校一般会提供封面格式,学生按要求填写即可。

2. 标题

标题又称题名,应力求准确鲜明、简单明了,一般直接表明论文的中心思想或主要内容,如"流动性过剩与货币政策的关系"。标题所用的每个词语要考虑到为选择关键词和编写题录、索引等二次文献提供特定的实用信息。标题中应尽量避免使用不常见的缩词、字符、代号、公式等。标题字数不可过长,一般不超过20个字。翻译为英文标题时,一般不应超过10个实词。若正标题不能涵盖题旨,可用副标题作为补充,副标题在正标题的下一行用破折号表示说明、限制或延续,如"中国农户土地流转意愿分析——基于辽宁农村土地状况的调查研究"。

3. 摘要

摘要又称提要、概要,是对毕业论文内容的简要陈述。摘要应具有独立性和自含性,即读者不需要阅读论文全文,便可以从摘要中获得必要的信息。摘要一般分为报到型和提要型两种。报到型摘要主要介绍研究的对象、目的、内容、方法、结果等;提要型摘要只简要叙述研究的成果,包括数据、意见、结论等,不涉及研究方法、过程等。毕业论文摘要以后者占多数。摘要的撰写要求高度概括、简洁明确、结构严谨、逻辑性强。普通学术论文的中文摘要字数以200~300字为宜,但毕业论文的摘要字数一般要超过300字。

4. 关键词

关键词,主要是为文献检索提供方便,从毕业论文中选取最能代表论文主要内容特征的单词或词组。每篇论文的关键词以3-8个为宜,它们以较显著字符排在摘要的下方,每个关键词之间应以分号或空格隔开。

另外,在中文标题、摘要和关键词之后,一般还需有相应的英文标题、摘要和关键词,以便于国际学术交流。

5. 目录

目录又称目次页,是一个导读论文的次序表,用来列出论文中各级标题及其相应页码。篇幅较长、结构复杂、有多层分标题的论文需设置目录,它可以展示全文总标题与各级分标题、内容层次之间的关系。毕业论文目录的设置应仿照书籍目录,文章各部分内容以不同层级的标题形式显示出来,并在每个层级标题前标明序号,后面标注页码,使读者能够更方便、更快捷地了解并查找各部分内容。

(二) 主体部分

主体部分又称正文部分,毕业论文的主体部分一般包括绪论、正文、结论、注释、参考文献、致谢等项目。

1. 绪论

绪论又称为引言、前言、导言等,是毕业论文正文的开头部分,其作用在于说明论文的观点、目的、总纲等。绪论的内容可以包括以下几个方面：提出论文研究问题的主要观点，问题的性质、范围和重要意义；说明研究这一问题的原因、背景和预期达到的目标；该问题研究的历史和现状，简要回顾国内外学者对此所做的工作、取得的成果和存在的欠缺；本论文在前人研究基础上进一步探究的问题；采用的主要研究方法等。绪论的语言要简明扼要、高度概括、客观中肯，不必赘述一般教材中已有的理论知识。

2. 正文

正文又称本论，是论文主体部分的重心所在。论文中具有创造性的信息就是在这部分表现出来的。正文部分是作者对论题的周密分析和论证，是对研究成果的详细阐述，尤其要重点论述作者提出的富于新意的、独创性的见解。在具体写作正文时，应根据论文的性质、特点，或侧重于正面立论、阐述，表达自己在进行开拓性研究后所取得的学术成果；或侧重于辨析、批驳，对某一问题所引发的不同观点予以细致评析，继而得出自己的结论。毕业论文中观点的阐述、论据的组织、论证的展开，都要靠这部分完成，它要求论点鲜明、准确，证据确凿、翔实，论证严密、合理，结构层次清晰，析理深入、透彻。

毕业论文论述的一般是比较复杂或系统的理论或实际问题，篇幅较长。本论部分的结构层次可根据论述内容的需要灵活安排，一般采用以下三种结构：

一是并列式结构，又称为横式结构。这种结构的特点是围绕文章的中心论点，用几个分论点从不同方面或角度进行论证。各分论点之间为并列、横向的关系，各层次平行排列，分别从多角度、多侧面展开论述，使文章结构呈现出齐头并进的态势。

二是递进式结构，又称为纵式结构或推进式结构。这种结构的特点是各分论点、各层次的内容，按照一条延伸性的逻辑线索纵向深入，后一个分论点是对前一个分论点的深化，后一层次的内容是对前一层次的发展，环环相扣、层层推进地完成对中心论点的论证。

三是综合式结构，又称为并列递进结合式结构。一些论文内容丰富、涉及面广，论证过程详尽、深透，其正文部分往往不是单一的并列式或递进式结构模式，而是二者兼具。具有这种结构的毕业论文常以某一种形式为主体框架，中间再掺以另一种形式，或是再分别掺入这两种形式。它们或先用递进式将全文分为几个大层次，再在这些大层次中用并列式进行论证；或先用并列式从不同角度、侧面列出分论点，再在分论点内用递进式进行深入辨析；或主体无论是递进式还是并列式，在其各层次或分论点中依据自身特点再继续分别采用递进式或并列式进行展开论述。

另外，毕业论文的正文写作还应注意序号和图表的规范化。由于正文的内容较为丰富、论述较为复杂，为使层次清晰，令读者准确把握其逻辑思路，常使用序号和小标题。论文的层次序号一般是：第一层次用"一、二、三……"表示；第二层次用"（一）、（二）、（三）……"表示；第三层次用"1、2、3……"表示；第四层次用"（1）、（2）、（3）……"表示；第五层次一般用"一是、二是、三是……"或"首先、其次、再次、最后"等表示。

有些毕业论文会使用大量的数据资料，这就需要能够合理地使用图表来直观、清晰地传递信息。图表有多种，如常规表格、饼状图、柱状图、曲线图、组织结构图、流程图、示意图、照片等，图表的客观性、直观性能使论文的论证、辨析过程更为科学，论点也更具说服力。

3. 结论

结论，又称结语、结束语，是围绕正文所做的结语，是对整篇论文的归纳和收束。论文的结论既可以帮助读者把握全文的主要论点和论证过程，又可以使论述得以深化、升华。其内容一般包括：归纳总结全文内容，突出中心论点；照应绪论，明确回答绪论所提出的问题，深刻阐发所论问题的重要意义和价值；说明尚有哪些遗留问题仍待解决，并对未解决的问题提出某种建设或设想，或是针对此问题列出下一步研究计划。结论部分要写的简明扼要、妥帖自然。

4. 注释

注释是指对论文中特定内容在正文之外的进一步解释和说明。注释按其功能划分主要有三种：一是关于补充内容的注释；二是对于生僻词语和专业术语的注释；三是因引述他人著作等，而注明资料出处的注释。注释按其形式划分主要有三种：夹注、脚注、尾注。毕业论文最为常见的是尾注，或是使用页下脚注方式。尾注应统一编排连续的数字序号，文中的注释序号应与文尾的注释序号相对应。

每条注释的项目一般包括：作者、译者、篇名（书名）、文献类型标识字母、出版地、出版社（期刊名称、报纸名称等）、出版时间（期刊期号、报纸日期）、所在页码。电子文献也需标明网址、路径等。

5. 参考文献

参考文献是作者撰写毕业论文时使用过的材料，应是正式出版或发表的专著、期刊论文及其他资料。参考文献反映了论文的科学依据，展现了某一课题的来龙去脉及其研究的发展方向，也显示了该论文的起点、深度和广度。同时还体现了科学的继承性和对他人知识产权的尊重。每条参考文献的内容，要按照规定的顺序依次排列。

6. 致谢

致谢是指在课题研究和毕业论文写作过程中，对曾给予作者审阅、指导、建议、提供资料等帮助的人员、单位表示感谢的文字，主要体现了对于他人劳动及其成果的尊重和谢意。

（三）附录部分

凡是与毕业论文所论述问题有密切关系而又不便列入其中的文献、数据等资料，都可以附在主体部分之后，作为毕业论文的补充项目，它们并不是必不可少的。附录可包括的内容主要有：重要的原始数据、原始记录和原始资料；较为珍贵的文献资料；更为细致的研究方法和技术方案的介绍；作者攻读学位、写作毕业论文期间发表的与研究问题相关的科研成果等。

（四）结尾部分

结尾部分并非必不可少，如果有必要，可以编排著作索引、人名索引、关键词索引等。

▶▶ 四、毕业论文的写作要求

1. 选题严谨，应有问题意识

毕业论文一般要在自己的专业领域内选择感兴趣的课题来研究。选题要深思熟虑，量力而行,宜小不宜大,难度要适中,结合自己的兴趣爱好和知识储备来探寻。

问题意识就是善于提出问题,明确自己需要"写什么",以问题来引导整篇论文框架的构建。在大量的阅读和思考的基础上,寻找那种既有专业价值,又与自身能力相适应的问题。问题可以从两方面发掘:一是对既有理论、观点的质疑,即矛盾性原则。在搜集材料过程中,发现其他论者之间不一致的观点,于是通过事实的证伪以得出某种观念不合理的结论,或从新角度出发用新理论考察旧结论等。这偏重思辨能力和发散思维方式,要具备一定的理论基础和批判意识。二是实践的需要,即必要性原则,针对一些尚未有人谈及或谈的不充分的领域中亟待解决的某些问题,进行理论总结、阐述,或是提出有实际意义和实践价值的解决办法。

2. 分析研究要注重方法

一门学科研究方法的发展水平是这门学科发展水平的重要标志之一。合格的高校毕业生不但要学好本专业的理论知识,更要掌握适合本专业的研究方法。因此,要求学生在毕业论文写作过程中能够运用科学的研究方法。当前毕业论文中存在的一些问题多是由于缺乏科学的研究方法造成的,如偏重理论分析,轻视实验研究;重视定性分析,轻视定量分析;多用单一思维,缺少辩证思维等。

在科学研究中,应根据研究对象和立论的不同情况,综合运用多种方法,对某一问题进行分析和论述。最常用的方法无疑是归纳与演绎相结合的方法。归纳是由个别性的前提推导出一般性的结论的方法,是一种通过先摆事实后求结论的探究事物普遍特征的认识方法。演绎是由一般性的前提推导出个别性的结论的方法,是从一般原理出发推论和判断个别事例的认识方法。写作毕业论文的研究过程与人们认识各类事物一样,都要经历从个别归纳出一般,再从一般演绎出个别的循环上升的过程,正是在这一过程中,学生对问题的认识才能得以不断丰富和深化。此外,还有分析与综合结合法、定性分析与定量分析结合法、分类与比较结合法等。

3. 观点鲜明,见解独到

毕业论文的研究和写作是一项创造性活动,"采铜于山,自铸新钱"。毕业论文的观点要有创新性,不能人云亦云,这就要求在课题选定后,学生必须独立思考,用自己采集的资料和自己的思路进行研究,形成自己的见解,写作上不能过多依赖指导老师。亲自研究实践所得的资料,有利于新见解的形成,不要跟着他人的见解亦步亦趋。

此外需补充的是,不要图解方针政策。凡是比较重要的、已正式颁布的方针政策,都是经过反复调查、严密论证后制定的,它是学术研究的终点,不应成为起点。如果不是研究政策中的不妥之处,从而使之更完善,或是更新废除,那么这样的研究总体上会与方针政策保持一致,很难有新的建树。

4. 论据翔实,论证严密

毕业论文不仅要有适宜的选题和鲜明的观点,还需要充分翔实的论据材料和科学严密的论证过程。要使自己的观点能够得到读者的认可,就必须有充分的、有较强说服力的论据来支撑论点,如果核心论据不足则千万不要急于立论。古人说:"无参验而必之者,愚也;弗能必而据之者,诬也。"论据翔实不是将材料简单、散乱地堆砌,因为这不但难以证明论点,反而显得拖沓、杂乱、缺乏逻辑性。毕业论文中引用的材料和数据必须真实可信,要保证第一手材料的客观真实性,要去除个人的好恶、成见和想当然的推想,应尊重事实的真实性和复杂性。引用第二手材料时,要善于刨根究底,查明其原始出处,深刻领会其真正内涵,而非断章取义。

论证是用论据来证明论点的方法和过程,论证过程应周全缜密。对于财经类毕业论文来说,从整体结构来看,一般按照提出问题—分析问题—解决问题的思路展开论述,要符合经济运行的客观规律和人们对于经济活动的认识过程。从局部要点看,对于某一经济问题、经济现象的阐释,应体现出较为完整的判断和推理过程,以此反映社会经济活动的本质特征和规律,由已知推断未知,合理、有效地证明自己的论点。在论证过程中,概念应精当,判断要明确,论证简洁妥帖;要脉络清晰、逻辑严密地阐明对经济活动的认识过程;通过对现象的直观分析得出理性科学的结论,体现出学术与论辩的统一性。

五、毕业论文的写作步骤

毕业论文的写作是一个系统学习、专题研究,最后将研究的主要过程和成果清晰、科学地表达出来的过程,主要包括以下几个步骤。

(一)精心选题

选题,是指选择研究的论题,即确定毕业论文的研究方向,明确论文主要探索、研究的问题。选题本身就是一种综合性创造,它在表现作者主观意向的同时,必须以长期的多维度知识积累和严肃的综合性思考为基础。选择一个合适的论题直接关系到论文写作过程的顺利程度和论文质量。尤其在财经学术研究领域,提出一个有意义的或是有价值的问题不仅能够推动本领域学术理论的深入探究,还可以在现实工作中通过积极实践产生较好的社会效益和经济效益。

1. 选题的原则

选择论题要从主客观多方面考虑,一般应遵循以下原则:

(1)现实性原则。选题应着眼于现实,着眼于社会主义经济建设的需要和人民生活的重大问题,选择财经实践中急需解决的论题。社会实践的需要是学术研究的生命力所在。一个课题是否有价值首先要看其是否满足了社会的需要,即有没有社会价值。财经类毕业论文的写作目的,主要是探讨我国经济发展的规律,并为社会主义经济建设服务,这就要求将具有现实针对性的问题纳入研究的选题范围,例如中小企业筹资问题、营改增对企业的影响情况和财务报表编制问题等。针对这些问题进行研究,往往能获得大量的一手资料,并且能取得较好的研究成果,且对财经实践具有重大的指导意义。

(2)创新性原则。创新是毕业论文的价值所在,选题应在继承以往研究成果的基础上,尽可能有新意或采用新方法,要有所发现、有所创造。当然,创新性的选题不是主观臆测的结果而是需要经过认真调查研究,由于专本科毕业生的知识水平和研究能力有限,要求他们开辟新的研究领域,填补学科空白,提出新发现、新理论确实有些难度,所以在充分发挥专业特长的基础上,选题的难易程度需与科研能力相匹配。

(3)可行性原则。选题必须考虑到是否具备成功完成该毕业论文的主客观条件,即多方面考虑完成该课题的可行性。作者本人的主观条件主要包括:作者自身的专业知识水平和科研能力、自身的兴趣所在等。当本专业的研究人员对某个问题产生浓厚兴趣的时候,他会积极探求下去,采取多种研究方法,"兴趣是最好的老师",这样更容易取得成果。客观条件主要包括:所能搜集到的相关资料的多少、优劣;研究和写作时间的长短;能否及时得到指导老师的答疑解惑;指导老师的专业特长在哪方面等。

2. 选题的方法

为了使所选论题符合以上原则,可采用以下具体方法:

(1)从本专业的研究历史和发展动态的文献资料中选题。对本专业的研究历史和发展动态要形成较为清晰的认识,了解课题在过去和现在的研究程度,还有哪些问题尚未解决。这样就既避免了选题的盲目性,又为选定论题后的搜集、整理材料打下了基础。

(2)从在实践中发现的热点、疑点、难点问题里选题。理论一经确定,便呈现出静止性、相对性,实践却相当活跃,总在不断发展中,证实或证伪着理论,因而新的矛盾或问题也就诞生了。这就是发现问题的最基本途径。在财经科学的各领域都存在一些亟待解决的问题,它们关系到国计民生,与人们生活密切相关。可以结合实践,从中选择一些较为具体的问题探讨对策或总结经验。这种选题将使毕业论文更贴近生活,有较大的现实意义。

(3)结合个人关注热点进行选题。学生在导师指导下搜集资料的过程中,应充分发挥思考力和创造性,将选题意识纳入积极的初步加工过程。初期应大规模搜集相关资料和数据,在偶然事件中诱发灵感。

(二)搜集材料

这是撰写毕业论文的基础,也是保证论点的正确性、合理性,以及论文的整体质量的重要一环。在综合分析已有研究成果的基础上,找出研究中的空白点或薄弱环节,进而根据自己的能力和兴趣确定更为清晰的写作方向。

毕业论文所需材料可以通过以下途径获得:

1. 利用图书馆进行文献查阅

学生可以充分利用所在学校图书馆、其他高校图书馆,以及国家和省、市各级地方图书馆来查阅资料,很多图书馆不但可以查阅纸质文献,也可以提供网络检索服务。

2. 网络资源搜索

随着互联网的流行,人们越来越注重从网络上获取所需资料,网络已成为获取信息的常用途径,它能以最便捷的方式、最快的速度查找到国内外各类资料。

首先,可以利用电子期刊数据库进行检索,其检索种类齐全,速度快,是目前科技和学术研究人员的首选。如 CNKI 数据库、万方数据资源系统、中国科技期刊数据库等。

其次,可以利用搜索引擎查找与选题相关的网站和网页资料。如用"百度"可搜索中文信息资料,用"谷歌"可搜索国内外相关信息。一些大门户网站也有自己的搜索引擎,如新浪、搜狐、网易等。另外值得一提的是,搜索技巧其实对搜索结果有着极大影响,有时切换关键词,或使用"布尔逻辑搜索"等高级搜索方法,可以得到意想不到的效果。

3. 实地调查与科学观察

实地调查就是深入社会实际生活，针对选题内容，以客观的态度和科学的方法，在确定的范围内、周密的框架下，进行实地考察，收集数据、实例等相关资料进行统计分析。实地调查有利于获得真实可靠的第一手资料。开展实地调查主要有观察法、实验法、问卷法，以及座谈会、访问等形式。

科学观察是一种重要的研究方法，是指有目的、有计划、有选择地感知和描述客观事物的科学认识方法，它要对某些特定过程和现象做系统、细致地考察，以获取真实有效的事实材料。在科学观察中，应将科学的理论知识和思维方法等理性思维贯彻始终，善于从偶然中发现必然，透过现象发现本质。

（三）梳理选取材料，提炼论点

作者必须熟悉已经掌握的各项材料，至少要在头脑中形成较为清晰的轮廓，然后根据选题所确定的总体范围和要求，逐一分析材料，辨别材料的真伪，权衡材料的轻重，确定材料的价值，做到去粗取精、去伪存真。

另外，在整理材料过程中应同时做好记录。材料中具有启发性的观点、见解，凸显典型性的论据，重要文章的核心论点，还有阅读过程中引发的思考和灵感都要不厌其烦地记录下来。后期再进一步分类归纳，可以帮助提炼出具体论点。

提炼观点、确立主旨的过程，是作者主观思维与客观材料逐步结合的过程，也是作者对研究对象的认识升华的过程。在此过程中，作者的思维能力、理论水平、知识基础和基本技能等都将综合发挥作用。

毕业论文的论点由一个中心论点及围绕其形成的若干分论点构成。中心论点应明确、深刻、集中；分论点应能够从不同侧面、角度对中心论点加以系统阐释；中心论点与分论点间的逻辑关系应明确而清晰，中心论点有效统帅分论点，分论点则围绕、支撑中心论点。

（四）拟定毕业论文提纲

提纲是对构思过程和结果的书面表达形式。它是由词语和序码按一定的逻辑顺序组成的写作思路示意图。拟定提纲是作者立足于全篇，从总体上编写论文的结构，它对于写出论点鲜明、论据充分、论证合理、结构严谨的毕业论文具有重要意义。通过提纲还能及时发现原有设计的薄弱或疏漏之处，进而修改和完善论文的整体框架。

毕业论文提纲的主要内容有：

（1）论文的标题。

（2）论文的中心论点。

（3）论文的总体结构框架，合理安排各分论点的次序。

（4）论文大的段落层次，写明每个层次的主旨句。

（5）各分论点主要用哪些材料作为支撑论据。

（五）撰写初稿

毕业论文的提纲确定之后，应依据提纲尽快开始论文初稿的写作。在写作过程中，要充分利用提纲的提示、指导作用，并按照毕业论文的格式，运用多种论证方法，合理引用论据材料,选择恰当的表述方式,严谨、充分地论述中心论点。

(六) 修改定稿

毕业论文初稿完成之后,需要反复修改才能最终定稿。撰写毕业论文是一项严肃而艰苦的工作,是作者严谨的治学态度和高度责任感的体现。作者对论文的每一次修改,都是一次再研究、再加工、再创造的过程,实现了自身认识水平的升华和飞跃,使自身的思维能力得以提高。只有经过反复修订改正、琢磨锤炼,才能使论文质量从整体上得到提升。

(七) 提交定稿

【例 7-2.1】

会计电算化在企业中的优势及存在的问题

论文作者:周××

学号:×××××××

学校:×××职业技术学校

年级:20××级

专业:会计与审计

指导教师:陈××

[摘要]在 21 世纪信息技术不断发展的现在,会计电算化已经得到了普遍的推广。传统的企业会计信息管理领域更是以崭新的电脑账务系统取代了旧式的手工记账模式。其有效的实施,可以减少财务人员的负担,提高会计人员的素质。但同时,企业在实施过程中会遇到很多的问题。

[关键词]电算化;企业;问题;对策

会计电算化通过电子计算机代替了人工记账、算账、报账以及部分对会计信息的分析、预测、决策的全过程。我国处于初步发展的阶段,在电算化及手工业务相互结合中会产生很大的不同,本文通过对比企业的手工做账和电算化在企业的应用,研究电算化在企业的优势和存在的问题,并探讨可以解决的方法。

一、会计电算化的概念及发展

会计电算化也叫计算机会计,是指以电子计算机为主体的信息技术在会计工作的应用,具体而言,就是利用会计软件,实现以各种计算机设备替代手工完成的会计工作过程。

二、会计电算化的优势

(一) 与传统手工比较,减少了会计人员的工作强度,提高了效率

会计电算化以计算机为信息处理工具,提高了会计数据处理的速度和精度;实现了数据处理的自动化、程序化和规范化,提高了会计信息的及时性、可靠性和相关性;同时,计算机的使用,使广大会计人员从繁重的会计核算和数据抄录中解放出来,劳动强度大大降低。

传统手工在做账时,需要各种资料发票等,还需要开各种明细账、总账,以及库存方面的账户。不仅费力,而且还要浪费时间去查阅各种账户的资料。在各个时间节点,还要做

月结、半年结和年结,使会计人员的工作强度大大增加,给会计工作造成了很大的不便。

在实现使用电算化的过程中,初始设置比较麻烦,繁琐。需要设置各种的资料,比如设置各种明细账,总账的金额。然而到了做账时,科目相对比较简便,可以利用简单的数字代码代替文字输入。

如:今天采购部购入了某种材料。

传统手工:需要做账,登记库存材料明细账,做会计分录,还有增值税专用发票和运费发票等。仅仅一笔业务,就浪费了很多的时间去登记各种账户。

会计电算化:只需要增加一笔材料的购入。其自动可以生成凭证,然后仓库等方面也会自动记录下来,无需会计人员去操作,全部都由电脑完成。而到了月底,也只需要拉一下各种材料的明细账,其发出和购入,还有其成本、单价、数量全部都可以在软件的账户和明细账中看到,方便快捷,节约时间,节省成本。

(二) 与各方面的结合较好,提高了经营管理效率

会计电算化将销售部、仓库、会计、管理等多方面结合,利用会计电算化的软件,将各部门所需要的资料等数据输入电脑,使各部门可以更加快捷简易操作的同时,有效提高其经营管理效率。使管理者可以清晰地看到企业内部的资料和动态,便于做出对企业的各种决策。

以下为会计电算化与销售结合的流程:

1. 销售部与客户签订销售合同,销售部相关人员依据签审完毕的手工的销售合同审批单在【销售管理】模块录入销售订单并且审核;

2. 配运部根据库存现有情况,在【销售管理】模块根据销售订单生成销售提货单,并注明提货的批次;

3. 财务销售会计根据销售办事处报的开票申请单和客户开票需求,查询销售提货单审核状态,对已审核的销售提货单在【销售管理】模块中根据销售提货单生成销售开票通知单(专用发票或普通发票),进行复核处理;

4. 财务往来会计在【应收账款】模块中对销售开票通知单进行审核处理,形成应收账款往来;

5. 配运部根据【销售管理】模块中审核后的销售提货单传递给配送人员,配运人员同库管人员一同到仓库办理实物出库,填制销售出库单,库房记账人员根据销售出库单(一式三联,库房保管人员、库房留存、材料成本会计)进行打印留存,在【库存管理】模块对销售出库单进行审核,材料成本会计进行制单生成销售成本结转凭证。

(三) 资料方便存储,促进会计工作的规范化

各部门的资料全部输入电脑,不仅节约了人力资源,也便于资料的有效存储,延长存储时间,也更方便保存。有效规避了资料遗失等事件的发生,也方便使用者查阅以前的资料。

会计工作中应用计算机,对数据来源提出了一系列规范化要求,而且数据在处理过程中又能始终得到控制,在很大程度上解决了手工操作不规范、不统一、易出错、易遗漏等问题。因此,如果提高会计工作的规范化,就可以提高会计工作的质量。

(四) 提升传递信息的速度

会计电算化的大范围运用，方便了子公司和母公司。如需有资料上面的传递，母公司都可以通过操作软件等实施对子公司的控制，而管理者也可以看到子公司的资料和数据，方便管理，信息的传递就更加快捷了。

　　如：在使用手工记账时，我们会采用纸张为载体，以计算器和算盘来计算。采用手工记录每天的使用额，手工进行登记，有日记账、明细账、总账，一笔购入的材料的分录以及登记明细账需要花费五到十分钟。若产生错误还需要利用划线或者是红字冲销，补充登记等方法进行重新修改。

　　但是，推行电算化后，我们可以借助计算机，不仅方便、快捷，也更容易保存资料。虽然也有明细账等，但都是电脑自动生成的，不需要我们过多的填制，只要前面的分录正确就好。一笔购入的材料，我们只需要在库存系统填制一张入库单，其余的分录、明细账等电脑都会自动生成，我们只需要一到三分钟即可快速完成，大大增加了效率。

　　三、会计电算化的问题

　　（一）领导重视程度不够

　　1. 目前，许多企业还未充分认识到会计电算化的意义及重要性。许多企业的领导者对会计电算化存在片面的认识，认为会计电算化只是会计核算工具的改变，看不到电算化也对会计职能、会计的管理方法和管理流程有深刻的影响。甚至有的领导认为会计电算化只是用计算机代替了账册，没有对系统的充分的认识，没有对会计信息系统进行相应的设置和调整。

　　2. 在不少财务人员看来，电算化仅仅是代替了手工和核算，提高了核算的效率，根本未认识到建立完整的会计信息系统对企业的重要性。

　　目前，会计电算化普及率总体上偏低，企业管理信息技术的采用明显落后于信息技术的发展速度。当前实行了会计电算化的企业不到总数的10%，而且分布极不平衡。

　　（二）财务软件的因素

　　1. 市面上大多数的财务软件都是为大型公司生产研发的，但是目前占据市场很大一部分的是中小型企业。为中小型企业研发的财务软件较少，而且不够完整，这使得电算化在中小型企业的应用不够普遍，中小型企业依旧使用传统的手工做账模式。现在市场上涌现出了一批优秀的财务软件，诸如安易账务处理系统、用友财务软件、金蝶财务软件、新中大财务软件、浪潮通软等，各类企业可以结合自身情况选择性使用。

　　2. 在使用电算化软件的过程中，我们发现在制单时如要要增加部门或者人员很不方便，查询也是如此。例如：会计人员在使用用友软件时，如果要在填制一张记账凭证过程中增加一个部门或者一名职员，都必须先退出制单，选择进入设置，在部门档案和职员档案中增设一个部门和档案，然后再计入制单系统。如若软件使用者不大熟悉这个程序，则会大大地降低会计的输入效率。

　　3. 财务数据的保密性差。有些软件的加密，其实是对软件本身的加密，防止盗版，不能做到真正的在数据上进行保密，安全性上更是让人堪忧，如果系统一旦瘫痪，或者遭受病毒侵害，则不未保存的操作就会全部丢失，又要进行重新地操作，存在数据泄露的风险。

　　4. 财务软件在售后方面存在的问题。如：用友的售后服务理念在国内相关财务软件中起表率作用，然而其在人性化服务领域却缺少有针对性的服务，使得售后服务变成了主要针对产品质量问题而非软件本身应用问题的服务。

（三）法律法规的完善

随着科技技术的日益先进，电算化逐渐走进千家万户。但是，在实施过程中却有很多的漏洞，法律法规并不完善。法律法规是规范会计人员工作职责执行的标准，使会计人员和使用电算化的管理者可以做得更好，加快会计电算化在现代企业的运用和发展。

（四）缺乏资金，缺乏复合型人才

1. 不管是软件或者人才的培养，都需要很大一笔资金。也许这笔资金对大中型企业来说不成问题，但是对于利润比较微薄的中小型企业来说，软件的各种更新、安装都需要极大的成本。所以对于中小型企业来说，安装软件，缺乏资金。

2. 许多单位的电算化人员都是由过去的手工会计、出纳等经过短期的培训产生。他们在使用处理业务的过程中，大多数除了开机使用财务软件之外，对计算机的软件和硬件知识的了解不多，不能够灵活运用。当软件处理或者是计算机运行出现问题的时候，无法进行维护。而计算机专业的人员，对财务知识又不够了解，不能充分的融合在一起，缺少两者皆会的复合型人才。

（五）内部的控制制度

没有明确企业的人员分工，对操作人员和系统人员等岗位没有严格的权限设置。操作员密码的公开与否、如何设置密码，都对企业的信息安全留下了隐患。

四、相应的解决对策

（一）提升重视程度

应该加强电算化在企业管理人员中的普及，明确电算化对于企业的重要性，以解决企业的会计核算问题，切实提高工作质量，促使核算型会计转化为管理型会计。

（二）优化财务软件

1. 多发展一些适用于中小型企业的财务软件，使会计电算化的普及率更高。如果大多数的企业都可以采用会计电算化的方式来记账，快捷方便的操作将使更多人受益。

2. 加强电算化软件的多模块开发，使其由核算型向决策型、管理型发展。电算化系统应由会计核算系统、财务管理系统和决策支持系统组成。促进会计核算层向管理层和决策支持层的进一步迈进，可以从应收应付账款、资金管理、财务指标分析评价以及全面预算管理等几个方面进行。与物资供应、产成品销售、库存管理、劳资管理等管理业务子系统接轨，并最终集成企业管理信息系统。

3. 采用多种的加密手段，保证财务数据的安全性和保密性。在进入系统时增加用户口令，用户权限设置等限制手段，并增强网络安全防范能力，可以采用防火墙技术、网络防毒、身份认证等。

4. 关于产品的售后服务，不同行业的厂商已在这方面做出了成绩。如海尔在1995年提出了"五星级服务"，惠普得到了"惠普服务，业界典范"的美誉，这些服务举措进一步扩大了市场。

（三）完善法律法规

目前，我国颁布的有关法规中存在着阻碍会计电算法发展的规定，而且由于法规的不健全也使得针对电算化犯罪的控制难以取得成效。因此,对电算化会计信息系统的开发和管理,不能仅靠现有的一些法规,如《会计法》《企业会计准则》等,还应该多设立一些关于电算化应用的条例。

（四）重视复合型人才

企业要重视复合型人才的培养,会计人员既要精通计算机信息技术,又要熟悉财务知识,使两者能够有机结合,以完成对财务信息的加工和分析。

（五）对于内部控制的对策

要加强对数据处理的控制,尤其建立健全内部控制,明确各个操作人员和会计人员的分工,保护资料的安全性,减少泄露资料风险,建立一套完整的体制,并保证落实到各部门。

总而言之,在会计工作中需要解决的问题还是很多的。不管是大中型企业还是小型企业,从手工记账一步步走向会计电算化的过程中,不但要克服一些人群的观念问题,还要带领更多人实现人机结合,使从业人员在熟悉会计的同时,也对计算机有进一步的了解。只有在人们的观念更新之后,才能有效普及会计电算化,方便更多的人。

参考文献：

[1] 易国庆,陈芳.中国乡镇企业会计[J],2004(11).

[2] 刘语成.中国会计电算化的实践分析[M].北京:海洋出版社,2003

[3] 邵建利,刘仲英.中国企业核算一体化的系统整合研究[J].会计研究,2005(3).

[4] 白红莲.会计电算化的现状及发展趋势[J].科技情报开发与经济,2005(14)

[5] 杨周南.会计信息系统[M].大连:东北财经大学出版社,2001

[6] 朱晓峰.网络会计电算化的信息安全风险及防范[J].福建电脑,2005(8)

【案例评析】 周纯芝同学的毕业论文《会计电算化在企业中的优势及存在的问题》选题有很强的现实意义,集中分析了会计电算化带来的便利以及存在的问题。通过自己的分析,针对问题提出了较为合理的解决对策。

该论文层次清晰,结构严谨,具备问题意识,事例丰富,体现了作者扎实的理论功底和较好的理论素养。论文叙述流畅,符合规范,是一篇较优秀的大专毕业论文。

但是本篇论文论证过程还不够详尽、深透,数据支持不多,如能结合实例,在表象分析之后进行更为深入的多角度阐述,相应的在问题解决上就能给出更具体、更具操作性的对策,将会进一步增强文章的说服力。

小 结

财经理论文书包括财经评论和毕业论文两大板块,通过本章节的学习,应充分了解财经评论的含义和特点,并掌握财经评论的写法。财经评论主要针对财经领域内发生的事情、出现的现象、产生的问题等进行分析、评述,需要以经济理论为指导,通过议论说理等表达方式,对客观经济事物、现象进行分析评论,论定是非曲直。针对性、新闻性、舆论性是财经评论的主要特点,写作中应注意了解新闻事实,有必要时展开调查,区分真伪,以数字说话,定量比定性更重要。

毕业论文尤其是财经专业的毕业论文应着眼于财经活动中的各种问题进行思考、研究、总结,谈出言之有理、持之有据的具有一定学术性的见解。财经毕业论文的写作在反映财经客观规律,促进财经学科理论发展的同时,对指导人们的财经实践也起到积极作用。通过本环节的学习,要使学生明确毕业论文的概念,以及创新性、科学性、客观性这三大特点,掌握毕业论文的写作结构和要求,能够写作符合学术论文要求的财经毕业论文,主要写作步骤如下:精心选题→搜集材料→梳理选取材料,提炼论点→拟定毕业论文提纲→撰写初稿→修改定稿。

思考与练习

一、选择题

1. 财经评论的特点不包括(   )。
   A. 针对性   B. 政治性   C. 新闻性   D. 舆论性
2. 不属于财经评论的写作要求的一项是(   )。
   A. 要有的放矢
   B. 要有条理,有深度
   C. 要简洁生动
   D. 要精彩纷呈,有故事性
3. 财经评论中围绕中心议题,由表及里,层层深入揭示主旨的写法属于(   )结构。
   A. 车轴式结构
   B. 剥笋式结构
   C. 混合式结构
   D. 螺旋式结构
4. 毕业论文的关键词一般是(   )字。
   A. 2—6   B. 3—8   C. 1—5   D. 4—7
5. 下列不属于毕业论文前置部分的是(   )。
   A. 封面   B. 注释   C. 摘要   D. 目录
6. 毕业论文标题如果有副标题的话,副标题在正标题的下一行用破折号表示,所起的作用不包括(   )。
   A. 概括   B. 说明   C. 限制   D. 延续
7. 毕业论文目录应将论文各部分内容以不同层级的标题形式显示出来,并在每个层级标题前标明序号,后面标注(   )。
   A. 页码   B. 章节   C. 重点   D. 评语
8. 毕业论文的主体部分不包括(   )。
   A. 绪论   B. 正文   C. 附录   D. 注释
9. 毕业论文的绪论的内容一般不包括(   )。
   A. 提出论文研究问题的重要意义
   B. 说明研究的原因和预期目标
   C. 详细讲解所运用的系统理论
   D. 介绍所采用的主要研究方法

10. （　　）是毕业论文主体部分的重心所在,论文中具有创造性的信息就是在这部分表现出来的。

　　A. 绪论　　　　B. 正文　　　　C. 结论　　　　D. 注释

二、判断正误题

1. 财经评论只能配合财经新闻报道使用,必须与其同时出现。（　　）
2. 财经评论的导语要开门见山,避免公式化的套话或空话。（　　）
3. 毕业论文的撰写,是培养学生理论联系实际的研究能力和团队协作工作能力的有效手段。（　　）
4. 毕业论文的摘要是标题内容的扩充。（　　）
5. 选题就是选择论文的论题,也就是确定将要探索、研究的问题。（　　）
6. 选择财经实践中急需解决的论题是财经专业论文选题的原则之一。（　　）
7. 毕业论文的选题,对于论文的价值影响不大。（　　）
8. 搜集资料不在论题研究的内容之列。（　　）
9. 论文的程序框架中可以没有绪论,但不能没有结论。（　　）
10. 注释是对毕业论文中的特定内容,在正文内容添加的进一步解释和说明。（　　）

三、病文诊断

例一:新闻短评一则

2016年9月12日,阿里巴巴公司通过内网面向员工以成本价销售余量月饼,随后,4名该公司安全部门的员工编写程序出现了"刷单"行为。9月14日阿里巴巴公司回应称,4名员工此举"违背岗位职责,使用工具作弊的行为触及了诚信红线",目前均已离职。事件曝光后引发不少网友热议。有人表示涉事员工利用程序"刷单"的做法不妥,也有人质疑该公司这样辞退员工是否违反劳动法相关规定。

例二:毕业论文选题

1.《中国宏观税负问题研究》

2.《浅析上市公司会计信息造假的原因》

例三:毕业论文摘要

财务会计外包现在越来越适应经济发展的趋势,也越来越受到人们的注意。外包服务可以降低成本,使企业更致力于核心业务的开发,带来更多利益。但外包服务同样也会带来许多风险,这就需要我们在享受外包服务带来益处的同时也要采取措施规避与防范风险。

四、材料写作题

1. 下面是选自《光明日报》(2016年9月)的要闻的标题,请在分析标题所报道的内容的基础上,写一则200字左右的新闻短评。

支付宝提现下月将收费:基础免费额度为2万

2. 2016年8月1日,滴滴出行宣布将收购优步,收购后滴滴成为了唯一一家有腾讯、阿里巴巴和百度共同投资的企业,而公司估值将达到350亿美元。滴滴出行创始人兼CEO程维将加入优步全球董事会。请根据这则新闻,写一则500字左右的财经评论。

3. 请结合本专业特点与自身兴趣,选择论题并拟写财经专业论文提纲。

附 录

党政机关公文处理工作条例

(中办发〔2012〕14号)

第一章 总 则

第一条 为了适应中国共产党机关和国家行政机关(以下简称党政机关)工作需要,推进党政机关公文处理工作科学化、制度化、规范化,制定本条例。

第二条 本条例适用于各级党政机关公文处理工作。

第三条 党政机关公文是党政机关实施领导、履行职能、处理公务的具有特定效力和规范体式的文书,是传达贯彻党和国家方针政策,公布法规和规章,指导、布置和商洽工作,请示和答复问题,报告、通报和交流情况等的重要工具。

第四条 公文处理工作是指公文拟制、办理、管理等一系列相互关联、衔接有序的工作。

第五条 公文处理工作应当坚持实事求是、准确规范、精简高效、安全保密的原则。

第六条 各级党政机关应当高度重视公文处理工作,加强组织领导,强化队伍建设,设立文秘部门或者由专人负责公文处理工作。

第七条 各级党政机关办公厅(室)主管本机关的公文处理工作,并对下级机关的公文处理工作进行业务指导和督促检查。

第二章 公文种类

第八条 公文种类主要有:

(一)决议。适用于会议讨论通过的重大决策事项。

(二)决定。适用于对重要事项作出决策和部署、奖惩有关单位和人员、变更或者撤销下级机关不适当的决定事项。

(三)命令(令)。适用于公布行政法规和规章、宣布施行重大强制性措施、批准授予和晋升衔级、嘉奖有关单位和人员。

(四)公报。适用于公布重要决定或者重大事项。

(五)公告。适用于向国内外宣布重要事项或者法定事项。

（六）通告。适用于在一定范围内公布应当遵守或者周知的事项。

（七）意见。适用于对重要问题提出见解和处理办法。

（八）通知。适用于发布、传达要求下级机关执行和有关单位周知或者执行的事项，批转、转发公文。

（九）通报。适用于表彰先进、批评错误、传达重要精神和告知重要情况。

（十）报告。适用于向上级机关汇报工作、反映情况，回复上级机关的询问。

（十一）请示。适用于向上级机关请求指示、批准。

（十二）批复。适用于答复下级机关请示事项。

（十三）议案。适用于各级人民政府按照法律程序向同级人民代表大会或者人民代表大会常务委员会提请审议事项。

（十四）函。适用于不相隶属机关之间商洽工作、询问和答复问题、请求批准和答复审批事项。

（十五）纪要。适用于记载会议主要情况和议定事项。

第三章　公文格式

第九条　公文一般由份号、密级和保密期限、紧急程度、发文机关标志、发文字号、签发人、标题、主送机关、正文、附件说明、发文机关署名、成文日期、印章、附注、附件、抄送机关、印发机关和印发日期、页码等组成。

（一）份号。公文印制份数的顺序号。涉密公文应当标注份号。

（二）密级和保密期限。公文的秘密等级和保密的期限。涉密公文应当根据涉密程度分别标注"绝密""机密""秘密"和保密期限。

（三）紧急程度。公文送达和办理的时限要求。根据紧急程度，紧急公文应当分别标注"特急""加急"，电报应当分别标注"特提""特急""加急""平急"。

（四）发文机关标志。由发文机关全称或者规范化简称加"文件"二字组成，也可以使用发文机关全称或者规范化简称。联合行文时，发文机关标志可以并用联合发文机关名称，也可以单独用主办机关名称。

（五）发文字号。由发文机关代字、年份、发文顺序号组成。联合行文时，使用主办机关的发文字号。

（六）签发人。上行文应当标注签发人姓名。

（七）标题。由发文机关名称、事由和文种组成。

（八）主送机关。公文的主要受理机关，应当使用机关全称、规范化简称或者同类型机关统称。

（九）正文。公文的主体，用来表述公文的内容。

（十）附件说明。公文附件的顺序号和名称。

（十一）发文机关署名。署发文机关全称或者规范化简称。

（十二）成文日期。署会议通过或者发文机关负责人签发的日期。联合行文时，署最后签发机关负责人签发的日期。

（十三）印章。公文中有发文机关署名的，应当加盖发文机关印章，并与署名机关相符。有特定发文机关标志的普发性公文和电报可以不加盖印章。

（十四）附注。公文印发传达范围等需要说明的事项。

（十五）附件。公文正文的说明、补充或者参考资料。

（十六）抄送机关。除主送机关外需要执行或者知晓公文内容的其他机关，应当使用机关全称、规范化简称或者同类型机关统称。

（十七）印发机关和印发日期。公文的送印机关和送印日期。

第十条　公文的版式按照《党政机关公文格式》国家标准执行。

第十一条　公文使用的汉字、数字、外文字符、计量单位和标点符号等，按照有关国家标准和规定执行。民族自治地方的公文，可以并用汉字和当地通用的少数民族文字。

第十二条　公文用纸幅面采用国际标准 A4 型。特殊形式的公文用纸幅面，根据实际需要确定。

第四章　行文规则

第十三条　行文应当确有必要，讲求实效，注重针对性和可操作性。

第十四条　行文关系根据隶属关系和职权范围确定。一般不得越级行文，特殊情况需要越级行文的，应当同时抄送被越过的机关。

第十五条　向上级机关行文，应当遵循以下规则：

（一）原则上主送一个上级机关，根据需要同时抄送相关上级机关和同级机关，不抄送下级机关。

（二）党委、政府的部门向上级主管部门请示、报告重大事项，应当经本级党委、政府同意或者授权；属于部门职权范围内的事项应当直接报送上级主管部门。

（三）下级机关的请示事项，如需以本机关名义向上级机关请示，应当提出倾向性意见后上报，不得原文转报上级机关。

（四）请示应当一文一事。不得在报告等非请示性公文中夹带请示事项。

（五）除上级机关负责人直接交办事项外，不得以本机关名义向上级机关负责人报送公文，不得以本机关负责人名义向上级机关报送公文。

（六）受双重领导的机关向一个上级机关行文，必要时抄送另一个上级机关。

第十六条　向下级机关行文，应当遵循以下规则：

（一）主送受理机关，根据需要抄送相关机关。重要行文应当同时抄送发文机关的直接上级机关。

（二）党委、政府的办公厅（室）根据本级党委、政府授权，可以向下级党委、政府行文，其他部门和单位不得向下级党委、政府发布指令性公文或者在公文中向下级党委、政府提出指令性要求。需经政府审批的具体事项，经政府同意后可以由政府职能部门行文，文中须注明已经政府同意。

（三）党委、政府的部门在各自职权范围内可以向下级党委、政府的相关部门行文。

（四）涉及多个部门职权范围内的事务，部门之间未协商一致的，不得向下行文；擅自行文的,上级机关应当责令其纠正或者撤销。

(五)上级机关向受双重领导的下级机关行文,必要时抄送该下级机关的另一个上级机关。

第十七条 同级党政机关、党政机关与其他同级机关必要时可以联合行文。属于党委、政府各自职权范围内的工作,不得联合行文。党委、政府的部门依据职权可以相互行文。部门内设机构除办公厅(室)外不得对外正式行文。

第五章 公文拟制

第十八条 公文拟制包括公文的起草、审核、签发等程序。

第十九条 公文起草应当做到:

(一)符合国家法律法规和党的路线方针政策,完整准确体现发文机关意图,并同现行有关公文相衔接。

(二)一切从实际出发,分析问题实事求是,所提政策措施和办法切实可行。

(三)内容简洁,主题突出,观点鲜明,结构严谨,表述准确,文字精练。

(四)文种正确,格式规范。

(五)深入调查研究,充分进行论证,广泛听取意见。

(六)公文涉及其他地区或者部门职权范围内的事项,起草单位必须征求相关地区或者部门意见,力求达成一致。

(七)机关负责人应当主持、指导重要公文起草工作。

第二十条 公文文稿签发前,应当由发文机关办公厅(室)进行审核。审核的重点是:

(一)行文理由是否充分,行文依据是否准确。

(二)内容是否符合国家法律法规和党的路线方针政策;是否完整准确体现发文机关意图;是否同现行有关公文相衔接;所提政策措施和办法是否切实可行。

(三)涉及有关地区或者部门职权范围内的事项是否经过充分协商并达成一致意见。

(四)文种是否正确,格式是否规范;人名、地名、时间、数字、段落顺序、引文等是否准确;文字、数字、计量单位和标点符号等用法是否规范。

(五)其他内容是否符合公文起草的有关要求。

需要发文机关审议的重要公文文稿,审议前由发文机关办公厅(室)进行初核。

第二十一条 经审核不宜发文的公文文稿,应当退回起草单位并说明理由;符合发文条件但内容需作进一步研究和修改的,由起草单位修改后重新报送。

第二十二条 公文应当经本机关负责人审批签发。重要公文和上行文由机关主要负责人签发。党委、政府的办公厅(室)根据党委、政府授权制发的公文,由受权机关主要负责人签发或者按照有关规定签发。签发人签发公文,应当签署意见、姓名和完整日期;圈阅或者签名的,视为同意。联合发文由所有联署机关的负责人会签。

第六章 公文办理

第二十三条 公文办理包括收文办理、发文办理和整理归档。

第二十四条 收文办理主要程序是：

（一）签收。对收到的公文应当逐件清点，核对无误后签字或者盖章，并注明签收时间。

（二）登记。对公文的主要信息和办理情况应当详细记载。

（三）初审。对收到的公文应当进行初审。初审的重点是：是否应当由本机关办理，是否符合行文规则，文种、格式是否符合要求，涉及其他地区或者部门职权范围内的事项是否已经协商、会签，是否符合公文起草的其他要求。经初审不符合规定的公文，应当及时退回来文单位并说明理由。

（四）承办。阅知性公文应当根据公文内容、要求和工作需要确定范围后分送。批办性公文应当提出拟办意见报本机关负责人批示或者转有关部门办理；需要两个以上部门办理的，应当明确主办部门。紧急公文应当明确办理时限。承办部门对交办的公文应当及时办理，有明确办理时限要求的应当在规定时限内办理完毕。

（五）传阅。根据领导批示和工作需要将公文及时送传阅对象阅知或者批示。办理公文传阅应当随时掌握公文去向，不得漏传、误传、延误。

（六）催办。及时了解掌握公文的办理进展情况，督促承办部门按期办结。紧急公文或者重要公文应当由专人负责催办。

（七）答复。公文的办理结果应当及时答复来文单位，并根据需要告知相关单位。

第二十五条 发文办理主要程序是：

（一）复核。已经发文机关负责人签批的公文，印发前应当对公文的审批手续、内容、文种、格式等进行复核；需作实质性修改的，应当报原签批人复审。

（二）登记。对复核后的公文，应当确定发文字号、分送范围和印制份数并详细记载。

（三）印制。公文印制必须确保质量和时效。涉密公文应当在符合保密要求的场所印制。

（四）核发。公文印制完毕，应当对公文的文字、格式和印刷质量进行检查后分发。

第二十六条 涉密公文应当通过机要交通、邮政机要通信、城市机要文件交换站或者收发件机关机要收发人员进行传递，通过密码电报或者符合国家保密规定的计算机信息系统进行传输。

第二十七条 需要归档的公文及有关材料，应当根据有关档案法律法规以及机关档案管理规定，及时收集齐全、整理归档。两个以上机关联合办理的公文，原件由主办机关归档，相关机关保存复制件。机关负责人兼任其他机关职务的，在履行所兼职务过程中形成的公文，由其兼职机关归档。

第七章　公文管理

第二十八条 各级党政机关应当建立健全本机关公文管理制度，确保管理严格规范，充分发挥公文效用。

第二十九条 党政机关公文由文秘部门或者专人统一管理。设立党委（党组）的县级以上单位应当建立机要保密室和机要阅文室，并按照有关保密规定配备工作人员和必要的安全保密设施设备。

第三十条 公文确定密级前,应当按照拟定的密级先行采取保密措施。确定密级后,应当按照所定密级严格管理。绝密级公文应当由专人管理。公文的密级需要变更或者解除的,由原确定密级的机关或者其上级机关决定。

第三十一条 公文的印发传达范围应当按照发文机关的要求执行;需要变更的,应当经发文机关批准。涉密公文公开发布前应当履行解密程序。公开发布的时间、形式和渠道,由发文机关确定。经批准公开发布的公文,同发文机关正式印发的公文具有同等效力。

第三十二条 复制、汇编机密级、秘密级公文,应当符合有关规定并经本机关负责人批准。绝密级公文一般不得复制、汇编,确有工作需要的,应当经发文机关或者其上级机关批准。复制、汇编的公文视同原件管理。复制件应当加盖复制机关戳记。翻印件应当注明翻印的机关名称、日期。汇编本的密级按照编入公文的最高密级标注。汇编,确有工作需要的,应当经发文机关或者其上级机关批准。复制、汇编的公文视同原件管理。

复制件应当加盖复制机关戳记。翻印件应当注明翻印的机关名称、日期。汇编本的密级按照编入公文的最高密级标注。

第三十三条 公文的撤销和废止,由发文机关、上级机关或者权力机关根据职权范围和有关法律法规决定。公文被撤销的,视为自始无效;公文被废止的,视为自废止之日起失效。

第三十四条 涉密公文应当按照发文机关的要求和有关规定进行清退或者销毁。

第三十五条 不具备归档和保存价值的公文,经批准后可以销毁。销毁涉密公文必须严格按照有关规定履行审批登记手续,确保不丢失、不漏销。个人不得私自销毁、留存涉密公文。

第三十六条 机关合并时,全部公文应当随之合并管理;机关撤销时,需要归档的公文经整理后按照有关规定移交档案管理部门。

工作人员离岗离职时,所在机关应当督促其将暂存、借用的公文按照有关规定移交、清退。

第三十七条 新设立的机关应当向本级党委、政府的办公厅(室)提出发文立户申请。经审查符合条件的,列为发文单位,机关合并或者撤销时,相应进行调整。

第八章 附　则

第三十八条 党政机关公文含电子公文。电子公文处理工作的具体办法另行制定。

第三十九条 法规、规章方面的公文,依照有关规定处理。外事方面的公文,依照外事主管部门的有关规定处理。第四十条其他机关和单位的公文处理工作,可以参照本条例执行。

第四十一条 本条例由中共中央办公厅、国务院办公厅负责解释。

第四十二条 本条例自 2012 年 7 月 1 日起施行。1996 年 5 月 3 日中共中央办公厅发布的《中国共产党机关公文处理条例》和 2000 年 8 月 24 日国务院发布的《国家行政机关公文处理办法》停止执行。

参 考 文 献

[1] 刘春丹,李书生.财经应用文写作.北京:北京大学出版社,2007.
[2] 李春,樊建科.财经应用文写作.北京:中国科学技术出版社,2008.
[3] 龚江南,李瑛珊,潘琦华.财政金融基础.北京:北京大学出版社,2008.
[4] 王敏杰,徐静.财经应用文.北京:科学出版社,2010.
[5] 于巧娥,王林毅,岂爱妮.财经应用文写作.北京:中国人民大学出版社,2013.
[6] 王青山,王金山.财经应用文写作.北京:高等教育出版社,2013.
[7] 傅宏宇.财经应用文写作.北京:北京大学出版社,2013.
[8] 刘常宝.财经应用文写作.北京:机械工业出版社,2013.
[9] 王化成.财务管理.北京:中国人民大学出版社,2013.
[10] 高伟,连静.财经应用文.北京:中国铁道出版社,2014.
[11] 吕秋薇.财经应用文写作.北京:电子工业出版社,2015.
[12] 杨凤琴.财经应用文写作.北京:清华大学出版社,2020.
[13] 万玲,万立群.财经应用文写作.北京:人民邮电出版社,2020.
[14] 傅宏宇.财经应用文写作.北京:北京大学出版社,2019.